Nikil Mukerji

Einführung in die experimentelle Philosophie

Nikil Mukerji

Einführung in die experimentelle Philosophie

Mit einem Vorwort von Joshua Kobe

Wilhelm Fink Verlag

Umschlagabbildung:
Experimentelle Spektrosophie (2016)
Nikolai Kleinhammer

Bibliographische Information Der Deutschen Nationalbibliothek

Die Deutsche Nationalbibliothek verzeichnet diese Publikation in der Deutschen Nationalbibliografie; detaillierte bibliografische Daten sind im Internet über http://dnb.ddb.de abrufbar.

(Wilhelm Fink GmbH & Co. Verlags-KG, Jühenplatz 1,
D-33098 Paderborn)

Internet: www.fink.de

Einbandgestaltung: Evelyn Ziegler, München
Printed in Germany
Herstellung: Ferdinand Schöningh GmbH & Co. KG, Paderborn

ISBN 978-3-7705-6055-4

Für Katharina und Valentin Klass

Inhaltsverzeichnis

Vorwort

I am delighted to see the publication of Nikil Mukerji's *Einführung in die experimentelle Philosophie.* In a number of important respects, this new book both encourages and embodies the transformations that have been steadily occurring in the field over these past few decades.

First, the field of experimental philosophy has expanded in the topics and methods it embraces. Research in experimental philosophy was initially confined to a relatively narrowly circumscribed set of issues. Over the past fifteen years, however, the scope of the field has expanded radically. There are now serious experimental research programs investigating issues in moral philosophy, philosophy of mind, epistemology, philosophy of language, and numerous other areas. Moreover, experimental philosophy has become increasingly intertwined with work in other disciplines. Experimental philosophers now frequently collaborate with psychologists and publish in psychology journals, and over the past couple of years, there has been a surge of interest in issues at the intersection of experimental philosophy and linguistics.

Mukerji's *Einführung* embodies this broadening of the field. It introduces the reader to a broad array of different types of experimental research, and also to a number of different metaphilosophical perspectives on the importance of experimental work.

Second, and perhaps more strikingly, the field has expanded geographically. Initially, work in experimental philosophy was almost completely confined to Anglophone countries, especially the United States. By now, however, the situation has changed completely. Many of the most exciting new discoveries in over the past few years have actually come out of research conducted in continental Europe. These years have seen a flowering of important experimental philosophy research programs in France, Poland, Portugal, the Baltics, the Netherlands, and of course, Germany.

Mukerji's work is a perfect manifestation of this second expansion. As the first German-language monograph on experimental philosophy, it bears witness to the growing importance of experimental philosophy in the German-speaking world. Yet, at the same time, by offering a clear and powerful introduction to these ideas, it promises to encourage further research in this area from German philosophers.

In general, I am reluctant to speculate about empirical matters in the absence of systematic quantitative data, but let me now advance one speculative empirical hypothesis. My guess is that the years following the publication of Mukerji's book will be exciting ones for experimental philosophy in the German-speaking community.

New Haven, July 2016

Joshua Knobe
(Yale University)

Danksagung

Fast alle philosophischen Bücher sind in gewisser Weise Gemeinschaftsprojekte. Dieses ist keine Ausnahme. Ich hatte das Glück, dass ich mich mit Kollegen, Studierenden und Freunden intensiv über meine Gedanken austauschen konnte. Das hat mir sehr geholfen. Deswegen möchte ich mich herzlich bei allen bedanken, die einen Beitrag zum Gelingen dieses Buches geleistet haben.

Leider ist es mir nicht möglich, alle, die es verdient hätten, explizit zu würdigen. Das soll mich aber nicht davon abhalten, einige Personen zu nennen, die einen besonders großen Anteil hatten. Das sind zunächst Johanna Jauernig, Christoph Lütge, Julian Müller, Hannes Rusch und Matthias Uhl von der Technischen Universität München, Jan Heilinger vom Münchner Kompetenzzentrum Ethik sowie Michael von Grundherr und Martin Rechenauer von der LMU München. Mit ihnen konnte ich mich vor allem über Fragen der experimentellen Ethik austauschen. In den vergangenen Jahren hatte ich außerdem das Glück, mit Joshua Knobe und Stephen Stich über die experimentelle Philosophie im Allgemeinen sprechen zu können. Auch Ihnen gebührt mein Dank. Julian Nida-Rümelin danke ich vor allem für seine jahrelange Förderung meiner Arbeit und für seine wertvolle, beratende Begleitung derselben. Nadine Albert, Christiane Bacher, Lisa Sauerwald, Ute Schnückel, Henning Siekmann und Mechthild Vogt danke ich für die verlagsseitige Unterstützung des Buches und meinen beiden Testlesern Victoria Schöffel und Georgios Karageorgoudis für ihre äußerst hilfreichen Hinweise zu meinem Manuskript. Nikolai Kleinhammer danke ich sehr herzlich für die geniale Gestaltung des Buchcovers und Ludwig Heider, Robert Hümmer, Thomas Kaczmarek sowie meinen Eltern Maria und Kiran Mukerji für ihre wertvolle Unterstützung im Allgemeinen. Schließlich danke ich meinen Großeltern Katharina und Valentin Klass, die in ihrem Leben so manches Experiment gewagt und Bemerkenswertes geleistet haben. Ihnen widme ich dieses Buch.

Einleitung

Wer von einem von „riesigen Zwerg" spricht, von einem „verheirateten Junggesellen" oder von einem „schwarzen Schimmel," der weiß offenbar nicht, was die Wörter „Zwerg," „Junggeselle" und „Schimmel" bedeuten. Und wer von „experimenteller Philosophie" spricht, der weiß offenbar nicht, was das Wort „Philosophie" bedeutet. Dies legt zumindest eine verbreitete Sichtweise über das Wesen der Philosophie nahe. Nach dieser Sichtweise handelt es sich bei ihr um eine klassische „Lehnstuhl-Disziplin". Damit ist gemeint, dass sie auf erfahrungswissenschaftliche Methoden verzichtet und deswegen buchstäblich im Lehnstuhl betrieben werden kann. Nach diesem Verständnis sollen Philosophen keine empirischen Daten erheben, sie sollen keine empirischen Prüfverfahren verwenden, und sie sollen erst recht keine Experimente durchführen! Vertreter einer neuen philosophischen Bewegung widersprechen dieser Vorstellung. Sie glauben, dass sich erfahrungswissenschaftliche Methoden produktiv einsetzen lassen, um philosophische Probleme zu lösen. Sie glauben an eine *experimentelle* Philosophie.

Auf den ersten Blick erscheint diese Vorstellung ziemlich unplausibel. Die Erfahrungswissenschaften streben schließlich nach empirischer Erkenntnis. Sie erforschen *Tatsachen.* Ihre Methoden helfen uns zu erkennen, was in unserer Welt der Fall ist. Die Philosophie scheint sich aber nicht mit solchen Fragen auseinanderzusetzen. Klassische, philosophische Probleme scheinen von ganz anderer Art zu sein. Das wird klar, wenn man einige Beispiele betrachtet:

- Philosophen fragen nicht, wie wir die Welt wahrnehmen. Sie fragen, was vor aller Erfahrung gegeben sein muss, damit wir die Welt überhaupt wahrnehmen *können.*
- Sie fragen nicht, wie wir uns tatsächlich verhalten. Sie fragen vielmehr, wie wir uns verhalten *sollen.*
- Sie geben sich nicht damit zufrieden, dass Menschen den subjektiven Eindruck haben frei zu sein. Sie fragen, ob und wie dies überhaupt *denkbar* ist.

Weil philosophische Fragen von dieser nicht-empirischen Art sind, drängt sich der Eindruck auf, dass erfahrungswissenschaftliche Methoden in der Philosophie nichts zu suchen haben. Dieser Eindruck beruht jedoch auf einem Denkfehler. Auch wenn es sich bei philosophischen Fragen nicht um empirische Fragen handeln sollte, bedeutet das nicht, dass empirische Erkenntnisse keine Relevanz für die Beantwortung philosophischer Fragen haben können. Es gibt viele Beispiele, die das belegen.

Nehmen wir z.B. die philosophische Ethik. Sie fragt, was wir tun *sollen*. Die Antwort auf diese Frage ist keine empirische, sondern eine *normative*. Dennoch spielen empirische Tatsachen hier eine Rolle. Dass ich eine bestimmte Handlung tun soll, könnten Sie z.B. damit begründen, dass ich Ihnen versprochen habe, diese Handlung zu tun. Oder Sie könnten es begründen, indem Sie darauf hinweisen, dass diese Handlung bestimmte, wünschenswerte Konsequenzen hätte. In beiden Fällen verweisen Sie zur Begründung Ihres normativ-ethischen Urteils auf empirische Tatsachen. Im einen Fall ist das der Umstand, dass ich etwas versprochen habe. Im anderen Fall sind es die guten Konsequenzen. Empirische Tatsachen können also eine Rolle für die Begründung eines philosophischen Urteils spielen.

Natürlich ist mit diesem Beispiel nur gezeigt, dass empirische Erkenntnisse für die Beantwortung philosophischer Fragen relevant sein *können*. Es könnte trotzdem sein, dass sie in der Regel keine große Rolle spielen. In dieser kurzen Einführung in die experimentelle Philosophie möchte ich zumindest plausibel machen, dass auch das falsch ist. Ich möchte Sie davon überzeugen, dass experimentelle Methoden einen wichtigen Beitrag zur philosophischen Argumentation und zur Lösung philosophischer Probleme leisten können. Dazu werde ich Ihnen wichtige experimentell-philosophische Studien zu einer Reihe philosophischer Themenbereiche vorstellen und die darin enthaltenen Argumente diskutieren. Natürlich kann ich Ihnen lediglich einen begrenzten Einblick in das Forschungsfeld und die mittlerweile florierende Debatte geben. Ich hoffe allerdings, dass das reicht, um Ihnen Lust zu machen, sich eingehender mit der experimentellen Philosophie zu befassen und die Studien, über die wir sprechen werden, im Original zu lesen. Wenn das, was ich sage, zumindest Ihr Interesse für die experimentelle Philosophie weckt und Sie sie als philosophische Bewegung ernst nehmen, hätte ich mein Ziel erreicht.

Ich halte die experimentelle Philosophie nicht nur für interessant, sondern auch für wichtig. Allerdings bedeutet das nicht, dass ich alle Behauptungen, die experimentelle Philosophen in Ihren Diskussionsbeiträgen aufgestellt haben, vorbehaltlos teile.[1] Es gibt Kritikpunkte an der experimentellen Philosophie, die vernünftig erscheinen. Und auch die müssen im Rahmen einer einführenden Studie zur Sprache kommen. Deswegen werde ich nicht nur die Argumente experimenteller Philosophen ansprechen, sondern auch die Gegenargumente ihrer Kritiker. Natürlich kann ich Ihnen keine umfassende Abhandlung versprechen. Ich werde lediglich über diejenigen Kritikpunkte sprechen, die sich im Rahmen eines einführenden Textes aufdrängen.

Bevor wir beginnen, möchte ich einige Worte zum *Aufbau des Buches* sagen. Man kann die experimentelle Philosophie nur verstehen, wenn man versteht, von welchem Philosophieverständnis sich experimentelle Philosophen abgrenzen. Daher werden wir mit einer kurzen Darstellung verschiedener Auffassungen über die Natur und Methodik der Philosophie beginnen (Kap. 1). Mir geht es hier in erster Linie darum, die Lehnstuhl-Philosophie und die analytische Philosophie von der empirisch-informierten und experimentellen Philosophie zu unterscheiden und einige Varianten letzterer zu differenzieren.

Danach werden wir etwas näher darauf eingehen, wie experimentelle Forschung an die Philosophie anknüpfen kann (Kap. 2). In diesem Zusammenhang werde ich für zwei Thesen argumentieren. Die erste These lautet: Die Art und Weise, wie in der modernen, analytisch geprägten Philosophie argumentiert und begründet wird, offenbart einen Anknüpfungspunkt für experimentelle Forschung. Die zweite These lautet: Experimentelle Forschung kann der Philosophie zuarbeiten, indem sie erforscht, wie die Philosophie an unsere Lebenswelt anschließen kann.

Anschließend werde ich Ihnen die experimentelle Philosophie anhand ausgewählter Studien aus verschiedenen Themenbereichen vorstellen (Kap. 3). Natürlich werde ich nicht versuchen, die jeweiligen philosophischen Teilgebiete umfassend zu diskutieren. Ich werde – notgedrungen – sehr selektiv vorgehen und nur einzelne Aspekte und Fragestellungen der *Erkenntnistheorie*, der *Sprachphilosophie*, der *Handlungstheorie* und der *Philosophie des Geistes* in den Blick nehmen.

In unserer Diskussion experimenteller Studien werden wir uns an den Argumenten experimenteller Philosophen und ihren Kontrover-

[1] Das ist auch gar nicht möglich, weil sich innerhalb der experimentellen Philosophie sehr unterschiedliche Ansichten (insbesondere hinsichtlich der Interpretation experimenteller Ergebnisse) herausgebildet haben, sodass sich die Vertreter dieser philosophischen Strömung in einigen Fragen widersprechen.

sen untereinander orientieren. Dabei werden wir grundsätzliche Kritikpunkte am Forschungsprogramm und der Vorgehensweise der experimentellen Philosophie lediglich streifen. Allerdings sollen diese, wie gesagt, nicht unerwähnt bleiben. Deswegen werden wir in einem nächsten Schritt einige Argumente betrachten, mit denen Kritiker die experimentelle Philosophie angreifen (Kap. 4). Mir geht es darum, dass diese Einwände überhaupt auf den Tisch kommen und klar formuliert werden. Ich beabsichtige in diesem Abschnitt nicht, ein abschließendes Urteil zu fällen.

Im Schlusskapitel werden wir kurz darüber sprechen, welche Rolle die Reflexion im Lehnstuhl in der experimentellen Philosophie hat.

1. Philosophie zwischen Lehnstuhl und Labor

Der Begriff „experimentelle Philosophie“ ist ein Kunstbegriff. Er wird von unterschiedlichen Autoren unterschiedlich verwendet. Dadurch entsteht ein Begriffswirrwarr, das den Einstieg in die Materie erschweren kann – und zwar nicht nur für philosophische Laien, sondern auch für diejenigen, die sich täglich professionell mit Philosophie befassen. Deswegen sollten wir gleich zu Beginn diskutieren, was experimentelle Philosophie überhaupt ist bzw. wie ihre Protagonisten und ihre Kritiker sie verstehen. Mir geht es insbesondere darum, einige wichtige Unterscheidungen zwischen verschiedenen Philosophieverständnissen zu treffen, um die verschiedenen Varianten der experimentellen Philosophie gegen diese abgrenzen und von ihnen unterscheiden zu können.

Zu diesem Zweck werden wir mit zwei Auffassungen beginnen, die üblicherweise als Kontrastfolien für die experimentelle Philosophie herangezogen werden. Dabei handelt es sich um die Lehnstuhl-Philosophie (Abs. 1.1) und die analytische Philosophie (Abs. 1.2). Danach werden wir auf die empirisch informierte Philosophie und drei Varianten der experimentellen Philosophien eingehen. Und wir werden erklären, wie sie sich von der Lehnstuhl-Philosophie und der analytischen Philosophie unterscheiden (Abs. 1.3-1.6). Schließlich werden wir die Thesen der unterschiedlichen Formen experimenteller Philosophie genauer einordnen und ihre logischen Beziehungen analysieren (Abs. 1.7), um schließlich kurz zusammenzufassen (Abs. 1.8).

1.1 Lehnstuhl-Philosophie

Philosophie wird traditionell als Lehnstuhl-Disziplin verstanden. Timothy Williamson schreibt etwa:

> If anything can be pursued in an armchair, philosophy can. Its traditional method is thinking, *without observation or experiment.* If the pursuit is conceived as social, rather than solely individual, then speaking must be added to thinking, and several armchairs are needed, but that still leaves philosophy looking methodologi-

> cally very far from the natural sciences. Loosely speaking, their method is a posteriori, philosophy's a priori. (Williamson 2005, 1; meine Hervorhebung, NM)

Williamson beschreibt hier eine verbreitete Sichtweise der philosophischen Praxis. Nach dieser Sichtweise besteht die traditionelle Methode der Philosophie im reinen Nachdenken. Experimente und andere Formen der Beobachtung seien dagegen nicht nötig, um philosophische Fragen zu erörtern. Daher, so Williamson, könne ein Philosoph seiner Tätigkeit buchstäblich im Lehnstuhl nachgehen. Zwar solle man zugestehen, dass die Philosophie gleichsam eine soziale Unternehmung ist. Aber das bedeute lediglich, dass man für das Philosophieren manchmal mehrere Lehnstühle braucht und dass auch das gesprochene Wort im Methodenkoffer eines Philosophen einen Platz haben muss. Dennoch ist die Philosophie gemäß der Sichtweise, die Williamson beschreibt, methodisch weit von den Naturwissenschaften entfernt. Nach dieser Sichtweise kann man die naturwissenschaftliche Methode – ins Grobe gesprochen – als *a posteriori* bezeichnen, die der Philosophie dagegen als *a priori*.[2]

Die Begriffe a priori und a posteriori sind Schlüsselbegriffe, die wir klären sollten. Eine Methode ist genau dann a priori, wenn für sie das Sammeln von Erfahrung (z.B. durch Beobachtungen oder Experimente) keine Rolle spielt. Und sie ist genau dann a posteriori, wenn das nicht so ist. Machen wir uns das anhand zweier Beispiele klar:

- Die Methode, mit der wir prüfen, ob der Satz „7+5=12" wahr ist, ist a priori. Wir brauchen hier keine Erfahrungsdaten zu sammeln und auszuwerten. Es reicht, die Gesetze der Arithmetik anzuwenden.

---

[2] Auch in der zeitgenössischen deutschsprachigen Debatte haben herausragende Philosophen Thesen vertreten, die sich in erster Annäherung so lesen lassen, als stimmten sie mit dieser Sichtweise überein. So merkt etwa Julian Nida-Rümelin hinsichtlich der philosophischen Ethik an, es handle sich bei ihr nicht um eine Wissenschaft in dem Sinne, dass Experimente eine Rolle spielen. Wer bei einer wissenschaftlichen Theorie „einen von der betreffenden wissenschaftlichen Gemeinschaft geteilten paradigmatischen Kern und eine etablierte Methodik voraussetzt oder gar *experimentelle Prüfverfahren*," der könne, so Nida-Rümelin, „die Ethik guten Gewissens aus dem Bereich der Wissenschaft ausschließen" (Nida-Rümelin 1996/2005, 57; meine Hervorhebung, NM). Ansgar Beckermann sagt etwas ganz Ähnliches. „Philosophische Fragen," so Beckermann, „werden *weder durch Beweise noch durch Beobachtungen oder Experimente* entschieden. Vielmehr kann man sich der Beantwortung dieser Fragen *nur argumentativ* nähern." (Beckermann 2012, 178; meine Hervorhebung, NM)

- Die Aussage „Alle Schwäne sind weiß" kann dagegen nur mithilfe einer aposteriorischen Methode bestätigt oder widerlegt werden. Um herauszufinden, ob das, was dieser Satz sagt, stimmt, müssen wir Erfahrungsdaten sammeln und diese auswerten.

Mit der Unterscheidung zwischen dem Apriorischen und dem Aposteriorischen lassen sich auch *Fragen* kategorisieren. Wir nennen eine Frage apriorisch, wenn wir sie beantworten können, ohne auf Erfahrung zurückzugreifen (Bsp.: „Ist die Summe aus 5 und 7 gleich 12?"). Andernfalls nennen wir sie aposteriorisch (Bsp.: „Sind alle Schwäne weiß?").

Die experimentelle Philosophie wird von der Lehnstuhl-Philosophie abgegrenzt. Dieser Begriff lässt sich mithilfe des Begriffspaars apriorisch/aposteriorisch, das wir gerade eingeführt haben, genauer bestimmen.

Lehnstuhl-Philosophie (L-Phi)
Philosophische Fragen sind ausschließlich mithilfe apriorischer Methoden zu beantworten.[3]

Diese Begriffsbestimmung enthält einen weiteren erklärungsbedürftigen Begriff, nämlich den der *philosophischen Frage*. Was sind philosophische Fragen?

Das lässt sich schwer beantworten. Allerdings gibt es eine Liste von Fragen, die als paradigmatisch philosophisch gelten können und die ich deshalb als *klassische, philosophische Fragen* bezeichnen möchte. Darunter sind z.B. Fragen nach zentralen philosophischen Begriffen wie dem des Wissens, der Bedeutung, der Absicht, der Willensfreiheit usw.[4]

Der französische Philosoph René Descartes gilt vielen als Paradebeispiel eines Lehnstuhl-Philosophen. In seiner vielleicht berühmtesten Schrift – den *Meditationes de Prima Philosophia* (1641) – widmet er sich der Frage nach dem Wissen. Er möchte alle seine Meinungen umstürzen, auf radikale Weise alles, was auch nur im entferntesten

---

3 Dass Lehnstuhl-Philosophen nur apriorische Methoden akzeptieren, bedeutet allerdings nicht, dass sie sich nicht dafür interessieren, Aussagen über Gegenstände unserer Erfahrung zu treffen. Der deutsche Philosoph Immanuel Kant war bekanntermaßen der Auffassung, dass es möglich ist, mithilfe apriorischer Methoden Einsichten über unsere Erfahrungswelt zu erlangen. Auch Williamson weist darauf hin, dass Lehnstuhl-Philosophen sich für die Natur der Realität interessieren (z.B. für die Natur der Zeit).

4 Mit allen diesen Fragen werden wir uns noch in Kap. 3 auseinandersetzen.

ungewiss wirkt, bezweifeln und ein sicheres, unerschütterliches Fundament allen Wissens aufdecken. Zu Beginn seiner ersten Meditation schreibt er:

> Schon vor Jahren bemerkte ich, wieviel Falsches ich von Jugend auf als wahr hingenommen habe und wie zweifelhaft alles sei, was ich später darauf gründete; darum war ich der Meinung, ich müsste einmal im Leben von Grund auf alles umstürzen und von den ersten Grundlagen an ganz neu anfangen, wenn ich später einmal etwas Festes und Bleibendes in den Wissenschaften errichten wollte. [...] Ich ziehe mich also in die Einsamkeit zurück und will ernst und frei diesen allgemeinen Umsturz aller meiner Meinungen vornehmen. (Descartes 1642/2004, 63)

Descartes möchte sich also in die Einsamkeit zurückziehen, um seine Meinungen umzustürzen. Und nicht nur das. Er möchte sich außerdem von seinen Sinnen als Erkenntnisquelle verabschieden:

> Alles nämlich, was ich bis heute als ganz wahr gelten ließ, empfing ich unmittelbar oder mittelbar von den Sinnen; diese aber habe ich bisweilen auf Täuschungen ertappt, und es ist eine Klugheitsregel, niemals denen volles Vertrauen zu schenken, die uns auch nur ein einziges Mal getäuscht haben. (Descartes 1642/2004, 65)

In diesem Textabschnitt schließt Descartes aposteriorische Methoden als Quellen der Erkenntnis aus seinen philosophischen Untersuchungen aus – und zwar kategorisch! Jede Erkenntnis, die auf Erfahrungen beruht, ist disqualifiziert. Denn die Sinne, die die Quelle aller unserer Erfahrungen sind, könnten uns ja täuschen. Descartes sucht deswegen nach einem apriorischen Gedanken, der notwendig wahr ist und in dem wir uns gerade nicht täuschen können. Er findet ihn am Anfang der zweiten Meditation im *Prinzip der Selbstgewissheit*:

> Nachdem ich so alles genug und übergenug erwogen habe, muss ich schließlich festhalten, dass der Satz „Ich bin, Ich existiere", sooft ich ihn ausspreche oder im Geist auffasse, notwendig wahr sei. (Descartes 1642/2004, 79)

Die Einsicht „Ich existiere" lässt sich für Descartes vor aller Erfahrung erschließen und zwar nur aus dem Umstand, dass er zweifelt. Auch wenn er an allem zweifelt, woran sich zweifeln lässt, so müsste es doch immer noch jemanden geben, der zweifelt. Also, so schließt Descartes, kann er nicht daran zweifeln, dass er existiert. Es muss ihn geben!

Dieser Gedankengang ist als das *Cogito-Argument* in die Philosophiegeschichte eingegangen. Weil er rein apriorisch und erfahrungsunabhängig geführt wird, hat er Descartes den Ruf eines mustergültigen Lehnstuhl-Philosophen eingebracht.

1.2 Analytische Philosophie

Descartes Cogito-Argument verwendet eine besondere Variante apriorischer Methodik. Man kann es als ein sogenanntes *transzendentales Argument* lesen.[5] Das bedeutet, die Schlussfolgerung wird begründet, indem man nachweist, dass sie eine notwendige Bedingung für die Möglichkeit der Wahrheit einer getroffenen Annahme darstellt. Diese Annahme lautet „Ich zweifle". Eine notwendige Bedingung dafür, dass diese Annahme wahr ist, besteht darin, dass ich existiere. Daher kann ich schließen, dass ich notwendig existiere.

Nicht jedes apriorische Argument ist auch ein transzendentales. In der modernen analytischen Philosophie hat sich eine andere Variante der apriorischen Argumentation durchgesetzt. Bei dieser Argumentation kommen philosophische *Gedankenexperimente* zum Einsatz, die gewissermaßen als „Intuitionenpumpen" (Dennett 1984, 17–18) verwendet werden.

Analytische Philosophie (A-Phi)
Philosophische Fragen sind ausschließlich mithilfe apriorischer Methoden und insbesondere durch die methodische Verwendung von Intuitionen über Gedankenexperimente zu beantworten.

Bei A-Phi handelt es sich also um eine Spezialform von L-Phi. Das bedeutet, es handelt sich um eine vergleichsweise stärkere These. Denn L-Phi stellt lediglich eine Festlegung auf apriorische Methoden dar. A-Phi ergänzt diese Festlegung durch eine Verpflichtung auf eine besondere apriorische Methode: die methodische Verwendung von Intuitionen über Gedankenexperimente, die man oft schlechthin als die *Methode der analytischen Philosophie* (MAP) bezeichnet. In stilisierter Form könnte man sie folgendermaßen beschreiben:

Methode der analytischen Philosophie (MAP)

Schritt 1: Wir führen eine philosophische These ein.

---

[5] Vgl. etwa Bardon (2005, 83ff.) und Stern (2000, 58).

Schritt 2: Wir beschreiben ein philosophisch interessantes Szenario (=Gedankenexperiment).

Schritt 3: Wir prüfen, welches Urteil aus unserer philosophischen These im Hinblick auf das beschriebene Szenario folgt.

Schritt 4: Wir prüfen, ob dieses Urteil intuitiv stimmig ist.

Schritt 5: Wenn wir in Schritt 4 mit „ja" geantwortet haben, dann betrachten wir das als Bestätigung unserer philosophischen These. Wenn wir in Schritt 4 mit „nein" geantwortet haben, dann betrachten wir das als Widerlegung unserer philosophischen These.

Bevor wir uns ansehen, wie MAP angewandt wird, sollte ich eines anmerken: Die Charakterisierung der analytischen Philosophie, die ich hier vorschlage, kann als umstritten gelten. Zwar weisen einige Autoren darauf hin, dass MAP innerhalb in der modernen, analytischen Philosophie so häufig anzutreffen ist, dass man sie als „standard justificatory practice" (Kornblith 2007, 29) bezeichnen könnte. Dafür gibt es auch empirische Belege.[6] Aber nicht alle Autoren, die sich mit der analytischen Philosophie befasst haben, plädieren dafür, die methodische Verwendung von Intuitionen als ihr Wesensmerkmal zu bestimmen. Glock (2008) weist in einer einflussreichen Studie darauf hin, dass MAP (i) auch von Philosophen verwendet wird, die man normalerweise nicht als analytisch bezeichnen würde (z.B. von den Britischen Empiristen) und dass es (ii) analytische Philosophen gibt, für die sie keine Rolle spielt (z.B. für den frühen Wittgenstein).[7] Sowohl für Behauptung (i) als auch für Behauptung (ii) lassen sich Belege anführen.[8] Im Kontext der Debatte um die experimentelle

[6] Andow (2015) zufolge gab es im Verlauf des 20. Jahrhunderts einen deutlichen Anstieg bei der methodischen Verwendung von Intuitionen. Allerdings blieb er nicht auf den Fachbereich der Philosophie und innerhalb der Philosophie nicht auf den Bereich der analytischen Philosophie beschränkt.

[7] Glock spricht zwar nicht explizit von MAP, wie wir diese Methode hier bestimmt haben. Jedoch erscheint es offensichtlich, dass er sie im Sinn hat.

[8] Zur Stützung von (ii) lässt sich z.B. die Einschätzung von Jaakko Hintikka anführen. Er glaubt, dass es sich bei dem methodischen Einsatz von Intuitionen in der analytischen Philosophie um ein jüngeres Phänomen handelt. So sagte er etwa: "Before the early 1960s, you could scarcely find any overt references, let alone appeals, to intuitions in the pages of philosophical journals and books in the analytical tradition. After the mid-1960s, you will find intuitions playing a major role in the philosophical argumentation of virtually every article or book." (Hintikka

Philosophie scheint es dennoch gerechtfertigt, die analytische Philosophie so zu verstehen, wie ich das vorgeschlagen habe. Denn in diesem Zusammenhang wird meist mit diesem (zugegebenermaßen idiosynkratischen) Verständnis gearbeitet.

Um zu illustrieren, wie MAP angewendet wird, greifen wir auf eine klassische, philosophische Frage zurück: Was ist Wissen? Auf diese Frage gibt es eine traditionelle Antwort, die man die „Standardanalyse des Wissensbegriffs" nennt:

Standardanalyse des Wissensbegriffs
Wissen ist wahre, gerechtfertigte Meinung.

Um MAP anzuwenden, nehmen wir uns in Schritt 1 die Standardanalyse des Wissensbegriffs als These vor. In Schritt 2 stellen wir uns ein alltägliches Szenario vor.

Gedankenexperiment 1
Anna möchte wissen, wie spät es ist. Sie schaut auf die Uhr. Da steht 14:51 Uhr. Deswegen glaubt Anna, dass es 14:51 Uhr ist. Es ist tatsächlich 14:51 Uhr. Weiß Anna, dass es 14:51 Uhr ist?

In Schritt 3 prüfen wir, was man aus Sicht der Standardanalyse des Wissensbegriffs über diesen Fall sagen sollte. Diese Analyse besagt, dass einer Person unter drei Bedingungen Wissen zugeschrieben werden kann:

Bedingung 1
Die Person *glaubt*, dass *p*.

Bedingung 2
p ist *wahr*.

Bedingung 3
Die Person hat eine *Rechtfertigung* für *p*.

1999, 127) Für Behauptung (i) lässt sich etwa auf Goldman (2007) verweisen. Wie er erläutert, lassen sich Belege für eine methodische Verwendung von Intuitionen in der Philosophie bereits bei klassischen Autoren finden. Er verweist in diesem Zusammenhang auf eine Stelle in John Lockes *Essay Concerning Human Understanding* (1694) als Beispiel. Levin (2005) ist ebenfalls der Ansicht, dass es sich bei MAP um eine Methode handelt, die für die Philosophie während ihrer gesamten Geschichte charakteristisch war. Stich (2001) führt sie auf Platon zurück. Cappelen (2012, 2014) und Deutsch (2009, 2010, 2015, 2016) leugnen dagegen, dass analytische Philosophen auf Intuitionen angewiesen sind. Darauf werden wir noch in Abs. 4.3.5 eingehen.

Bedingung 1 ist in Gedankenexperiment 1 erfüllt, weil Anna ja glaubt, dass es 14:51 Uhr ist. Bedingung 2 ist dort ebenfalls erfüllt, weil es tatsächlich 14:51 ist. Und Bedingung 3 ist auch erfüllt, weil Anna für Ihre Überzeugung, dass es 14:51 ist, eine Rechtfertigung hat. Schließlich hat sie gerade auf die Uhr gesehen. Es sind also alle Bedingungen erfüllt. Anna glaubt also wahrheitsgemäß und gerechtfertigt, dass es 14:51 Uhr ist. Wir können also aus der Standardanalyse des Wissensbegriffs ableiten, dass Anna weiß, dass es 14:51 ist.

Nun sollten wir – in *Schritt 4* – prüfen, ob das Ergebnis der Standardanalyse intuitiv stimmig ist. Das bedeutet, wir sollen prüfen, ob es so *erscheint*, als wüsste Anna, dass es 14:51 ist. Das ist klarerweise so. Warum sollte man ihr in diesem Fall Wissen absprechen?

Im letzten Schritt 5 können wir folgern, dass die Standardanalyse des Wissensbegriffs durch Gedankenexperiment 1 bestätigt wurde. Das heißt natürlich nicht, dass sie wahr sein muss. Aber für den Moment haben wir keinen Grund daran zu zweifeln.

Anders sieht das aus, wenn wir den Fall leicht verändern. Wir interessieren uns weiterhin für die Standardanalyse des Wissensbegriffs (Schritt 1) und führen zur Prüfung derselben ein neues Gedankenexperiment ein (Schritt 2).

Gedankenexperiment 2

Anna möchte wissen, wie spät es ist. Sie schaut auf die Uhr. Da steht 14:51 Uhr. Deswegen glaubt Anna, dass es 14:51 Uhr ist. Es ist tatsächlich 14:51 Uhr. Allerdings ist die Uhr am Vortag um exakt die gleiche Zeit stehen geblieben, ohne dass Anna das bemerkt hat. Weiß Anna, dass es 14:51 Uhr ist?

Wir prüfen, ob in diesem Fall alle Bedingungen, die nach der Standardanalyse des Wissensbegriffs auf Wissen schließen lassen, vorliegen (Schritt 3). Das ist der Fall. Auch in Gedankenexperiment 2 sind die Bedingungen 1, 2 und 3 erfüllt. Anna glaubt, dass es 14:51 Uhr ist. Das ist wahr. Und sie hat wieder eine Rechtfertigung dafür. Sie hat ja auf die Uhr geschaut. Also hat sie nach der Standardanalyse des Wissensbegriffs auch in Gedankenexperiment 2 Wissen.

Aber ist das intuitiv richtig (Schritt 4)? Es ist reiner Zufall, dass es tatsächlich 14:51 Uhr ist. Also scheint es *nicht* so, als wüsste Anna das.

Damit können wir darauf schließen (Schritt 5), dass die Standardanalyse des Wissensbegriffs widerlegt ist. Diese Schlussfolgerung ist seit der Veröffentlichung eines einflussreichen Aufsatzes des englischen Philosophen Edmund Gettier weitgehend anerkannt (Gettier 1963).

1.3 Philosophisch interessante, empirische Fragen

Wir haben in den vorangegangenen zwei Abschnitten über die Lehnstuhl-Philosophie (L-Phi) und die analytische Philosophie (A-Phi) gesprochen. L-Phi ist die Auffassung, dass philosophische Fragen ausschließlich mithilfe apriorischer Methoden zu beantworten sind. A-Phi ist eine Variante von L-Phi. Ihre paradigmatische Methode – die Methode der analytischen Philosophie (MAP) – basiert auf Gedankenexperimenten und unseren Intuitionen darüber. Wie sie funktioniert, haben wir uns gerade angesehen.

Experimentelle Philosophen grenzen sich sowohl von L-Phi als auch von A-Phi kritisch ab. Sie tun das aus verschiedenen Gründen. Ein Grund besteht darin, dass L-Phi – und insbesondere diejenige analytischer Prägung – zu viele interessante Fragen und Erkenntnismethoden auslässt. Experimentelle Philosophen verweisen darauf, dass sogar diejenigen Philosophen, die man heute als Vordenker von L-Phi ansieht, *aposteriorische Methoden* verwendeten. Wir sahen etwa, dass Descartes sich in seinen Meditationes für eine apriorische Vorgehensweise in der philosophischen Argumentation ausspricht. Justin Sytsma und Jonathan Livengood kommentieren dies in ihrem Buch *The Theory and Practice of Experimental Philosophy* (2016). Sie weisen darauf hin, dass auch Descartes empirische Methoden nicht scheute:

> But even Descartes did not philosophize exclusively from the armchair. In fact, he did a good deal of empirical work, and such work is, in our opinion, as much a part of Descartes's philosophical legacy as are his meditations. (Sytsma & Livengood 2016, xviii)

Tatsächlich weisen Descartes-Interpreten darauf hin, dass der französische Philosoph nicht ausschließlich apriorische Erkenntnismethoden verwendete. So schreibt etwa Dominik Perler:

> Nun ist freilich zu beachten, daß sich Descartes in zahlreichen Schriften intensiv mit naturwissenschaftlichen Einzelproblemen befaßt hat und sich zu deren Lösung durchaus auf empirische Experimente gestützt hat. Er hat die Gezeiten studiert, Regenbogen beobachtet, Tierkadaver untersucht, die Form von Linsen analysiert usw. (Perler 1998, 84)

Ist Descartes also in Wirklichkeit gar kein Lehnstuhl-Philosoph? Könnte er gar als Kronzeuge der experimentellen Philosophie herhalten?

Vertreter der Lehnstuhl-Philosophie könnten versuchen, diese Möglichkeit auszuräumen, indem sie die Person des Descartes spalten: in einen Philosophen und einen empirischen Naturforscher. Und sie könnten zu bedenken geben, dass zumindest der Philosoph Descartes seine Gedankengänge frei von aposteriorischen Anteilen hielt. Die empirischen Fragen, denen der empirische Naturforscher Descartes mit aposteriorischen Methoden nachging, seien dagegen nicht von philosophischem Interesse. Wenn das stimmt, können sich experimentelle Philosophen nicht auf Descartes als Vorläufer berufen. Ihre Fragen, so könnte man argumentieren, sind aposteriorische Fragen. Sie sind also nicht philosophisch – zumindest nicht im Sinne von L-Phi.

Experimentelle Philosophen, die erfahrungswissenschaftliche Methoden mit philosophischem Erkenntnisinteresse anwenden, reagieren auf diesen Einwand mit einem „fragenden Blick" (engl.: „quizzical stare"). So zumindest formulieren es Joshua Knobe und Shaun Nichols – zwei Hauptvertreter der experimentellen Philosophie. Ihre empirischen Fragen erscheinen Ihnen so *offensichtlich* philosophisch, dass sie kaum wissen, was sie antworten sollen. Joshua Knobe und Shaun Nichols schreiben deshalb:

> The questions addressed in this research program [experimental philosophy, NM] strike us as *so obviously philosophical* that we find it a little bit difficult to know how to respond. (Knobe & Nichols 2008, 13; meine Hervorhebung, NM)

In dieser Antwort manifestiert sich ein Philosophieverständnis, das sich grundlegend von dem der L-Phi unterscheidet. Analytische Lehnstuhl-Philosophen stellen *klassische, philosophische Fragen.* Sie fragen z.B.: Was ist das Wesen von Wissen, von Bedeutung, von absichtlichem Handeln und von Willensfreiheit? Um diese Fragen zu beantworten, verwenden analytische Lehnstuhl-Philosophen in ihren Argumentationen MAP. D.h. sie greifen auf Intuitionen über Gedankenexperimente zurück. Allerdings interessieren sie sich für diese Intuitionen nicht um ihrer selbst willen. Sie verstehen sie vielmehr *als Mittel zum Zweck*. Sie sind das Mittel, mit dem wir Fragen wie die gerade genannten beantworten können. Experimentelle Philosophen interessieren sich dagegen für die Intuitionen von Menschen – und zwar *um ihrer selbst Willen.*[9] Sie wollen wissen, welche Intuitionen durch philosophische Gedankenexperimente hervorgerufen werden und warum. Und sie testen dies systematisch mithilfe experimenteller Methoden (vgl. Knobe 2007a).

> **Experimentelle Philosophie als Kognitionswissenschaft der Philosophie (X-Phi$_1$)**
> Nicht alle philosophischen Fragen sind klassische, philosophische Fragen. Auch die Frage, welche Intuitionen philosophische Gedankenexperimente hervorrufen und warum, ist eine philosophische Frage. Sie ist mithilfe systematischer Experimente zu beantworten.

In einer typischen experimentell-philosophischen Untersuchung werden Testpersonen mit einem philosophischen Gedankenexperiment konfrontiert und aufgefordert, eine philosophisch interessante Frage zu beantworten. Die Antworten werden dann statistisch ausgewertet. Auf diese Weise wollen experimentelle Philosophen z.B. herausfinden, welche Intuitionen philosophische Gedankenexperimente hervorrufen und wie einheitlich die Intuitionen unterschiedlicher Menschen sind. Außerdem wollen sie wissen, durch welche kognitiven Prozesse sie zustande kommen und von welchen Faktoren sie abhängen. Die Protagonisten des experimentell-philosophischen Forschungsprogramms glauben anders als die Vertreter der L-Phi, dass die Antworten auf diese Fragen *für sich genommen* von philosophischem Interesse sind. Denn sie können uns einiges über die menschliche Natur und die Funktionsweise des menschlichen Geistes verraten. Sie können uns helfen, unser eigenes Denken besser zu verstehen. Und sie können uns helfen, zu verstehen, warum wir die Welt so sehen, wie wir sie sehen.

Ein paradigmatisches Beispiel für X-Phi$_1$ ist eine Studie von Joshua Knobe zum Begriff des absichtlichen Handelns (Knobe 2003).[10] Er gab Versuchsteilnehmern einen von zwei Fällen. Sie sollten jeweils beurteilen, ob eine Person eine bestimmte Handlung absichtlich getan hat. Bei dieser Person handelte es sich um den Vorsitzenden einer

---

9 Eine solche Auffassung scheinen z.B. auch Fiery Cushman und Al Mele zu vertreten. Sie sagen, die experimentelle Philosophie verwende empirische Techniken, um Alltagsbegriffe zu verstehen: "experimental philosophy [...] uses empirical techniques to understand folk concepts." (Cushman & Mele 2008, 171) Eine Kritik der Auffassung, dass Experimente für sich genommen philosophisch interessant sein können, findet sich in Cappelen (2014).

10 Diese Studie werden wir in Abs. 3.3 etwas ausführlicher besprechen.

Firma, der nach eigener Aussage mit seinem Handeln nur ein Ziel verfolgt, nämlich den Gewinn seiner Firma zu steigern. Er ergreift eine Maßnahme, die dies sicherstellen soll. Im einen Fall schadet diese Maßnahme der Umwelt. Im anderen Fall wirkt sie sich positiv auf die Umwelt aus. Der Vorsitzende hat in beiden Fälle Kenntnis davon. Ihm sind diese Nebenfolgen seines Handelns aber völlig egal. Knobe fragte die Versuchsteilnehmer im ersten Fall: „Hat der Vorsitzende der Umwelt *absichtlich geschadet?*" Im zweiten Fall fragte er: „Hat der Vorsitzende die Umwelt *absichtlich geschützt?*" Die Antworten zeigten eine interessante Asymmetrie, die heute als Knobe-Effekt bekannt ist. Die erste Frage wurde mehrheitlich bejaht, die zweite mehrheitlich verneint. Ob eine Nebenfolge gut oder schlecht ist, scheint also zu beeinflussen, ob wir sie einer handelnden Person als absichtlich verursacht zuschreiben. Für Vertreter von X-Phi$_1$ ist solch ein Resultat für sich genommen philosophisch interessant, weil es zeigt, wie Menschen über absichtliches Handeln denken. Das gilt auch dann, wenn sich aus diesem Ergebnis zunächst keine Schlussfolgerungen für klassische, philosophische Fragen ziehen lassen.

1.4 Empirisch informierte Philosophie

Wenn man Anhängern von X-Phi$_1$ glauben will, dann gibt es also zumindest bestimmte empirische Fragen, die man experimentell beantworten kann und die um ihrer selbst willen philosophisch interessant sind. Lehnstuhl-Philosophen sind anderer Meinung. Ihnen ist es wichtig, dass die experimentelle Philosophie, die sich mit dieser Art von Fragen befasst, nicht als „Philosophie im eigentlichen Sinne" angesehen wird. Sie würden es vorziehen, die Schriften experimenteller Philosophen aus den Regalen philosophischer Bibliotheken zu verbannen. Experimentelle Philosophen sehen das natürlich anders. Sie sind ihrem Selbstverständnis nach ebenfalls Philosophen.

Es sieht so aus, als hätten wir es hier lediglich mit einem inhaltslosen Dissens um die Verwendung des Wortes „Philosophie" zu tun. Eine bewährte Strategie, mit der man Dissense dieser Art auflösen kann, besteht darin, eine *Begriffsunterscheidung* einzuführen. William James schildert diese Strategie anhand eines metaphysischen Problems: Ein Eichhörnchen klammert sich an einen Baumstamm. Auf der entgegengesetzten Seite steht ein Mann, der das Eichhörnchen gerne anschauen möchte. Also läuft er um den Baumstamm herum.

Das Eichhörnchen, das offensichtlich kein Interesse daran hat, von dem Mann inspiziert zu werden, bewegt sich allerdings ebenfalls – und zwar so, dass der Mann es nie sehen kann. Der Mann würde dem Eichhörnchen immer direkt ins Gesicht schauen. Aber es bewegt sich genau so, dass der Baumstamm immer genau zwischen den beiden ist. Die metaphysische Frage, die sich nun stellt, lautet: Bewegt sich der Mann um das Eichhörnchen herum? James Antwort lautet: das kommt drauf an!

> If you mean passing from the north of him to the east, then to the south, then to the west, and then to the north of him again, obviously the man does go round him, for he occupies these successive positions. But if on the contrary you mean being first in front of him, then on the right of him, then behind him, then on his left, and finally in front again, it is quite as obvious that the man fails to go round him, for by the compensating movements the squirrel makes, he keeps his belly turned towards the man all the time, and his back turned away. Make the distinction, and there is no occasion for any farther dispute. (James 1907/1921, 44)

Wenn man mit der Aussage „Der Mann bewegt sich um das Eichhörnchen herum" meint, dass er sich erst nördlich, dann östlich, dann südlich und dann westlich von ihm befindet, dann sollte man die Frage also bejahen. Wenn man die Aussage aber so versteht, dass sich der Mann aus Sicht des Eichhörnchens erst vor ihm, dann rechts neben ihm, dann hinter ihm und schließlich links neben ihm befindet, dann wäre die Frage zu verneinen. Wenn man diese Unterscheidung trifft, löst sich das Rätsel in Luft auf, und es gibt jeweils eine Antwort, die klarerweise richtig ist!

Analog könnten wir mit Blick auf unsere Fragestellung zwischen unterschiedlichen Philosophieverständnissen unterscheiden. Zu diesem Zweck würde man unterstellen, dass Lehnstuhl-Philosophen, die von „Philosophie" sprechen ein engeres Philosophieverständnis – nennen wir es Philosophie_L – im Sinn haben und experimentelle Philosophen ein weiteres – nennen wir es Philosophie_X. Alle klassischen, philosophischen Fragen, die Philosophie_L betreffen, wären danach ebenfalls Fragen, die Philosophie_X betreffen. Denn Vertreter von X-Phi_1 leugnen ja nicht, dass die Fragen, die die Lehnstuhl-Philosophen als philosophisch erachten, tatsächlich philosophische Frage sind. Sie sind lediglich der Meinung, dass es weitere, nicht-klassische Fragen gibt, die man ebenfalls zur Philosophie zählen sollte.[11] Zur Philosophie$_{L}$ würden dann ausschließlich diejenigen klassischen Fragen gehören, die man rein apriorisch beantworten kann. Zur Philosophie$_{X}$ würde man dagegen auch diejenigen nicht-klassischen Fragen zählen, die sich nicht nur mittels aposteriorischer Methoden beantworten lassen.

Mit dieser Lösungsstrategie gibt es jedoch ein Problem: Descartes – der vermeintlich paradigmatische Anhänger von L-Phi – tanzt aus der Reihe! Es stimmt zwar, dass er apriorische Methoden in seinen philosophischen Untersuchungen verwendete. Und es stimmt auch, dass er sich auch als Naturforscher betätigte und dabei aposteriorische Methoden benutzte. Aber Descartes setzte aposteriorische Methoden auch in seinen philosophischen Arbeiten ein. Wie Perler erläutert, schließt er aposteriorische Methoden nur bei der Etablierung eines Wissensfundaments aus. Hier möchte er auf das zurückgehen, „was vom Geist alleine erfasst wird." Denn für Descartes lässt sich nur so absolute Gewissheit gewährleisten. Das bedeute aber nicht, so Perler,

> daß wir uns jedesmal, wenn wir Wissen erwerben oder prüfen, auf die Tätigkeit des Geistes beschränken sollen. Die Etablierung des Wissensfundaments geschieht ein einziges Mal, wie es am Anfang der *Meditationes* ausdrücklich heißt. „Einmal im Leben" müssen wir alles in Frage stellen und nach einer unbezweifelbaren Grundlage für unser Wissen suchen. Sobald wir aber eine solche Grundlage etabliert haben und sobald wir eine Garantie für die Zuverlässigkeit unserer kognitiven Fähigkeiten gefunden haben […], können und müssen wir uns auf unsere Sinneserfahrungen berufen, um Wissen von konkreten Sachverhalten zu erwerben. (Perler 1998, 85)

Offensichtlich ist also die These der L-Phi, nach der philosophische Fragen ausschließlich mithilfe apriorischer Methoden zu beantworten sind, problematisch – zumindest dann, wenn man die empirischen Fragen, die Descartes in seiner Philosophie bespricht, als zur Philosophie gehörig verstehen will. Dass diese Fragen philosophisch sind, sollte aber meines Erachtens niemand bestreiten. Nehmen wir uns ein Beispiel vor, um dies zu illustrieren.

---

[11] An dieser Stelle sollte erwähnt werden, dass sich experimentelle Philosophen bisweilen als die eigentlichen Traditionalisten verstehen (vgl. etwa Knobe & Nichols 2008, 3–4 und Knobe 2010). Eine ähnliche Sichtweise vertritt auch Kwame Anthony Appiah, wenn er sagt: "'experimental philosophy', rather than being something new, is as old as the term 'philosophy'." (Appiah 2008, 2)

Descartes war metaphysischer Dualist. Er glaubte, dass die Welt aus zwei Klassen von Substanzen besteht, nämlich aus Körper und aus Geist. Wir Menschen haben beides. Wir haben sowohl einen materiellen Körper als auch einen immateriellen Geist. Beide sind nicht miteinander identisch und könnten, so Descartes, auch getrennt voneinander existieren, wenn Gott das so wollte. Das wirft allerdings die Frage auf, wie es sein kann, dass unser Geist und unser Körper interagieren. Diese Frage ist eindeutig philosophisch. Sie lies sich aber nach Descartes Einschätzung nicht vom philosophischen Lehnstuhl aus beantworten, sondern verlangte nach empirischen Studien. So machte er sich etwa daran, den Ort im Gehirn zu finden, in dem die Seele mit dem Körper interagiert. Er fand sie in der Zirbeldrüse – einer kleinen Drüse in der Mitte des Gehirns. Diese, so sagt Descartes an einer Stelle, sei der Hauptsitz der Seele (fr.: „le principal siege de l'âme"). Nun kommt der springende Punkt: Warum soll gerade hier die Seele ihren Sitz haben? Descartes argumentiert etwa folgendermaßen: Alle unsere Sinneseindrücke und Gedanken treten immer nur einzeln auf, obwohl wir zwei Augen haben, mit denen wir sehen, zwei Ohren, mit denen wir hören und zwei Gehirnhälften, mit denen wir denken. Jedoch haben wir nie mehr als einen Eindruck und fassen nie mehr als einen Gedanken. Es muss also genau *eine* Zentrale im Gehirn geben, in der alle Eindrücke und Gedanken zusammengeführt werden. In Descartes Worten:

> [...] il faut de nécessité que les espèces qui entrent par les deux yeux, ou par les deux oreilles s'aillent unir en quelque partie du corps pour y être considérées par l'âme. (Descartes 1964–1974, III: 19)

Die Zirbeldrüse, so Descartes, ist prädestiniert dafür, die Eindrücke und Gedanken zu einem einheitlichen Ganzen zusammenzuführen. Es gibt sie genau einmal im Gehirn. Und anders als andere mögliche Kandidaten besitzt sie bestimmte physische Attribute, die sie als Sitz der Seele im Körper besonders geeignet erscheinen lassen. Die Details des Arguments müssen uns hier nicht interessieren. Entscheidend ist lediglich die Beobachtung, dass die apriorisch-philosophischen Überlegungen, die Descartes über die Natur der Seele anstellt, schließlich in Fragen münden, die sich nur erfahrungswissenschaftlich beantworten lassen. Wir können also festhalten, dass Descartes ziemlich sicher kein Lehnstuhl-Philosoph war.

Tatsächlich scheint L-Phi eher ein Zerrbild der Philosophie darzustellen. Die Antwort auf viele philosophische Fragen – und insbesondere die klassischen! – hängt offensichtlich von der Antwort auf bestimmte empirische Fragen ab. Deswegen ist es plausibel, bezüglich vieler philosophischer Fragen ein anderes Philosophieverständnis zu vertreten. Nach diesem Verständnis sollten philosophische Untersuchungen empirisch informiert sein.

Empirisch informierte Philosophie (E-Phi)
Bestimmte philosophische Fragen – und insbesondere die klassischen – sind nicht ausschließlich mithilfe apriorischer Methoden zu beantworten. Sie erfordern auch aposteriorische Methoden.

Das *Problem der Willensfreiheit* eignet sich gut, um das Bild der empirisch informierten Philosophie plausibel zu machen. Dieses Problem besteht – ins Grobe gesprochen – darin, dass wir unsere Welt als naturgesetzlich und kausal geordnet sehen, uns selbst jedoch als frei. Einerseits erklären wir das Verhalten materieller Gegenstände durch die verschiedenen Naturwissenschaften und vor allem durch die Physik. Hier gibt es klare Naturgesetze, die das Verhalten von Körpern in Raum und Zeit bestimmen. Andererseits kommt es uns so vor, als wäre unser Handeln und unser Wille, der unser Handeln bestimmt, nicht in allen Situationen durch Naturgesetze festgelegt – und das obwohl unsere Körper selbst materielle Gegenstände sind. Wie Julian Nida-Rümelin sagt, liegt das Problem der Willensfreiheit „an der Nahtstelle von Wissenschaftstheorie, Sprachphilosophie, Philosophie des Geistes und Ethik einerseits sowie Psychologie, Neurophysiologie und Physik andererseits." Aus diesem Grund lassen sich hier „wissenschaftliche und philosophische Fragen so wenig trennen." (Nida-Rümelin 2005, 19) Das wird auch dadurch klar, dass herausragende Wissenschaftler sich zum Problem der Willensfreiheit geäußert haben (etwa Libet 2002 und Planck 1923). Das Problem der Willensfreiheit illustriert also, dass Philosophie zumindest mit Blick auf bestimmte Fragen empirisch informiert sein sollte.[12]

1.5 Positive experimentelle Philosophie

Oben hatten wir eine Erscheinungsform der experimentellen Philosophie identifiziert und sie als Kognitionswissenschaft der Philoso-

[12] Welche Fragen das mit Blick auf das Problem der Willensfreiheit sind, diskutiert etwa Keil (2013, 179 ff.). In diesem Zusammenhang siehe auch Björnsson & Pereboom (2016). Wir darauf noch in Abs. 3.4 zurückkommen.

phie (X-Phi_1) bestimmt. Diese Variante der experimentellen Philosophie setzt sich von L-Phi ab, indem sie auf Fragen Bezug nimmt, die sich nur aposteriorisch und insbesondere experimentell beantworten lassen. Vertreter von X-Phi_1 machen Lehnstuhl-Philosophen ihr Territorium jedoch nicht streitig. Sie behaupten nicht, dass man aposteriorische Methoden verwenden muss, um klassische, philosophische Probleme zu lösen. Wir haben im vorangehenden Abschnitt jedoch gesehen, dass man auch diese Position vertreten kann. Empirisch informierte Philosophen tun das. Nach E-Phi gibt es klassische, philosophische Fragen (z.B. das Problem der Willensfreiheit), die sich nicht nur mithilfe apriorischer Methoden beantworten lassen. Vielmehr, so die Vertreter von E-Phi, brauche man auch aposteriorische Methoden. Diese Sichtweise gibt uns die Möglichkeit, eine weitere Form der experimentellen Philosophie zu identifizieren, bei der es sich um eine spezielle Variante von E-Phi handelt.[13]

> **Positive Experimentelle Philosophie als experimentelle philosophische Methodologie (X-Phi_2)**
> Bestimmte philosophische Fragen – und insbesondere die klassischen – sind nicht ausschließlich mithilfe apriorischer Methoden beantworten. Sie erfordern auch aposteriorische, experimentelle Methoden.

Wer eine empirisch informierte Sichtweise der Philosophie vertritt, der vertritt nicht unbedingt die Ansicht, Philosophen sollten auch Experimente durchführen (vgl. Prinz 2008). Vertreter von X-Phi_2 tun das jedoch. Sie glauben, dass Philosophen manchen Fragen mithilfe experimenteller Methoden zu Leibe rücken sollten. Zu diesen zählen auch klassische, philosophische Fragen.

---

[13] Bei der Benennung der Sichtweisen innerhalb der experimentellen Philosophie haben sich verschiedenen Bezeichnungen eingebürgert. Mit der Unterscheidung zwischen positiver und negativer experimenteller Philosophie folgen wir Alexander et al. (2014). Eine sehr ähnliche Unterscheidung trifft Hales (2012, 196–97). Er spricht einerseits von den *ökumenischen* experimentellen Philosophen (engl.: „ecumenicals"). Diese, so Hales, glauben, dass die neuen, experimentellen Techniken den Methodenkoffer der Philosophie lediglich erweitern. Auf der anderen Seite gebe es jedoch die *fundamentalistischen* experimentellen Philosophen. Diese haben nach Hales die Absicht zu zeigen, dass die analytische Philosophie und insbesondere die ihr eigentümlichen Appelle an Intuitionen unhaltbar sind. Kauppinen (2007, 97) unterscheidet zwischen *Experimentalism(+)* und *Experimentalism(-)*. Diese Unterscheidung ist der Unterscheidung zwischen positiver und negativer experimenteller Philosophie ebenfalls sehr ähnlich.

Ein Beispiel für einen solchen methodischen Ansatz stellt ein Autorenteam um den Philosophen Eddy Nahmias vor. Nahmias et al. (2005, 2006) ging es darum herauszufinden, ob eine zentrale Behauptung zutrifft, die in der Debatte um die Willensfreiheit regelmäßig aufgestellt wird. Es ist die Behauptung, dass eine bestimmte Position über das Verhältnis von Determinismus und Willensfreiheit intuitiv einleuchtend ist. Diese Position ist der sogenannte Inkompatibilismus.

Inkompatibilisten behaupten, dass Willensfreiheit nicht möglich ist, wenn der gesamte Weltverlauf deterministischen Gesetzen folgt. Routinemäßig insistieren Inkompatibilisten, die Unvereinbarkeit von Willensfreiheit und Determinismus stelle aufgrund ihrer Eingängigkeit gewissermaßen die Ausgangsposition dar. Der Inkompatibilismus, so sagen die Vertreter der Position, habe – in den Worten von Graham & Horgan (1994) – „squatter rights."[14] Das bedeutet, dass wir in Abwesenheit guter Gründe, die gegen den Inkompatibilismus sprechen, davon ausgehen können, dass er sich als korrekt herausstellen wird. Auf diese Weise erlegen Inkompatibilisten ihren Kritikern eine Beweislast auf (vgl. Nadelhoffer & Nahmias 2007, 126). Diese erhalten die Aufgabe plausibel zu machen, dass der Inkompatibilismus falsch ist.

Nahmias et al. (2005, 2006) prüften, ob sich die Annahme, die diesen Gedankengang informiert, überhaupt empirisch erhärten lässt. Sie testeten, wie intuitiv der Inkompatibilismus tatsächlich ist. Dazu baten sie philosophische Laien, eine Reihe von Fallbeispielen zu beurteilen. Sie stellten fest, dass die Einschätzung der Inkompatibilisten, nach der ihre Position intuitiver ist als die ihrer Kritiker, wahrscheinlich falsch ist. Denn Versuchsteilnehmer waren mehrheitlich geneigt, einer handelnden Person auch dann einen freien Willen zuzuschreiben, wenn sie die Information bekamen, dass ihr Verhalten vollständig determiniert war.

Wie lässt sich dieses Ergebnis einordnen? Vertreter von X-Phi$_1$ würden sagen, dass dieses Ergebnis für sich genommen interessant ist. Vertreter von X-Phi$_2$ – als die sich Nahmias et al. (2005, 2006) offenbar sehen – würden allerdings darauf hinweisen, dass dieses

---

14 Graham & Horgan (1994, 223) erklären, was es bedeutet, "squatter's rights" zu haben wie folgt: „It does not mean that such data get to squat forever or that they are indefeasible. But it does mean that our intuitive judgments should enjoy a high degree of prior epistemic reliability or warrant viz. that under an adequate theory of the ideology of philosophically significant concepts, those judgments will turn out generally correct." (Graham & Horgan 1994, 223)

experimentelle Ergebnis einen Betrag zur Debatte um die Willensfreiheit darstellt. Viele der Argumente, die in dieser Debatte ausgetauscht werden, treffen Annahmen darüber, wie intuitiv bestimmte Thesen sind. Nahmias et al. (2005, 2006) haben diese Annahmen mithilfe von Experimenten überprüft und auf dieser Grundlage Rückschlüsse für die philosophische Debatte zwischen Inkompatibilisten und ihren Kritikern abgeleitet.

Alexander et al. (2014) weisen darauf hin, dass sich Vertreter der positiven experimentellen Philosophie (X-Phi2) mit Vertretern der analytischen Philosophie in einem Punkt einig sind. Positive experimentelle Philosophen, so Alexander et al. (2014), stünden der Methode der analytischen Philosophie (MAP) nicht prinzipiell ablehnend gegenüber. Das Beispiel, das wir gerade betrachtet haben, scheint das zu belegen. Nahmias et al. (2005, 2006) geht es nicht darum, eine völlig andere Methode in der philosophischen Argumentation zu verteidigen. Sie akzeptieren den methodischen Grundsatz von A-Phi, nach der der Gesichtspunkt der Intuitivität eine entscheidende Rolle für die Bewertung philosophischer Theorien spielt. In der Tat würden positive experimentelle Philosophen nur Schritt 4 der MAP anders deuten als analytische Philosophen dies traditionell getan haben. Dieser methodische Schritt erfordert, dass wir prüfen, ob die Schlussfolgerung, die sich aus einer philosophischen These in einem bestimmten Fallbeispiel ergibt, intuitiv stimmig ist. In dieser Formulierung gibt es eine Mehrdeutigkeit. Die Preisfrage, die sich stellt, lautet: Was bedeutet „intuitiv stimmig“? Alexander und Weinberg (2007) folgend können wir drei mögliche Interpretationen unterscheiden.

> **Interpretation 1 (solipsistische Position)**
> Nur die Intuitionen des jeweiligen Philosophen spielen eine Rolle.
>
> **Interpretation 2 (elitistische Position)**
> Nur die Intuitionen professioneller Philosophen spielen eine Rolle.
>
> **Interpretation 3 (populistische Position)**
> Jedermanns Intuitionen spielen eine Rolle.[15]

Analytische Lehnstuhl-Philosophen haben sich traditionell für Interpretation 1 oder für Interpretation 2 ausgesprochen.[16] Nahmias et al.

---

[15] Alexander & Weinberg (2007, 57) sprechen in diesem Zusammenhand von „intuition solipsism“, „intuition elitism“ und „intuition populism“.

(2005, 2006) scheinen dagegen Interpretation 3 im Sinn zu haben. Ihre abweichende Interpretation kann man dabei als wohlgemeinten, konstruktiv-kritischen Beitrag zur traditionellen Methode der A-Phi verstehen.[17]

1.6 Negative experimentelle Philosophie

Die sogenannten negativen experimentellen Philosophen grenzen ihr Forschungsprogramm von dem der positiven experimentellen Philosophie, X-Phi$_2$, ab. Anders als deren Vertreter versuchen sie nicht, MAP zu verbessern, indem sie Raum für experimentelle Methoden schaffen. Vielmehr möchten sie mithilfe experimenteller Studien zeigen, dass MAP hoffnungslos ist (Weinberg 2007).

---

16 Man mag etwa David Lewis Interpretation 1 zuschreiben, wenn er sagt: "One comes to philosophy already endowed with a stock of opinions. It is not the business of philosophy either to undermine or to justify these preexisting opinions, to any great extent, but only to try to discover ways of expanding them into an orderly system." (Lewis 1973/2001, 88) Den Moralphilosophen John Rawls könnte man als Vertreter von Interpretation 2 verstehen. Um seine Gerechtigkeitskonzeption „Justice as Fairness" zu verteidigen, entwickelt er ein berühmtes, kontraktualistisches Gedankenexperiment, bei dem Repräsentanten verschiedener gesellschaftlicher Gruppen – Rawls spricht von „parties" – eine Übereinkunft über die Grundsätze ihres Zusammenlebens schließen. Rawls ist es wichtig, dass die Intuitionen, die in die Beschreibung des Szenarios Eingang finden, anschlussfähig an die Intuitionen des Lesers sind. Deswegen bezieht er diesen aktiv in die Diskussion ein: "Remember it is up to us, you and me, who are setting up justice as fairness to describe the parties [...] as best suits our aims in developing a political conception of justice." (Rawls 2003, 87) Frank Jackson zählt offenbar zu den wenigen analytisch gesinnten Philosophen, die Interpretation 3 favorisieren. Jackson sagt: "I am sometimes asked – in a tone that suggests that the question is a major objection – why, if conceptual analysis is concerned to elucidate what governs our classificatory practice, don't I advocate doing serious opinion polls on people's responses to various cases? My answer is that I do – when it is necessary." (Jackson 1998, 36–37) Ähnlich äußert sich auch Harman (1999).

17 Man könnte die Einschätzung, die Philosophie solle an die Intuitionen philosophischer Laien anschließen, z.B. rechtfertigen, indem man darauf hinweist, dass die Bedeutung philosophischer Theorien – etwa Theorien zum Problem der Willensfreiheit – genau darin liegt, dass sie unser Selbstbild als Menschen prägen. Dementsprechend, so könnten man weiter argumentieren, sei es folgerichtig zu verlangen, dass sie sich an der Lebenswelt philosophischer Laien bewähren und deren Urteile zum Prüfstein machen. Auf diesen Punkt werden wir in Abs. 2.5 näher eingehen.

Negative Experimentelle Philosophie als metaphilosophische Methodenkritik (X-Phi3)
Philosophische Fragen – und insbesondere die klassischen – sind nicht mithilfe der MAP zu beantworten.

Wie kommen negative experimentelle Philosophen dazu, X-Phi3 zu behaupten? Als experimentelle Philosophen beziehen sie sich zu diesem Zweck auf Experimente – z.B. auf die von Weinberg et al. (2001) und Machery et al. (2004), die wir noch in Kap. 4 besprechen werden.

Weinberg et al. (2001) untersuchten unter anderem, ob Angehörige unterschiedlicher ethnischer und sozioökonomischer Gruppen unterschiedliche epistemische Intuitionen rückmeldeten. Sie gaben westlich geprägten und ostasiatischen Versuchsteilnehmern klassische Gedankenexperimente aus der Erkenntnistheorie und fragten sie dann, wie sie diese beurteilen würden. Dabei stellten sie fest, dass sich die Antworten der Versuchsteilnehmer in den beiden Gruppen signifikant voneinander unterschieden.

Machery et al. (2004) berichteten über ein ähnliches experimentelles Ergebnis. Allerdings verwendeten sie Fallbeispiele aus der Sprachphilosophie, die typischerweise als Testfälle für philosophische Theorien der Bedeutung fungieren. Ihr Ergebnis: Die Angehörigen unterschiedlicher Kulturen urteilen signifikant unterschiedlich über diese Fallbeispiele.

Was lässt sich aus diesen Ergebnissen schließen? Sosa (2007) spricht sich für einen *selektiven Ansatz* aus. Er schlägt vor, Intuitionen wie die von Weinberg et al. (2001) und Machery et al. (2004) getesteten Intuitionen als prima vista suspekt einzustufen und ihnen bei der Diskussion philosophischer Fragen kein Gewicht zu geben. Intuitionen, die bisher nicht durch Experimente diskreditiert wurden, möchte Sosa allerdings weiterhin in seinen philosophischen Argumenten verwenden. Er rechtfertigt dies mithilfe einer *Analogie* zwischen unserer Fähigkeit, Intuitionen auszubilden und unserem visuellen Sinn. Es ist für Sosa ziemlich unstrittig, dass wir uns auf unsere visuellen Sinneseindrücke in der Regel verlassen können. Das gelte allerdings nicht für bestimmte Fälle. Wir wissen z.B., dass wir unseren Augen nur trauen können, wenn die Lichtverhältnisse hinreichend gut sind. Bei unseren Intuitionen sei das genauso. Ihnen können wir ebenfalls nur unter bestimmten Bedingungen vertrauen. Studien wie die von Weinberg et al. (2001) und Machery et al. (2004) zeigen, dass wir bestimmten Intuitionen nicht trauen können. Das heiße aber nicht, dass wir ihnen nie trauen können. Wenn – im übertragenen Sinne – die „Lichtverhältnisse“ für unsere Intuitionen günstig sind, dann können wir uns nach Sosas Einschätzung auf sie verlassen.

Negativen experimentellen Philosophen geht dieses Zugeständnis nicht weit genug. Sie glauben, aus Ergebnissen wie denen von Weinberg et al. (2001) und Machery et al. (2004) ließe sich folgern, dass wir unseren Intuitionen über philosophische Gedankenexperimente überhaupt keinen Glauben schenken dürfen. Schließlich seien wir derzeit nicht in der Lage anzugeben, unter welchen Umständen unsere Intuitionen zuverlässig sind und unter welchen Umständen nicht. Oder, wie es Swain, Alexander und Weinberg formulieren:

> At this time, we don't know what is the parallel for intuition of making sure that the light is on; that is, we do not know which are the circumstances that render intuition reliable or unreliable. (Swain et al. 2008, 148)

Die Zweifel an MAP, die negative experimentelle Philosophen anmahnen, lassen sich prima vista nicht von der Hand weisen. Wann im Fall von Intuitionen „das Licht an“ ist, lässt sich schon alleine deswegen schwer feststellen, weil es offenbar keine unabhängige Erkenntnisquelle gibt, die es uns erlauben würde, die Zuverlässigkeit von Intuitionen zu überprüfen (vgl. Cummins 1998).

1.7 Philosophie, Metaphilosophie und Metametaphilosophie

Wie Nadelhoffer & Nahmias (2007) betonen, kann sich der Begriff „experimentelle Philosophie“ auf sehr unterschiedliche Projekte beziehen. Ich hoffe, dass das durch die Unterscheidung der drei verschiedenen Varianten der experimentellen Philosophie – X-Phi$_1$, X-Phi$_2$ und X-Phi$_3$ – bereits deutlich geworden ist. In diesem Abschnitt werden wir die Unterscheidung zwischen den verschiedenen Philosophieverständnissen, die wir in diesem Kapitel betrachtet haben, allerdings noch genauer herausarbeiten. Dazu werden wir sie zunächst anhand der Unterscheidung zwischen zwei Ebenen der Analyse – der philosophischen und der metaphilosophischen – einordnen, danach zeigen, in welcher logischen Beziehung sie zueinander stehen und schließlich eine weitere Ebene – die der Metametaphilosophie – einführen, die für eine weitere, klärende Differenzierung sorgen wird.

Alle Philosophieverständnisse, die wir in diesem Kapitel betrachtet haben, sind *metaphilosophische Thesen*. Um zu verstehen, was das bedeutet, müssen wir zunächst die Unterscheidung zwischen Philosophie und Metaphilosophie klären.

Es ist schwierig zu bestimmen, was Philosophie genau ist.[18] Allerdings gibt es einige Fragen, die paradigmatisch philosophisch sind, sodass sich die Frage nach dem Wesen der Philosophie zumindest exemplarisch beantworten lässt: Was ist Wissen? Was ist die Bedeutung sprachlicher Zeichen? Kann man etwas absichtlich tun, ohne es zu beabsichtigen? Haben wir einen freien Willen? All das sind, wie wir bereits in Abs. 1.1 angemerkt haben, klassische, philosophische Fragen. Wenn wir über sie oder ähnliche Fragen nachdenken und wir dabei versuchen, eine Antwort darauf zu finden, dann befassen wir uns mit Philosophie.

Wenn wir Metaphilosophie betreiben, dann befassen wir uns ebenfalls mit Philosophie. Aber wir versuchen nicht, eine philosophische Frage zu beantworten. Wir stellen vielmehr eine Frage, die sich auf eine philosophische Frage bezieht und beantworten dann diese. Wir fragen also nicht etwa:

> „Was ist Wissen?“

Vielmehr fragen wir:

> „Was ist die Frage ‚Was ist Wissen?‘ überhaupt für eine Frage?“

Oder allgemeiner:

> „Was sind philosophische Fragen überhaupt für Fragen?“

Diese metaphilosophischen Fragen sind Fragen, die das *Wesen der Philosophie* betreffen. Das sind jedoch nicht die einzigen. Wir können außerdem fragen:

> „Wie müssen wir vorgehen, um die Frage ‚Was ist Wissen?‘ zu beantworten?“

Oder allgemeiner:

> „Wie müssen wir vorgehen, um philosophische Frage zu beantworten?“

Hierbei handelt es sich um Fragen, die die *Methode der Philosophie* betreffen. Zwar gibt es noch weitere metaphilosophische Fragestellun-

---

18 Prinz (2008, 189–90) diskutiert einige Vorschläge, wie man Philosophie definieren könnte und erklärt, warum diese scheitern.

gen.[19] Aber diese beiden sind für unsere Zwecke die wesentlichen. Deswegen klammern wir die anderen aus.

Mit Ausnahme von X-Phi$_1$ sind die Philosophieverständnisse, mit denen wir uns in diesem Kapitel befasst haben, in erster Linie metaphilosophische Thesen über die Methode der Philosophie.

- L-Phi und A-Phi besagen jeweils, philosophische Fragen seien ausschließlich mithilfe apriorischer Methoden zu lösen. A-Phi schränkt dabei den Bereich apriorischer Methoden ein und plädiert für die methodische Verwendung von Intuitionen über Gedankenexperimente, d.h. für MAP.
- E-Phi setzt sich von diesen beiden Sichtweisen ab und plädiert für ein anderes methodisches Verständnis der Philosophie, das auch aposteriorische Methoden einschließt.
- X-Phi$_2$ ist, wie wir festhielten, eine spezielle Variante der E-Phi, die sich insbesondere für experimentelle Methoden ausspricht.
- X-Phi$_3$ ist ebenfalls eine methodologische These – allerdings eine von einer anderen Art. X-Phi$_3$ sagt uns nichts über die richtige philosophische Methode. Vielmehr sagt uns diese These, wie man philosophische Probleme *nicht* lösen sollte – nämlich nicht mithilfe der MAP.
- X-Phi$_1$ trifft dagegen in erster Linie eine Aussage über das Wesen der Philosophie. Sie besagt, dass nicht nur die klassischen, philosophischen Fragen, von denen Lehnstuhl-Philosophen behaupten, sie seien apriorisch lösbar, philosophische Fragen sind. Vielmehr zähle auch die Frage, wie philosophische Laien über philosophische Gedankenexperimente urteilen und wie sich dies psychologisch erklären lässt, zu den philosophischen Fragen.

Nachdem wir die verschiedenen Philosophieverständnisse als metaphilosophische Thesen eingeordnet haben, können wir uns in einem nächsten Schritt fragen, wie sie sich logisch zueinander verhalten. Wir tun das, indem wir klarstellen, welche Thesen sich miteinander vertragen, welche nicht und welche Thesen andere implizieren.

---

[19] Weitere metaphilosophische Fragen beziehen sich z.B. auf die grundlegenden Annahmen, die Ziele des Philosophietreibens und die Unterschiede zwischen Philosophie und anderen Forschungsbereichen (z.B. den Naturwissenschaften, der Logik und Mathematik, den anderen Geisteswissenschaften, etc.). Außerdem gibt es verschiedene Teilbereiche der Metaphilosophie wie etwa die Metaethik oder die Metaepistemologie, in denen es weitere charakteristische Fragestellungen gibt (vgl. Moser 1999).

Da es sich bei L-Phi, A-Phi, E-Phi, X-Phi$_2$ und X-Phi$_3$ jeweils um methodologische Thesen – d.h. Thesen der gleichen Art – handelt, sollte es keine Schwierigkeiten geben, logische Verbindungen herzustellen. X-Phi$_1$ ist dagegen eine These anderer Art – nämlich eine über das Wesen der Philosophie. Wer zwischen X-Phi$_1$ und den anderen Philosophieverständnissen eine logische Verbindung herstellt, scheint also einen *Kategorienfehler* zu begehen.[20]

Das ist nicht ganz richtig. Denn aus den methodologischen Thesen lassen sich ebenfalls Aussagen über das Wesen philosophischer Fragen ableiten (und umgekehrt). Aus der methodologischen Maßgabe von L-Phi, nach der philosophische Probleme ausschließlich mithilfe apriorischer Methoden gelöst werden sollen, ergibt sich z.B. die These, dass philosophische Probleme *ihrem Wesen nach* apriorisch lösbar sind. Und dies widerspricht z.B. dem Wesensverständnis von X-Phi$_1$. Schließlich behauptet X-Phi$_1$, bei aposteriorischen Fragen über die philosophischen Intuitionen von Laien handele es sich ebenfalls um philosophische Fragen. Aus diesem Grund lassen sich zwischen allen Philosophieverständnissen, die wir bisher betrachtet haben, logische Verbindungen herstellen. Wie diese aussehen, fasst die folgende Matrix zusammen (Tabelle 1).

	L-Phi	A-Phi	X-Phi$_1$	E-Phi	X-Phi$_2$	X-Phi$_3$
L-Phi	□	◊	¬	¬	¬	◊
A-Phi	□	□	¬	¬	¬	¬
X-Phi$_1$	¬	¬	□	◊	◊	◊
E-Phi	¬	¬	◊	□	◊	◊
X-Phi$_2$	¬	¬	◊	□	□	◊
X-Phi$_3$	◊	¬	◊	◊	◊	□

Tabelle 1: Logische Verbindungen zwischen den verschiedenen Philosophieverständnissen

Die Matrix gibt an, ob das eine Philosophieverständnis (=Zeile) mit dem anderen (=Spalte) kompatibel ist (◊), ob es ihm widerspricht (¬) oder es letzteres impliziert (□). Wenn das eine Philosophieverständnis dem anderen widerspricht, dann ist das umgekehrt genauso. Und wenn ein Philosophieverständnis mit dem anderen kompatibel ist, dann ist das andere auch mit dem einen kompatibel. Implikationsverhältnisse sind dagegen nicht notwendig wechselseitig. Hier können

[20] Der Begriff des „Kategorienfehlers" verbindet sich in der zeitgenössischen Philosophie v.a. mit den Arbeiten von Gilbert Ryle. Siehe etwa Ryle (1949/2002, 6 ff.).

sich Asymmetrien ergeben – wie im Fall von A-Phi und L-Phi sowie X-Phi_2 und E-Phi.[21]

Zwei Aspekte der Matrix sind für uns von besonderem Interesse. Das ist die Beziehung zwischen A-Phi und E-Phi, X-Phi_1, X-Phi_2 und X-Phi_3 einerseits sowie die Beziehungen zwischen E-Phi, X-Phi_1, X-Phi_2 und X-Phi_3 andererseits.

Der erste Punkt ist für uns interessant, weil ein großer Teil der Debatte um die experimentelle Philosophie als Debatte zwischen den Vertretern des neuen, experimentellen Paradigmas und Vertretern des „alten," analytischen Paradigmas gesehen wird. Diese Sichtweise ist auch berechtigt. Wie die Matrix zeigt, ist A-Phi mit jeder Form der empirisch-informierten und experimentellen Philosophie inkompatibel. A-Phi behauptet, alle philosophischen Fragen seien apriorisch zu beantworten – und zwar mithilfe der MAP. X-Phi_1 behauptet dagegen, dass es – neben den klassischen, philosophischen Fragen – auch nicht-klassische, philosophische Fragen gibt, die nur experimentell beantwortet werden können. E-Phi und X-Phi_2 behaupten, dass auch klassische, philosophische Fragen mithilfe aposteriorischer Methoden beantwortet werden sollten. Und X-Phi_3 spricht sich direkt gegen die MAP aus, die A-Phi zugrunde liegt.

Der zweite Punkt ist für uns interessant, weil Kritiker der experimentellen Philosophie bisweilen von *der* experimentellen Philosophie sprechen – ganz so als gäbe es nur eine Variante davon. Wie wir aber gesehen haben, gibt es mehrere Varianten der empirisch-informierten und experimentellen Philosophie. Die Matrix zeigt, dass es nur ein Implikationsverhältnis zwischen diesen Philosophieverständnissen gibt – nämlich das zwischen E-Phi und X-Phi_2. Alle anderen Varianten sind weitgehend voneinander unabhängig.

- Wer sich z.B. für E-Phi ausspricht, befürwortet lediglich den Einsatz empirischer Methoden bei der Beantwortung philosophischer Fragen. Diese Festlegung zwingt ihn jedoch nicht, auch experimentelle Methoden – und mithin X-Phi_1, X-Phi_2 und X-Phi_3 – zu verfechten.
- Ein Vertreter von X-Phi_1 spricht sich lediglich dafür aus, den Bereich philosophischer Fragen zu erweitern. Er möchte, dass auch die experimentelle Frage, wie Menschen über philosophische Probleme urteilen und warum, als philosophische Frage anerkannt wird. Was den Einsatz empirischer

[21] Implikationsverhältnisse, die auf dem Grundsatz der Selbstimplikation beruhen (graue Zellen), sind dagegen notwendig symmetrisch.

und insbesondere experimenteller Methoden bei der Beantwortung klassischer, philosophischer Fragen betrifft, ist ein Vertreter von X-Phi_1 nicht festgelegt. D.h. er kann sich sowohl E-Phi als auch X-Phi_2 gegenüber agnostisch verhalten.

- Wer X-Phi_2 vertritt, befürwortet den Einsatz experimenteller Methoden bei der Beantwortung klassischer, philosophischer Fragen und ist damit nur auf E-Phi festgelegt. Ob es andere als die klassischen, philosophischen Fragen gibt, wie X-Phi_1 behauptet, und ob die MAP stets abzulehnen ist, wie X-Phi_3 behauptet, kann aus Sicht eines Vertreters von X-Phi_2 offen bleiben.
- Wer X-Phi_3 vertritt, lehnt lediglich die Anwendung der MAP bei der Beantwortung klassischer, philosophischer Fragen ab. Ob es weitere philosophische Fragen gibt, wie X-Phi_1 behauptet, und ob klassische Fragen der Philosophie mit empirischen bzw. experimentellen Methoden beantwortet werden sollten, wird von X-Phi_3 nicht beantwortet. Prinzipiell ist sogar eine Position denkbar, die X-Phi_3 mit einer Variante von L-Phi verbindet. Für sich genommen lehnt X-Phi_3 nur A-Phi ab, nicht aber andere apriorische Methoden der Philosophie.[22]

In diesem Abschnitt haben wir die Thesen L-Phi, A-Phi, E-Phi sowie X-Phi_1, X-Phi_2 und X-Phi_3 allesamt als metaphilosophische Thesen eingestuft. Einige davon sprechen sich für empirische und experimentelle Methoden in der Philosophie aus, die anderen dagegen. Wie aber sind diese Sichtweisen zu rechtfertigen? Wenn wir diese Frage stellen, dann stellen wir eine Frage über eine metaphilosophische Frage. Diese lautet: Wie sollte man die Frage nach der richtigen Methode der Philosophie beantworten?

Prinzipiell lässt sich diese Frage – nennen wir sie eine *metametaphilosophische* Frage – auf zwei Arten beantworten: apriorisch und aposteriorisch. Diese beiden Antwortmöglichkeiten kann man wiederum mit den verschiedenen metaphilosophischen Sichtweisen verbinden, sodass sich verschiedene Sichtweisen ergeben (Tabelle 2).

Tabelle 2 gibt an, wie sich die verschiedenen Philosophieverständnisse (=Zeile) jeweils zu einer apriorischen bzw. aposteriorischen Metametaphilosophie (=Spalte) verhalten. Jene können mit diesen jeweils kompatibel (◊) oder inkompatibel (¬) sein, oder es kann ein Im-

22 Dennoch wäre eine solche Position höchst unorthodox. Mir ist kein Philosoph bekannt, der sie vertritt.

plikationsverhältnis zwischen dem jeweiligen Philosophieverständnis und der entsprechenden metametaphilosophischen Sichtweise vorliegen (□).

	apriorische Metametaphilosophie	aposteriorische Metametaphilosophie
L-Phi	◊	◊
A-Phi	◊	◊
X-Phi_1	◊	◊
E-Phi	◊	◊
X-Phi_2	◊	◊
X-Phi_3	¬	□

Tabelle 2: Philosophieverständnisse und metametaphilosophische Sichtweisen

Die Matrix zeigt einen erstaunlichen Befund: Mit Ausnahme von X-Phi_3 sind alle bisher betrachteten Philosophieverständnisse sowohl mit einer apriorischen als auch mit einer aposteriorischen Metametaphilosophie vereinbar. Das bedeutet erstens, dass die metaphilosophischen Sichtweisen L-Phi und A-Phi, nach der philosophische Fragen nur apriorisch beantwortet werden sollten, sich selbst prinzipiell aposteriorisch rechtfertigen lassen. Das könnte man tun, indem man z.B. experimentell nachweist, dass apriorische Methoden zuverlässig sind bzw. zuverlässiger als konkurrierende, aposteriorische Methoden (vgl. etwa Mortensen & Nagel 2016). Wir sollten also zwischen zwei Versionen der L-Phi unterscheiden.

- Die erste Version, L-Phi_L, wird selbst wiederum mithilfe eines apriorischen (Lehnstuhl-)Argumentes gerechtfertigt.
- Die zweite, L-Phi_E, wird dagegen mithilfe eines aposteriorischen, empirischen Argumentes gerechtfertigt.

Eine analoge Unterscheidung zwischen A-Phi_L und A-Phi_E könnte man im Fall von A-Phi bilden.

Außerdem ergibt unser Befund, dass es Varianten der empirischen und experimentellen Philosophie geben kann, die selbst auf einem apriorischen, metametaphilosophischen Argument beruhen. Ein Beispiel dafür haben wir bereits kennengelernt. Oben besprachen wir eine Bemerkung von Joshua Knobe und Shaun Nichols. Sie verteidigen sich gegen den Einwand, dass es sich bei der empirischen Frage, wie Menschen über philosophische Probleme denken, nicht um eine genuin philosophische Frage handelt. Darauf antworten sie mit einem fragenden Blick (engl.: „quizzical stare“). Das lässt sich als apriorische Begründung deuten. In jedem Fall erinnert der „fragende Blick“ an den apriorischen, Cartesischen Appell an das „Licht der Vernunft“ (fr.: „lumière naturelle“). Knobe und Nichols scheinen sagen zu wollen, es sei schlicht *offensichtlich*, dass es sich bei ihren Fragestellungen um *philosophische* Fragen handelt. E-Phi und X-Phi$_2$ ließen sich ebenfalls apriorisch rechtfertigen. Dazu könnte man etwa ins Feld führen, dass eine apriorische Analyse philosophischer Argumentation aposteriorische Fragen nahelegt und somit Anknüpfungspunkte für empirische und experimentelle Forschung schafft.

Unsere Analyse offenbart also, dass die scheinbar klare Frontstellung zwischen empirisch-informierter und experimenteller Philosophie einerseits und Lehnstuhl-Philosophie bzw. analytischer Philosophie andererseits viel differenzierter zu sehen ist, als das auf den ersten Blick erscheint (und üblicherweise getan wird). L-Phi und A-Phi können – auf der metametaphilosophischen Ebene – selbst für experimentelle Argumente offen sein. E-Phi, X-Phi$_1$ und X-Phi$_2$ könnten – metametaphilosophisch – vom Lehnstuhl aus gerechtfertigt werden.

1.8 Zusammenfassung

In diesem Kapitel sprachen wir über Philosophieverständnisse, von denen sich die experimentelle Philosophie abgrenzt. Außerdem unterschieden wir einige Erscheinungsformen der experimentellen Philosophie.

Wir begannen mit der Lehnstuhl-Philosophie (L-Phi) und der analytischen Philosophie (A-Phi). Beide behaupten, dass die richtige Methode, um philosophische Probleme zu beantworten, im reinen, apriorischen, erfahrungsunabhängigen Nachdenken besteht. Vertreter der A-Phi glauben dabei an eine spezielle apriorische Methode, nämlich die Methode der analytischen Philosophie (MAP). Sie räumt der methodischen Verwendung von Intuitionen über philosophische Gedankenexperimente eine besondere Rolle ein.

Danach betrachteten wir die erste Variante der experimentellen Philosophie, X-Phi$_1$, die wir als Kognitionswissenschaft der Philosophie bestimmten. Vertreter von X-Phi$_1$ widersprechen Vertretern der Lehnstuhl-Philosophie und analytischen Philosophie, die glauben, alle philosophischen Fragen seien apriorisch zu beantworten. Sie glauben, die aposteriorischen Fragen einer Kognitionswissenschaft der Philosophie seien ebenfalls philosophische Fragen.

Die empirisch-informierte Philosophie (E-Phi) konzentriert sich dagegen – wie die Lehnstuhl-Philosophie und die analytische Philosophie – auf klassische, philosophische Fragen, plädiert jedoch für aposterorische Methoden bei deren Beantwortung. Die positive experimentelle Philosophie (X-Phi$_2$), ist eine Erscheinungsform der E-Phi die sich insbesondere für experimentelle, aposteriorische Methoden ausspricht.

Die negative experimentelle Philosophie (X-Phi$_3$), ist dagegen methodisch agnostisch. Bei ihr handelt es sich lediglich um eine negative, methodologische These. Sie kritisiert die methodische Verwendung von Intuitionen bei der Beantwortung philosophischer Fragen – weist also MAP zurück.

Am Ende des Kapitels ordneten wir die verschiedenen Philosophieverständnisse etwas genauer ein. Dabei hielten wir erstens fest, dass es sich bei ihnen allen jeweils um metaphilosophische Thesen handelte. Eine Analyse der logischen Verbindungen ergab zweitens, dass die analytische Philosophie mit allen Arten der empirisch informierten und experimentellen Philosophie inkompatibel ist, letztere jedoch logisch weitgehend unabhängig voneinander sind. Drittens unterschieden wir die metaphilosophische von der metametaphilosophischen Ebene und stellen dabei fest, dass alle der besprochenen Philosophieverständnisse – mit Ausnahme von X-Phi$_3$ – mit einer apriorischen und einer aposteriorischen Metametaphilosophie kombiniert werden können. Das bedeutet, dass die Befürwortung oder Ablehnung empirischer bzw. experimenteller Methoden in der Philosophie selbst mithilfe solcher Methoden oder ohne deren Hilfe gerechtfertigt werden kann.

2. Anknüpfungspunkte für experimentelle Forschung

Im vorangegangenen Kapitel unterschieden wir verschiedene Philosophieverständnisse. Wir betrachteten zunächst die Lehnstuhl-Philosophie (L-Phi) und die analytische Philosophie (A-Phi), die jeweils behaupten, philosophische Fragen seien ausschließlich mithilfe apriorischer Methoden zu beantworten. Danach widmeten wir uns der empirisch-informierten und der experimentellen Philosophie, die sich kritisch von der Lehnstuhl-Philosophie und der analytischen Philosophie absetzen.

Unsere Analyse zeigte, dass eine Variante – nämlich X-Phi_1 – überhaupt keine Aussage darüber trifft, wie klassische, philosophische Fragen methodisch zu beantworten sind. X-Phi_1 behauptet lediglich, dass es neben diesen auch noch andere philosophische Fragen gibt. Zwei Varianten der empirisch-informierten und experimentellen Philosophie – nämlich E-Phi und ihre Spezialform X-Phi_2 – behaupten allerdings genau das. Ihre Vertreter plädieren dafür, empirische und experimentelle Methoden in der philosophischen Argumentation einzusetzen. X-Phi_3 legt sich zwar nicht auf eine philosophische Methodologie fest, beansprucht aber mithilfe experimenteller Resultate zeigen zu können, dass die Methode der A-Phi (MAP) nicht zur Beantwortung klassischer, philosophischer Fragen herangezogen werden sollte. E-Phi, X-Phi_2 und X-Phi_3 behaupten also, dass sich argumentative Brücken bauen lassen, die empirische Befunde für klassische, philosophische Fragen relevant machen. In diesem Kapitel werden wir versuchen zu zeigen, dass diese Behauptung nicht unplausibel ist. Wir werden versuchen, Anknüpfungspunkte für experimentelle Forschung in der Philosophie zu identifizieren und zu erklären, welche Rolle experimentell-philosophische Argumente dort spielen können.

Wir werden die These aufstellen, dass experimentelle Forschung direkt an die Methode der analytischen Philosophie (MAP) anschließt. Um diese These zu begründen, werden wir folgende Strategie verwenden. Wir werden versuchen zu zeigen, dass experimentelle Befunde bei der Begründung philosophischer Thesen mithilfe der MAP eine Rolle spielen können, die der Rolle kognitions- und wahrnehmungspsychologischer Befunde bei der Begründung empirischer Thesen ähnelt. Diese Strategie erscheint deswegen attraktiv, weil die Rolle letzterer als vergleichsweise unkontrovers gelten kann.[23]

Um unser Argument zu entwickeln, werden wir zunächst darüber sprechen, wie allgemeine, empirische Thesen überprüft werden (Abs. 2.1.). Dann werden wir zeigen, dass die argumentative Überprüfung philosophischer Thesen entlang der MAP der Überprüfung empirischer Thesen in dreierlei Hinsicht ähnelt (Abs. 2.2.). In einem nächsten Schritt werden wir erklären, inwieweit experimentelle Daten in der Kognitions- und Wahrnehmungspsychologie die Rechtfertigung empirischer Thesen unterstützen oder in Zweifel ziehen kann. Dann werden wir nachweisen, dass es einen analogen Anknüpfungspunkt auch in der philosophischen Argumentation gibt. Dieser Anknüpfungspunkt motiviert experimentell-philosophische Forschung (Abs. 2.3). In einem nächsten Schritt werden wir unsere weitgehend abstrakten Überlegungen anhand von drei Argumentationsschemata konkretisieren, um zu zeigen, wie mithilfe experimenteller Daten philosophische Argumente entwickelt werden können (Abs. 2.4.). Am Ende des Kapitels werden wir noch auf einen weiteren Anknüpfungspunkt für experimentelle Forschungen eingehen, der empirische Befunde sogar für L-Phi und A-Phi interessant macht (Abs. 2.5.). Er liegt darin, dass experimentelle Forschung uns helfen kann, klassische, philosophische Fragen besser zu verstehen. Schließlich werden wir unsere Ergebnisse im letzten Abschnitt kurz zusammenzufassen (Abs. 2.6.).

2.1 Empirische Thesen

Die argumentative Prüfung philosophischer Thesen entlang der MAP ähnelt der Art und Weise, wie man auch empirische Behauptungen z.B. in den Wissenschaften überprüft. Dort geht es häufig darum, allgemeine Gesetzmäßigkeiten zu erkennen. Diese haben die Form „Für alle X gilt Y."

Betrachten wir dazu ein einfaches Beispiel, nämlich die allgemeine, empirische These

---

[23] Wie ich an anderer Stelle argumentiere, sind Argumente, die auf Vergleichen beruhen meist sehr schwach (vgl. Mukerji 2017, 230ff.). Deswegen sollte beachtet werden, dass der Vergleich, den wir in unserer Argumentation ziehen, lediglich eine illustrative, nicht aber eine begründende Funktion hat.

(E) „Alle Schwäne sind weiß.“

Diese Aussage können Sie durch eigene *Beobachtungen* überprüfen. Sie können z.B. durch den nächstgelegenen Park spazieren und sich dort die Schwäne ansehen. Nehmen wir an, Sie tun das eine Weile lang. Ein Schwan nach dem anderen ist weiß. Was können Sie daraus schließen? Doch wohl, dass die These stimmt und tatsächlich alle Schwäne weiß sind.

Nicht ganz. Denn diese Behauptung ist durch Ihre Beobachtungen logisch nicht gedeckt. Schließlich treffen Sie eine Aussage über *alle* Schwäne, die es gibt. Es ist durchaus denkbar, dass der nächste Schwan, den Sie beobachten, eine andere Farbe hat als Weiß. Auf dieses Problem, das man in der Philosophie das *Induktionsproblem* nennt, wies bereits der schottische Philosoph David Hume hin (vgl. Hume 1739-1740/1960).

Bedeutet das, dass sich die Aussage „Alle Schwäne sind weiß“ nie als wahr oder falsch erweisen kann? Das scheint zu weit zu gehen. Denn es könnte doch sein, dass der nächste Schwan, den Sie beobachten, tatsächlich eine andere Farbe hat. Und in diesem Fall wäre doch die These „Alle Schwäne sind weiß“ durch ein *Gegenbeispiel* widerlegt. Für die Überprüfung allgemeiner, empirischer Thesen lässt sich daher der folgende Grundsatz formulieren:

Grundsatz der Falsifikation
Einzelne Sachverhalte, die eine allgemeine empirische These stützen, beweisen diese These nicht. Ein einziges Gegenbeispiel widerlegt sie jedoch.

Der *Sachverhalt*, dass ein bestimmter Schwan nicht weiß ist, widerlegt die allgemeine, empirische These, dass alle Schwäne weiß sind. Wenn es einen Schwan gibt, der nicht weiß ist, dann ist diese These falsch. Das bedeutet jedoch nicht, dass Sie die These „Alle Schwäne sind weiß“ verwerfen müssen, wenn Sie beobachten, dass ein bestimmter Schwan scheinbar eine andere Farbe hat. Denn Ihre Beobachtung kann fehlerhaft sein. Ein einzelnes, beobachtetes Gegenbeispiel widerlegt deshalb eine allgemeine, empirische These nicht unmittelbar. Es ließen sich unter Umständen Erklärungen für die Beobachtung anführen, die mit der Wahrheit der These vereinbar wären:

- Vielleicht haben Sie einen ganz anderen Wasservogel bebachtet, der nur so ähnlich aussieht wie ein Schwan?
- Vielleicht waren die Lichtverhältnisse so schlecht oder die Distanz so weit, sodass Sie sich verguckt haben?

- Vielleicht hat irgendein Spaßvogel das arme Tier bloß angemalt?[24]

Allerdings sollten Sie die These „Alle Schwäne sind weiß" tatsächlich verwerfen, wenn sich die beobachteten Gegenbeispiele häufen. Jede einzelne Beobachtung mag fehleranfällig sein. Aber schon eine kleine Anzahl fehleranfälliger Beobachtungen kann die Wahrscheinlichkeit, dass eine allgemeine, empirische These wahr ist, so weit verringern, dass es nicht mehr vernünftig wäre, sie zu glauben. Nehmen wir etwa an, Sie machen vier Beobachtungen. Sofern zutreffend würde jede einzelne Ihrer Beobachtungen die These „Alle Schwäne sind weiß" widerlegen. Und nehmen wir an, die Fehlerwahrscheinlichkeit liegt jeweils bei 75%. Dann liegt die Wahrscheinlichkeit dafür, dass Sie sich bei allen vier Beobachtungen irren, nur noch bei $(75\%)^4 = 31{,}64\%$.[25] Es wäre also vernünftig, die These, dass alle Schwäne weiß sind, zu verwerfen. Denn wahrscheinlich ist sie falsch. Dabei spielt es keine Rolle, wie viele weiße Schwäne Sie bereits beobachtet haben. Auch wenn Sie eine Millionen weiße Schwäne gesehen haben, würde eine geringe Anzahl von Gegenbeispielen ausreichen, um die These, dass alle Schwäne weiß sind, zu diskreditieren. Für Beobachtungen gilt also im Allgemeinen folgender Grundsatz:

> **Grundsatz der Asymmetrie**
> Beobachtungen, die gegen eine allgemeine These sprechen, wiegen weitaus schwerer als Beobachtungen, die diese These stützen.

2.2 Philosophische Thesen

Die Rechtfertigung philosophischer Thesen entlang der MAP ist der Rechtfertigung empirischer Tatsachenbehauptungen in dreierlei Hinsicht ähnlich.[26]

---

[24] Dieser Fall, der an ein Gedankenexperiment von Dretske (1970) erinnert, ist zwar unwahrscheinlich, aber möglich. Ein italienischer Zoo gab z.B. kürzlich angemalte Chow-Chow-Welpen als junge Pandabären aus.

[25] Die Berechnung der Wahrscheinlichkeit ist natürlich nur dann korrekt, wenn angenommen werden kann, dass die Fehlerwahrscheinlichkeiten aller Beobachtungen voneinander unabhängig sind.

[26] Darauf weist z.B. Julian Nida-Rümelin im Bereich der Ethik hin (vgl. Nida-Rümelin 1996/2005).

Gemeinsamkeit 1
Bei vielen philosophischen Behauptungen handelt es sich ebenfalls um allgemeine Thesen der Form „Für alle X gilt Y".

Gemeinsamkeit 2
Auch in der Philosophie können wir zwischen Sachverhalten und Beobachtungen unterscheiden.

Gemeinsamkeit 3
Eine allgemeine, philosophische These kann durch einen einzigen Sachverhalt widerlegt werden (Grundsatz der Falsifikation). Allerdings reicht in der Regel die Beobachtung eines einzigen Sachverhalts nicht aus, um eine allgemeine, philosophische These zu diskreditieren. Dennoch haben beobachtete Gegenbeispiele auch in der philosophischen Argumentation ein sehr hohes Gewicht (Grundsatz der Asymmetrie).

Es scheint zweckmäßig, diese drei Gemeinsamkeiten anhand eines konkreten Beispiels zu illustrieren. Betrachten wir dazu die Frage „Was ist Wissen?", die wir bereits in Abs. 1.2 thematisiert haben. Wie wir bereits wissen, gibt es hierzu einen Vorschlag, den man die *Standardanalyse des Wissensbegriffs* nennt. Er besagt, dass es sich bei Wissen um *wahre, gerechtfertigte Meinung* handelt. Die philosophische Behauptung, die mit der Standardanalyse aufgestellt wird, lautet also wie folgt.

Standardanalyse des Wissensbegriffs
Wissen ist wahre, gerechtfertigte Meinung.

Bei dieser philosophischen These handelt es sich um eine allgemeine Aussage der Form „Für alle X gilt Y." Denn die Standardanalyse des Wissensbegriffs besagt, dass *in jeder Situation gilt*: eine Person weiß, dass *p*, genau dann wenn sie die wahre Überzeugung hat, dass *p* und sie eine Rechtfertigung für diese Überzeugung besitzt. Insoweit ist sie von der gleichen Art wie die allgemeine, empirische These „Alle Schwäne sind weiß" (Gemeinsamkeit 1).[27]

Wir können außerdem zwischen Sachverhalten und Beobachtungen unterscheiden.

- Anna weiß, dass *p*.

[27] Natürlich gibt es auch philosophische Behauptungen über einzelne Sachverhalte wie z.B. das Urteil „Anna weiß, dass Bernd in sie verliebt ist." oder „Es ist unmoralisch, dass Christina Daniel anlügt."

- Anna glaubt, dass *p*.
- Anna hat eine Rechtfertigung für ihre Überzeugung, dass *p*.
- *p* ist wahr.

All das sind *Sachverhalte*, die bestehen oder nicht bestehen.

Wie können wir diese Sachverhalte *beobachten*? Es ist klar, dass die Art der Beobachtung, die wir hier verwenden, eine andere ist als im empirischen Fall, den wir im vorangegangenen Abschnitt diskutiert haben. Wenn wir feststellen wollen, ob alle Schwäne weiß sind, verlassen wir uns weitgehend auf unsere Sinneswahrnehmungen und insbesondere auf unsere Augen. Bei philosophischen Sachverhalten muss das anders sein. Denn hier würde das nicht funktionieren. Wir können z.B. den Sachverhalt, dass eine Person weiß, dass *p*, nicht *sehen*. Wir können ihn auch nicht *hören*. Wie können wir ihn dann beobachten?

Diese Frage haben wir bereits im vorangegangenen Kapitel beantwortet. In der modernen, analytischen Philosophie ist eine ganz bestimmte Methode stilbildend geworden: Wir befragen unsere *Intuitionen*. Bei ihnen handelt es sich gewissermaßen um *philosophische Beobachtungen*.[28]

Was ist eine Intuition? Hier gehen die Meinungen auseinander (vgl. Pust 2014).[29] Manche Philosophen glauben, bei Intuitionen handele es sich einfach nur um *Meinungen* (z.B. Lewis 1983). Wenn wir sagen, wir haben die Intuition, dass *p*, dann wollen wir demnach lediglich sagen, dass wir haben die *Überzeugung* haben, dass *p*. Diese Begriffsführung ist allerdings problematisch. Denn es ist gemeinhin anerkannt, dass unsere Intuitionen uns täuschen können (vgl. Bealer 1996, 1999). Ich kann sagen, dass ich die Intuition habe, dass *p*, ich *p* aber nach reiflicher Überlegung als falsch zurückweise. Es mag mir z.B. so erscheinen, als müsse die Menge der Punkte in einem n-dimensionalen Raum mächtiger sein als die Menge der Punkte auf einer Gerade. Aufgrund des Beweises von Georg Cantor kann ich jedoch zu der Ansicht kommen, dass diese Intuition falsch ist.[30] Deswegen

---

[28] Manche Philosophen ziehen es vor, Intuitionen nicht als philosophische Beobachtungen, sondern als *philosophische Wahrnehmungen* zu bezeichnen. Nagel et al (2013, 653) sprechen etwa von der „Wahrnehmung von Wissen" (engl.: „perception of knowledge").

[29] Wie Nado (2016) anmerkt, ist es sogar schwierig, Eigenschaften von Intuitionen zu benennen, die von allen Philosophen als solche anerkannt sind.

[30] Cantor empfand dieses Resultat übrigens selbst als kontraintuitiv, wie aus einem Brief an Richard Dedekind hervorgeht. Dort schreibt er: „Ich sehe es, aber ich

muss es zumindest begrifflich möglich sein, eine Intuition zu haben und diese für falsch zu halten. Und das geht nur, wenn wir sie nicht mit einer Überzeugung gleichsetzen.

Philosophische Paradoxien verdeutlichen dies übrigens. Bei einer Paradoxie handelt es sich um eine Menge von Aussagen, die jeweils intuitiv richtig erscheinen, aber zusammen zu einem Widerspruch führen – d.h. nicht gleichzeitig wahr sein können. Die Lösung einer Paradoxie kann darin bestehen, den Widerspruch auszuräumen. Man tut dies, indem man zeigt, dass sich die jeweiligen Intuitionen nicht wirklich widersprechen. Die Lösung kann aber auch darin bestehen, dass man eine intuitiv richtige Aussage als falsch zurückweist. In diesem Fall würden wir sagen: Die Aussage *erscheint* richtig (philosophische Beobachtung). Sie ist aber *tatsächlich* falsch (Tatsachenurteil).

Eine Intuition sollte also nicht als Überzeugung, sondern – schwächer! – als unmittelbarer *Eindruck* verstanden werden (vgl. Mukerji 2014). Wenn wir prüfen wollen, ob eine Person weiß, dass *p,* fragen wir also, ob es uns so *erscheint*, als wisse die Person, dass *p*. Indem wir das tun, beobachten wir gewissermaßen den Sachverhalt, dass die Person weiß, dass *p*. Wir können also auch in der Philosophie zwischen Sachverhalten und Beobachtungen unterscheiden. Das Verhältnis zwischen den beiden ist außerdem analog zum empirischen Fall. Philosophische Beobachtungen – i.e. Intuitionen – stützen Urteile über Sachverhalte. Die Beobachtung, dass eine Person zu wissen *scheint*, dass *p*, spricht dafür, dass sie *tatsächlich* weiß, dass *p* (Gemeinsamkeit 2).

Der Sachverhalt, dass eine bestimmte Person wahrheitsgemäß und gerechtfertigt glaubt, dass *p*, ohne zu wissen, dass *p*, widerlegt die These, dass Wissen wahre, gerechtfertigte Meinung ist (Grundsatz der Falsifikation). Unsere Intuition, dass eine bestimmte Person, die wahrheitsgemäß und gerechtfertigt glaubt, dass *p*, nicht weiß, dass *p*, zieht die These, dass Wissen wahre, gerechtfertigte Meinung ist in Zweifel. Allerdings widerlegt sie sie nicht im harten Sinne. Denn mit dieser Intuition können wir uns irren. Dennoch haben Gegenbeispiele gemäß des Grundsatzes der Asymmetrie auch in der Philosophie großes Gewicht (Gemeinsamkeit 3).[31]

---

glaube es nicht!" („Je le vois, mais je'n le crois pas!") (zitiert nach Wallace 2003, 259).

[31] Dies wurde nicht zuletzt durch die von Edmund Gettier ersonnenen Gedankenexperimente klar (Gettier 1963). Mit diesen Gedankenexperimenten kritisierte er die Standardanalyse des Wissensbegriffs auf wenigen Seiten so scharf, dass die meisten Philosophen sie sofort verwarfen.

2.3 Experimentell-philosophische Argumente

Wenn Sie eine allgemeine, empirische These überprüfen, dann holen Sie Beobachtungen ein. Wir haben bereits gesagt, dass diese Beobachtungen fehleranfällig sind. Allerdings gibt es verschiedene Grade von Fehleranfälligkeit. Und diese Grade spielen eine große Rolle für die Zuverlässigkeit der Überzeugungen, die Sie aufgrund Ihrer Beobachtungen bilden. Wie verlässlich eine Beobachtung ist, hängt nicht nur davon ab, aus welcher Erkenntnisquelle sie kommt. Es geht immer auch um die konkreten Umstände.

Nehmen wir z.B. Ihr Sehvermögen. Es ist in der Regel sehr verlässlich. Wenn Sie einen Sachverhalt unmittelbar *sehen*, dann können Sie sich mit hoher Wahrscheinlichkeit darauf verlassen, dass Ihre Beobachtung den Sachverhalt verlässlich widergibt. Wenn Sie einen Vogel sehen, der für Sie wie ein Schwan aussieht und wenn dieser Vogel weiß ist, dann sehen Sie wahrscheinlich einen weißen Schwan. Allerdings können Sie sich nicht immer auf Ihr Sehvermögen verlassen. Wenn die Sehsituation diffus ist, wenn Sie Dinge beobachten, die weit von Ihnen entfernt oder schlecht beleuchtet sind, dann sollten Sie Ihrem Sehvermögen weniger Vertrauen schenken.

Außerdem gibt es *optische Täuschungen*. Wenn Sie z.B. einschätzen sollen, ob die obere oder die untere der beiden horizontalen Linien in Abbildung 1 länger ist, dann werden Sie damit wahrscheinlich Probleme haben. Es erscheint so, als wäre die obere Linie länger. Aber tatsächlich sind beide Linien gleichlang. Diese sogenannte *Müller-Lyer-Illusion* macht deutlich, dass wir die Länge von Linien nicht immer präzise einschätzen können. Die Pfeilspitzen, die sich vorne und hinten an den Linien befinden, täuschen uns. Zeigen diese von der Linie weg (wie in Abbildung 1, oben), dann erscheint diese vergleichsweise kürzer. Zeigen sie dagegen zur Linie hin (wie in Abbil-

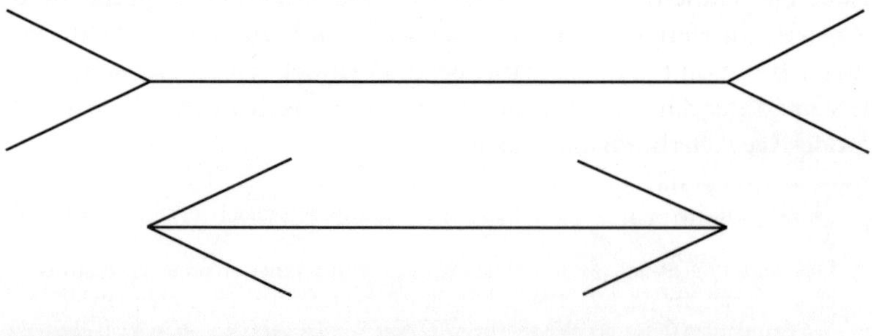

Abbildung 1: Die Müller-Lyer Illusion

dung 1, unten), dann erscheint diese vergleichsweise länger. Wir sprechen von einer optischen Täuschung, wenn wir einen vermeintlichen Sachverhalt visuell wahrnehmen (z.B. dass die obere Linie länger ist als die untere), obwohl er gar nicht besteht.

Die Möglichkeit optischer Täuschungen macht unser Sehvermögen unzuverlässig. Allerdings können wir auch aus anderen Gründen an unserem Sehvermögen zweifeln. Es kann z.B. vorkommen, dass wir einen tatsächlich bestehenden Sachverhalt nicht wahrnehmen. Ein bekanntes Experiment, das dies eindrucksvoll nachwies, wurde von den amerikanischen Psychologen Daniel J. Simons und Christopher F. Chabris durchgeführt (vgl. Simons & Chabris 1999).

Die beiden Forscher gaben Versuchspersonen die Aufgabe, ein Video anzusehen. Dieses Video zeigte mehrere Personen. Die eine Hälfte trug weiße T-Shirts, die andere schwarze T-Shirts. Die Versuchspersonen bekamen die Aufgabe, die Anzahl der Pässe zu zählen, die zwischen Spielern des weißen Teams hin und her geworfen wurden. Die Pässe des anderen Teams sollten sie ignorieren. Nach etwa einer Dreiviertelminute passierte etwas völlig Unerwartetes: eine Frau in einem Gorilla-Kostüm lief durch das Bild und war für einige Sekunden zu sehen. Nachdem die Versuchspersonen das komplette Video angesehen und die Zahl der gezählten Pässe aufgeschrieben hatten, wurden sie gefragt, ob ihnen etwas aufgefallen sei, das Sie nicht erwartet hatten. Dabei wurde klar, dass die meisten Versuchspersonen den Gorilla, der einmal quer durch das Bild gelaufen war, überhaupt nicht wahrgenommen hatten. Sie waren so sehr damit beschäftigt, die Pässe zu zählen, dass ihr visueller Wahrnehmungsapparat mit dieser Aufgabe völlig ausgeschöpft war.

Als vernünftige Menschen sollten wir uns also nicht „blind“ auf unsere visuellen Beobachtungen verlassen. Wir sollten dabei die Möglichkeit optischer Täuschungen und die Möglichkeit von Lücken in unserer Wahrnehmung bedenken. Wie tun wir dies? Einen guten Anhaltspunkt liefert uns die *kognitions- und wahrnehmungspsychologische Forschung*. Sie macht uns unter anderem auf die Müller-Lyer-Illusion und auf die Beschränktheit unseres visuellen Wahrnehmungsapparats bei kognitiver Überlastung aufmerksam. Und dieser Hinweis kann uns helfen, die Verlässlichkeit unserer Beobachtungen realistisch einzuschätzen. Wenn wir zwei Linien mit Pfeilspitzen sehen, dann sollten wir in Erwägung ziehen, dass die eine *nicht tatsächlich* länger ist als die andere. Und wenn wir uns auf eine kognitiv anspruchsvolle, visuelle Aufgabe konzentrieren, dann sollten wir uns nicht darauf verlassen, dass wir alle Details wahrnehmen. In einem Wort: Unser empirisches Wissen um die Beschränktheit unseres Wahrnehmungsapparats kann uns helfen, die Verlässlichkeit unserer Beobachtungen einzustufen und die Gewissheit, mit der wir von unseren Beobachtungen auf Sachverhalte schließen dürfen, realistisch einzuschätzen.

Wir sahen im vorangegangenen Abschnitt, dass Intuitionen gewissermaßen philosophische Beobachtungen sind. Durch sie beobachten wir Sachverhalte, z.B. den Sachverhalt, dass eine bestimmte Person in einer bestimmten Situation weiß (oder nicht weiß), dass *p*. Außerdem stellten wir fest, dass philosophische Beobachtungen – i.e. Intuitionen – die gleiche Funktion bei der Prüfung philosophischer Sachverhalte haben wie empirische Beobachtungen bei der Prüfung empirischer Sachverhalten: Wenn wir einen Sachverhalt beobachten, dann spricht das dafür, dass dieser Sachverhalt tatsächlich besteht. Wir sahen, dass die Fehleranfälligkeit empirischer Beobachtung einen Anknüpfungspunkt für kognitions- und wahrnehmungspsychologische Forschung schafft. Aufgrund der Parallele zwischen dem empirischen und dem philosophischen Fall liegt es nahe, auch bei philosophischen Beobachtungen – i.e. Intuitionen – einen Anknüpfungspunkt für empirisch-wissenschaftliche und insbesondere experimentelle Forschung zu sehen. Denn wenn wir die Verlässlichkeit empirischer Beobachtungen mithilfe empirischer Forschungsmethoden einschätzen können, warum sollten wir sie dann nicht auch verwenden können, um die Verlässlichkeit philosophischer Beobachtungen – i.e. Intuitionen – einzuschätzen?

Auf den ersten Blick spricht ein Gesichtspunkt dagegen. Zwar mögen empirische Beobachtungen und Intuitionen in bestimmten Hinsichten ähneln. Aber zumindest in einer Hinsicht scheinen sie sich deutlich zu unterscheiden: Ob unsere Wahrnehmungen uns täuschen, können wir recht zuverlässig feststellen. Ob uns aber unsere Intuitionen täuschen, können wir nicht so zuverlässig feststellen. So scheint es zumindest. Bevor wir dieses Argument bewerten, sollten wir es etwas besser verstehen. Was wird also genau behauptet?

Wir können feststellen, dass es sich bei einer bestimmten visuellen Wahrnehmung tatsächlich um eine optische Illusion handelt. Nachdem wir Abbildung 1 betrachtet und eingeschätzt haben, wie lang die beiden Linien im Verhältnis zueinander sind, können wir z.B. ein Lineal zur Hand nehmen und nachmessen. Nachdem wir das Video von Simons und Chabris angesehen haben, können wir es noch einmal ansehen und prüfen, ob tatsächlich ein Gorilla durchs Bild gelaufen ist. Außerdem haben wir bei vielen empirischen Beobachtungen unabhängige Sinneseindrücke, welche die Wahrnehmung unseres visuellen Sinnes bestätigen. Ich sehe, dass in diesem Moment ein Notebook vor mir liegt. Ich bin mir ziemlich sicher, dass ich mich darin nicht täusche. Denn ich kann dieses Notebook nicht nur sehen. Ich kann es außerdem mit meinen Händen fühlen. Und wenn ich die Tasten drücke, dann höre ich das Geräusch. Bei philosophischen Sachverhalten, die ich mithilfe meiner Intuitionen beobachte, scheint das jedoch anders zu sein. Hier ist mein unmittelbarer Eindruck, dass eine Person weiß, dass *p*, alles, was mir bleibt. Es gibt keine Methode der Beobachtung, mit der ich meinen Eindruck, dass die Person weiß, dass *p*, überprüfen kann. Das scheint zu bedeuten, dass ich Intuitionen wie diese nicht mithilfe empirischer Methoden überprüfen kann. Es gibt kein Lineal, mit dem ich eine Intuition nachmessen kann. Und es gibt keinen anderen Sinneseindruck, der meine Intuition bestätigen kann (vgl. Cummins 1998). Schließt das also aus, dass wir die Verlässlichkeit unserer Intuitionen mithilfe empirischer Methoden überprüfen können, so wie wir das im Fall von empirischen Beobachtungen tun können?

Das scheint nicht zwangsläufig der Fall zu sein. Es gibt ein *Gegenargument*, das sich in aller Kompaktheit folgendermaßen wiedergeben lässt: Zwar gibt es keinen externen Standard, mit dem wir unsere Intuitionen abgleichen können. Aber wir können Intuitionen selbst empirisch untersuchen und dabei feststellen, welche empirischen Eigenschaften sie haben. Diese Eigenschaften können relevant für die Bewertung ihrer Verlässlichkeit sein – und zwar wie folgt.[32]

Das Argument der Glaubwürdigkeit

(P1) Unsere Intuition, dass *p*, hat die empirische Eigenschaft *E*. (Empirische Prämisse)

(P2) Wenn eine Intuition die empirische Eigenschaft *E* hat, dann ist sie *pro tanto* (un)glaubwürdig. (Brückenprämisse)

(K) Unsere Intuition, dass *p*, ist *pro tanto* (un)glaubwürdig.

Aus diesem Argumentschema lassen sich zwei Arten von experimentellen Argumenten gewinnen:

- Argumente, die eine bestimmte Intuition *plausibilisieren* und
- Argumente, die eine bestimmte Intuition *diskreditieren*.

---

32 Das folgende Schema ist eine Verallgemeinerung eines Argumentschemas, das ich in Mukerji (2014) vorgeschlagen habe.

Vertreter von E-Phi und X-Phi2 verwenden beide Formen von Argumenten, Vertreter von X-Phi3 nur die zweite.

Es ist wichtig, darauf hinzuweisen, dass individuelle Argumente, die dem Argument der Glaubwürdigkeit folgen, nur eine begrenzte Leistungsfähigkeit besitzen. Ein bestimmtes experimentelles Argument kann unsere Zuversicht in eine bestimmte Intuition lediglich erhöhen oder vermindern – und das auch nur *pro tanto*, d.h. insoweit diese Intuition eine Eigenschaft besitzt, die sie plausibilisiert oder diskreditiert. Wir können also mithilfe eines einzelnen, experimentellen Argumentes kein abschließendes Urteil über die Verlässlichkeit einer in Frage stehenden Intuition fällen.

Dennoch können experimentelle Argumente einen großen Einfluss auf die Diskussion einer philosophischen Frage haben. In vielen festgefahrenen Debatten berufen sich die Vertreter konkurrierender Auffassungen auf unterschiedliche Intuitionen, die wechselseitig im Widerspruch stehen. Wenn die widerstreitenden Intuitionen ähnlich stark sind, macht das die Abwägung schwierig. Hier können experimentelle Argumente gewissermaßen das „Zünglein an der Waage" sein. Sie können einiges bewirken, wenn es ihnen gelingt zu zeigen, dass die Intuitionen, die für die eine Seite sprechen, Eigenschaften haben, die sie plausibel machen oder die Intuitionen, die für die andere Seite sprechen, Eigenschaften haben, die diese zweifelhaft erscheinen lassen. Denn diese Informationen erlauben es uns unter Umständen, eine neue Gewichtung der vorliegenden Argumente vorzunehmen.

Im Bereich der normativen Ethik lässt sich das gut beobachten. Dieser Bereich ist maßgeblich durch die Kontroverse zwischen Konsequentialisten und Deontologen geprägt. Konsequentialisten glauben, dass es stets moralisch zulässig ist, diejenige Handlung zu wählen, die zum besten Ergebnis führt. Dieser Gedanke wirkt für sich genommen intuitiv ansprechend. Deontologen bestreiten ihn jedoch. Sie berufen sich oft auf Intuitionen über Einzelfälle, in denen die Anwendung des Konsequentialismus zu kontraintuitiven Ergebnissen führt. Es stehen also Intuitionen gegen Intuitionen. Und es kommt zu einer unauflösbaren Pattsituation, in der sich jede Seite wiederholt auf diejenigen Intuitionen beruft, die das eigene Argument stützen.[33]

---

[33] Michael Ridge diagnostiziert diese Pattsituation in der normativen Ethik z.B. indem er sagt: "Much contemporary first-order moral theory revolves around the debate between consequentialists and deontologists. Depressingly, this debate often seems to come down to irresolvable first-order intuition mongering about run-

Einige Konsequentialisten (insbesondere Greene 2008 und Singer 2005) versuchten, dieser festgefahrenen Situation zu entkommen, indem sie die Plausibilität deontologischer Intuitionen über Einzelfälle mithilfe empirischer Argumente unterminierten. Anhand neurowissenschaftlicher Befunde versuchten sie zu zeigen, dass die Intuitionen, die deontologische Theorien stützen, typischerweise auf emotionalen Reaktionen beruhen und lediglich den Status von Rationalisierungen besitzen. Konsequentialistische Theorien, so das Argument, basierten dagegen auf Intuitionen, die kognitiven Prozessen entstammen und insoweit plausibler sind. Also seien deontologische Argumente plausiblerweise unterzugewichten, und die Abwägung müsse zugunsten der Konsequentialisten ausfallen.[34]

2.4 Die Brücke zwischen Empirie und Philosophie

Im vorangegangenen Abschnitt haben wir ein allgemeines Schema für experimentelle Argumente in der Philosophie eingeführt, zwei Varianten experimenteller Argumente unterschieden und ihre potentielle Leistungsfähigkeit eingestuft. In diesem Abschnitt werden wir die philosophische Plausibilität experimenteller Argumente etwas genauer untersuchen, indem wir konkrete Varianten des allgemeinen Argumentschemas diskutieren. Diese beziehen sich auf folgende empirische Eigenschaften von Intuitionen:

Eigenschaft 1
Es besteht Konsens bzw. Dissens über die Intuition, dass *p*.

Eigenschaft 2
Die Intuition, dass *p*, ist durch irrelevante Faktoren beeinflusst.

Eigenschaft 3
Die Intuition, dass *p*, ist anfällig für Framing-Effekte.

---

away trolleys, drowning children in shallow ponds, lying to murderers at doors, and the like." (Ridge 2015, 17) Kurz danach sagt er: "What seems to be needed is an argument for either consequentialism or deontology which does not depend so heavily on first-order moral intuitions." (Ridge 2015, 17) Zwar hat Ridge selbst kein experimentelles Argument im Sinn. Aber es scheint, als könnte ein solches Argument sein Kriterium prinzipiell erfüllen.

34 Dieses Argument habe ich an anderer Stelle kritisiert (vgl. Mukerji 2014 und 2016).

2.4.1 Konsens und Dissens

Philosophen beginnen die Diskussion einer philosophischen Frage oft mit der Beobachtung, dass eine bestimmte Antwort auf diese Frage für die meisten Menschen intuitiv einleuchtend erscheint. Ein Beispiel dafür haben wir bereits in Abs. 1.5 betrachtet, nämlich die Debatte um die Willensfreiheit. Hier wird oft behauptet, dass der Inkompatibilismus, nach dem naturgesetzlicher Determinismus mit der Möglichkeit eines freien Willens unvereinbar ist, von den meisten Menschen als intuitiv stimmig empfunden wird. So schreibt etwa Robert Kane: „In my experience, most persons resist the idea that free will and determinism might be compatible when they first encounter it.“ (Kane 2005, 12) Dieser Konsens über die Intuitivität des Inkompatibilismus wertet diesen auf und rechtfertigt – in Abwesenheit schlüssiger Gegenargumente – eine Richtigkeitsvermutung zu seinen Gunsten. Sie gibt ihm „squatter rights.“

Dieser Gedankengang folgt dem Schema des Konsens-Argumentes, bei dem es sich um eine Variante des oben eingeführten Arguments der Glaubwürdigkeit handelt.

Das Konsens-Argument
(P1) Es besteht Einigkeit über die Intuition, dass *p*.
(P2) Wenn über eine Intuition Einigkeit besteht, dann ist sie *pro tanto* glaubwürdig.
(K) Die Intuition, dass *p*, ist *pro tanto* glaubwürdig.

Dieses Argument schließt direkt an die Praxis des philosophischen Argumentierens in der modernen, analytischen Philosophie an. Wenn experimentelle Philosophen das Konsens-Argument aufgreifen, dann führen sie also nur die Diskussion fort, die von anderen Philosophen vor ihnen begonnen wurde. Insoweit ist ihre Argumentation plausibel. Wenn überhaupt, dann ist sie plausibler. Denn experimentelle Philosophen geben sich nicht damit zufrieden, die empirische Prämisse P1 des Konsens-Arguments einfach zu behaupten oder durch anekdotische Belege zu rechtfertigen („In my experience, ...“). Sie versuchen mithilfe systematischer Experimente zu prüfen, ob z.B. die Behauptung, der Inkompatibilismus sei intuitiv, zutrifft.[35]

In der Vergangenheit haben experimentelle Philosophen häufig festgestellt, dass die Aussagen, die Philosophen über die Intuitionen

[35] Aus diesem Grund spricht Pust (2014) in diesem Zusammenhang vom „verification project“ der experimentellen Philosophie.

philosophischer Laien treffen, falsch sind. Wie wir bereits in Abs. 1.5 sahen, fanden Nahmias et al. (2005, 2006) z.B. Belege dafür, dass die meisten Menschen kompatibilistische Urteile intuitiv stimmig empfanden – anders als Philosophen es vermutet hatten. Bisweilen konfrontieren uns experimentelle Philosophen aber auch mit dem Ergebnis, dass unter Laien kaum Einigkeit über eine bestimmte philosophische Frage besteht. Wie ich bereits in Abs. 1.6 anmerkte, fanden Weinberg et al. (2001) z.B. Belege dafür, dass die Angehörigen unterschiedlicher ethnischer Gruppen unterschiedliche Intuitionen zur Anwendung des Wissensbegriffs rückmeldeten.[36] Daraus ließe sich ableiten, dass man diese Intuitionen als *pro tanto* unglaubwürdig einstufen sollte. Experimentelle Philosophen, die so argumentieren, verwenden eine andere Variante des allgemeinen Arguments der Glaubwürdigkeit: das Dissens-Argument.[37]

Das Dissens-Argument
(P1) Es besteht Uneinigkeit über die Intuition, dass *p*.
(P2) Wenn über eine Intuition Uneinigkeit besteht, dann ist sie *pro tanto* unglaubwürdig.
(K) Die Intuition, dass *p*, ist *pro tanto* unglaubwürdig.

Auch mit dem Dissens-Argument schließen experimentelle Philosophen direkt an eine anerkannte, philosophische Praxis an, in der sich bereits viele Philosophen geübt haben. In seinem einflussreichen Buch *The Methods of Ethics* (1907) schreibt der englische Philosoph Henry Sidgwick z.B.:

> [...] the denial by another of a proposition that I have affirmed has a tendency to impair my confidence in its validity. [...] For if I find any of my judgments, intuitive or inferential, in direct conflict with a judgment of some other mind, there must be error somewhere: and if I have no more reason to suspect error in the other mind than in my own, reflective comparison between the

36 Das Phänomen des intuitiven Dissenses spielt in der Debatte experimenteller Philosophen generell eine große Rolle. Unterschiede zwischen den Ethnien sind nur ein Beispiel dafür. So wurde ebenfalls diskutiert, ob intuitive Differenzen zwischen den Geschlechtern (Buckwalter & Stich 2014, Seyedsayamdost 2014), Altersgruppen (Colaço et al. 2014) und Persönlichkeitstypen (Feltz & Cokely 2009) vorliegen.

37 Ich verwende den Begriff „Dissens-Argument" bzw. „argument from disagreement" hier in dem Sinne, in dem ich ihn in Mukerji (2014, 230ff.) eingeführt habe. Es gibt auch andere Verwendungsweisen, wie etwa die von Antti Kauppinen (2007, 107ff.).

> two judgments necessarily reduces me temporarily to a state of neutrality. (Sidgwick 1907, 341–42)

Sidgwick schildert also, dass Urteile – und intuitive Urteile im Speziellen – ihre Glaubwürdigkeit einbüßen, wenn andere Menschen, die uns vernünftig erscheinen, sie nicht teilen. Er geht sogar noch einen Schritt weiter. Er sagt, wenn wir keinen Grund haben anzunehmen, dass diejenigen Personen, die nicht mit uns übereinstimmen, sich irren, dann scheine es vernünftig, wenn wir uns – zumindest vorläufig – eines Urteils vollständig enthalten. Wir sollten also die Tatsache, dass *p* uns intuitiv erscheint, nicht als Beleg verstehen, dass *p* zutrifft. Experimentelle Philosophen, die das Dissens-Argument verwenden, berufen sich auf einen Gedankengang, der sich bereits bei Sidgwick findet.

An dieser Stelle sollten wir dem Dissens-Argument allerdings eine Qualifizierung hinzufügen, auf die bereits Sidgwick seine Leser hinweist.[38] Er sagt, man solle sich im Fall eines Dissenses eines Urteils enthalten, wenn man nicht mehr Grund hat anzunehmen, dass die andere Seite einen Fehler gemacht hat. Aus der Kognitionspsychologie ist jedoch bekannt, dass Menschen oft Fehler machen, wenn sie sich auf ihre Intuitionen verlassen. Betrachten wir dazu ein Beispiel:

> **Das Schläger-und-Ball-Problem**
> Ein Schläger und ein Ball kosten zusammen 1,10$. Der Schläger kostet 1,00$ mehr als der Ball. Wie viel kostet der Ball?

Der Psychologe Shane Frederick bat Studierende der Universitäten Princeton und University of Michigan, diese Frage zu beantworten. Wie Kahneman (2003) berichtet, antworteten über 50%, die Lösung laute 10ct. Dies sollte uns nicht daran zweifeln lassen, dass die Lösung 5ct. lautet – Dissens hin oder her. Denn das Schläger-und-Ball-Problem hat genau eine richtige Antwort, die aus den Regeln der Arithmetik folgt. Es ist unerheblich, ob diese Lösung intuitiv richtig erscheint.

Aus dieser Anmerkung lassen sich zwei allgemeinere Lehren ziehen:

- Das Dissens-Argument zieht die Glaubwürdigkeit einer Intuition nur dann in Zweifel, wenn es keinen unabhängigen

[38] Außerdem ist es wichtig, den Begriff des Dissenses genau zu kalibrieren, wie ich in Mukerji (2014) erläutere.

Weg gibt, um die Zuverlässigkeit dieser Intuition zu überprüfen (z.B. die Regeln der Arithmetik).[39]

- Das Konsens-Argument erhöht ebenfalls nur dann die Glaubwürdigkeit einer Intuition, wenn es keinen unabhängigen Weg der Überprüfung gibt.

2.4.2 Irrelevante Faktoren

Halten wir fest: Im Regelfall spricht die empirische Tatsache, dass die meisten Menschen die Intuition haben, dass *p*, für die Verlässlichkeit dieser Intuition. Und die empirische Tatsache, dass substantielle Uneinigkeit über eine Intuition besteht, legt nahe, dass wir dieser Intuition nicht – oder nur sehr wenig – trauen sollten. Das besagen jeweils das Konsens-Argument und das Dissens-Argument. Allerdings bedeutet das nicht, dass wir eine Intuition als verlässlich akzeptieren müssen, wenn wir erfahren, dass weitgehende Einigkeit über sie besteht. Und es bedeutet auch nicht, dass wir eine Intuition als unverlässlich einstufen müssen, wenn wir Dissens beobachten. Dafür gibt es drei Gründe.

Den ersten Grund haben wir oben im Zusammenhang mit dem Schläger-und-Ball-Problem kennen gelernt. Es kann sein, dass es einen von Intuitionen *unabhängigen Weg* gibt, um die Verlässlichkeit einer bestimmten Intuition einzuschätzen. Im Schläger-und-Ball-Problem waren das die Regeln der Arithmetik. Hier ist die Frage, welche Antwort Menschen für intuitiv richtig halten, belanglos.

Der zweite Grund ist trivial. Es kann sein, dass nur ein scheinbarer, intuitiver Dissens besteht, weil die Parteien, die sich scheinbar widersprechen, über ganz unterschiedliche Dinge urteilen. Dann handelt es sich nur um einen *verbalen Dissens.* (Im Fall eines scheinbaren Konsenses gilt Analoges.)

Der dritte Grund – und um den soll es uns nun gehen – besteht darin, dass sich Intuitionen bisweilen durch eine *Fehlertheorie* „wegerklären“ lassen. Eine solche Theorie erklärt ursächlich, warum wir die in Frage stehende Intuition haben, wobei die Ursache, die zur Erklärung der Intuition herangezogen wird, irrelevant dafür ist, ob die Intuition zutrifft oder nicht. Was das bedeutet, lässt sich durch die

[39] Kirk Ludwig gibt ein Beispiel, das dies verdeutlicht (vgl. Ludwig (2007, 147-148).

Analogie zwischen dem empirischen und dem philosophischen Fall erklären.

Wenn Sie eine empirische These prüfen, ist es im Normalfall vernünftig, dass Sie sich auf Ihr Sehvermögen verlassen. Wenn Sie einen bestimmten Tatbestand visuell wahrnehmen, dann ist es in der Regel vernünftig, wenn Sie davon ausgehen, dass er tatsächlich besteht. Wenn Ihnen z.B. ein bestimmter Gegenstand blau erscheint, dann ist es normalerweise vernünftig, wenn Sie davon ausgehen, dass er tatsächlich blau ist. Denn der Tatbestand, dass der Gegenstand blau ist, erklärt *ursächlich*, warum sie den entsprechenden Sinneseindruck haben. Wenn Sie jedoch ein Medikament einnehmen, das dazu führt, dass Ihnen alles blau erscheint, dann können Sie sich nicht mehr auf Ihre Farbwahrnehmung verlassen. Wenn Sie dann einen bestimmten Gegenstand ansehen und er Ihnen blau erscheint, dann ließe sich das durch zwei verschiedene Ursachen erklären. Entweder der Gegenstand ist wirklich blau. Oder Sie haben diesen Sinneseindruck, weil Sie das Medikament einnehmen. Letzteres hat allerdings nichts damit zu tun, ob der Gegenstand wirklich blau ist. Er ist blau oder nicht – und zwar unabhängig davon, ob Sie das Medikament einnehmen.

Im philosophischen Fall ist das ganz ähnlich. Wenn Sie eine philosophische These prüfen, ist es normalerweise vernünftig, wenn Sie sich dabei auf Ihre Intuition verlassen. Wenn eine ethische Theorie z.B. besagt, dass eine bestimmte Handlung moralisch zulässig ist, Ihnen diese Handlung jedoch offenkundig unmoralisch erscheint, dann ist es vernünftig, an der Theorie zu zweifeln. Allerdings besteht auch in diesem Fall die Möglichkeit, dass sich ihre Intuition wegerklären lässt. Gegebenenfalls lässt sich experimentell zeigen, dass Ihre Intuition durch einen Faktor verursacht wird, der für die moralische Frage belanglos ist. Dann ließe sie sich mithilfe eines Argumentes in Zweifel ziehen, das folgendem Schema folgt.

Das Argument des irrelevanten Faktors

(P1) Unsere Intuition, dass *p*, wird durch einen irrelevanten Faktor verursacht.

(P2) Wenn eine Intuition durch einen irrelevanten Faktor verursacht wird, dann ist sie *pro tanto* unglaubwürdig.

(K) Unsere Intuition, dass *p*, ist *pro tanto* unglaubwürdig.

Es gibt Belege dafür, dass sich moralische Urteile durch eine Vielzahl von Faktoren beeinflussen lassen. Und zumindest einige davon scheinen für die moralischen Sachfragen, die sie betreffen, irrelevant zu sein. Betrachten wir dazu ein Beispiel.

Haidt et al. (1993) fanden Belege dafür, dass sich moralische Urteile unter anderem durch unangenehme Gefühlsregungen (wie z.B. Ekel) beeinflussen lassen. Sie gaben den Teilnehmern ihrer Studie Szenarien wie das folgende:

> A brother and sister like to kiss each other on the mouth. When nobody is around, they find a secret hiding place and kiss each other on the mouth, passionately. (Haidt et al. 1993, 617)

In diesem Szenario tun zwei Geschwister etwas, das – zumindest auf manche Menschen – abstoßend wirkt: sie küssen sich, heiß und innig. Allerdings wird dadurch niemanden geschädigt. Haidt et al. (1993) baten ihre Teilnehmer, das Verhalten der beiden zu bewerten. Dann analysierten sie die Antworten. Dabei fanden sie heraus, dass sich die Antworten mancher Testpersonen durch deren Antwort auf eine andere Frage gut vorhersagen ließen. Diese Frage lautete: "would it bother you to see this?" (Haidt et al. 1993, 625) Diejenigen, die angaben, sie fänden es unangenehm, die Geschwister beim Küssen zu beobachten, beurteilten ihr Verhalten auch mit einer hohen Wahrscheinlichkeit als moralisch falsch. Diese moralische Intuition könnte man nun mithilfe eines Argumentes weg erklären, das dem obigen Argumentschema folgt:

(P1) Die Intuition, dass es moralisch falsch ist, wenn sich Geschwister küssen, wird durch einen irrelevanten Faktor verursacht, nämlich durch das Gefühl des Ekels.

(P2) Wenn eine Intuition durch einen irrelevanten Faktor verursacht wird, dann ist sie *pro tanto* unglaubwürdig.

(K) Die Intuition, dass es moralisch falsch ist, wenn sich Geschwister küssen, ist *pro tanto* unglaubwürdig.

Das Argument ist, wie wir bereits anmerkten, deduktiv gültig und die zweite Prämisse, P2, kann als unkontrovers gelten. Wie schlüssig das Argument ist, hängt also entscheidend davon ab, wie überzeugend die erste Prämisse, P1, ist. Das wiederum hängt nicht nur von der empirischen Frage ab, ob das Gefühl des Ekels tatsächlich die Ursache für die entsprechende Intuition ist. Es hängt auch davon ab, ob dieser als irrelevant behauptete Faktor tatsächlich als irrelevant eingestuft werden kann.[40] Was lässt sich hier sagen?

---

[40] Zum Begriff der Irrelevanz vgl. Mukerji (2017, Kap. 8).

Man könnte wohl wie folgt argumentieren: Wie das Verhalten der Geschwister moralisch zu beurteilen ist, hängt plausiblerweise alleine davon ab, ob sie jemanden mit diesem Verhalten schädigen.[41] Die Tatsache, dass es manchen Menschen unangenehm wäre, die Geschwister zu beobachten, hat damit aber nichts zu tun. Denn es wird ja niemand gezwungen, ihnen zuzusehen. Also ist die Tatsache, dass es bestimmten Menschen unangenehm wäre, die Geschwister beim Küssen zu sehen, irrelevant für die moralische Bewertung dieses Verhaltens.

Wie plausibel dieser Gedankengang ist, hängt allerdings entscheidend von der *Hintergrundtheorie* ab, die man voraussetzt. Der amerikanische Philosoph Leon Kass vertrat in einem Aufsatz mit dem Titel „The Wisdom of Repugnance" (1997) z.B. die These, dass wir bei der Beurteilung moralischer Fragen stärker unserem Bauchgefühl vertrauen sollten. Wenn wir eine bestimmte menschliche Praxis als abstoßend empfinden, dann spreche dies dafür, diese Praxis abzulehnen.[42] Mit anderen Worten: Kass würde sich kaum von dem experimentellen Befund beeindrucken lassen, dass eine bestimmte moralische Intuition ursächlich durch ein Ekelgefühl ausgelöst wurde. Denn für ihn ist die Emotion des Ekels *kein* irrelevanter Faktor.

Wir können daraus eine wichtige Lehre ziehen. Diese lautet: Damit das Argument des irrelevanten Faktors funktioniert, muss gewährleistet sein, dass der entsprechende Faktor, um den sich das Argument dreht, von allen Parteien der Debatte als irrelevant eingestuft wird. Wer das nicht beachtet, begeht unter Umständen einen Argumentationsfehler, den man in der englischsprachigen Literatur „begging the question" nennt.[43] D.h. er verwendet in seinem Argument eine Annahme, die von denjenigen, die die Schlussfolgerung des Arguments ablehnen, nicht geteilt wird.

---

41 Um dieses Urteil prinzipiell zu begründen, könnte man etwa auf John Stuart Mills bekanntes „Schadensprinzip" verweisen, das er in *On Liberty* (1859) formuliert. Dieses Prinzip wird üblicherweise herangezogen wird, um die Legitimität staatlicher Eingriffe in die individuelle Freiheit zu prüfen. Im vorliegenden Fall lässt es sich jedoch auch auf eine Frage der Individualmoral plausibel anwenden.

42 Kass (1997) geht es darum, ein Argument gegen das Klonen von Menschen zu formulieren. Aber sein Argument lässt sich problemlos auf die Frage übertragen, ob zwei Geschwister sich leidenschaftlich küssen dürfen.

43 Vgl. dazu Mukerji (2017, 293-294).

2.4.3 Framing-Effekte

Es gibt allerdings Faktoren, die unsere Intuitionen ursächlich beeinflussen und die wirklich von niemandem als relevant eingestuft werden sollten. Einen solchen Faktor nennt man *Framing-Effekt*. Gleich zu Beginn sollten wir drei Arten von Framing-Effekten unterscheiden, nämlich verbale Framing-Effekte, Kontexteffekte und Ordnungseffekte.[44] Diese drei Klassen von Framing-Effekten möchte ich der Reihe nach diskutieren.

Von einem *verbalen Framing-Effekt* spricht man, wenn zwei Bedingungen erfüllt sind:

- Ein bestimmter Sachverhalt lässt sich erstens auf mindestens zwei logisch äquivalente Arten formulieren.
- Die Auswahl der Formulierung hat einen psychologischen Einfluss auf die Beurteilung des Sachverhalts.

Es ist wichtig, verbale Framing-Effekte ähnlichen, sprachlichen Phänomenen gegenüber abzugrenzen. Geübte Rhetoriker wissen seit der Antike, dass die Sprache ein mächtiges Instrument ist. Ihnen ist bewusst, dass das verbale Framing eines Sachverhalts einen großen Einfluss auf unser Denken haben kann. Denn mithilfe geladener Wörter bzw. geladener Ausdrücke können geschickt unhinterfragte Bewertungen in die Diskussion eingebracht werden.[45] Man kann eine militärische Aktion z.B. als „nicht provozierten Angriff" bezeichnen oder als „präventiven Erstschlag". In der Benennung der militärischen Aktion steckt dann bereits eine Bewertung drin – im ersten Fall eine deutlich negativere, im zweiten Fall eine offenkundig positivere. Durch die Wahl der Formulierung werden also unterschiedliche Dinge gesagt, ohne dass man das gleich erkennt. Bei Framing-Effekten ist das anders. Hier werden die gleichen Dinge gesagt – nur mithilfe unterschiedlicher Wörter.

Veranschaulichen wir uns anhand eines bekannten Beispiels, wie das funktioniert. Es stammt aus einem einflussreichen Aufsatz der israelischen Psychologen Amos Tversky und Daniel Kahneman. Sie erforschten, wie sich Intuitionen über Entscheidungsprobleme ändern, wenn sich die Formulierung des Problems ändert. Tversky und Kahneman gaben ihren Testteilnehmern folgendes Szenario:

---

44 Unsere Unterscheidung stützt sich auf Sinnott-Armstrong (2008).

45 Eine einflussreiche Analyse geladener Wörter findet sich in zwei klassischen Aufsätzen von C. L. Stevenson (1937, 1938).

> Imagine that the U.S. is preparing for an outbreak of an unusual Asian disease which is expected to kill 600 people. Two alternative programs to fight the disease, A and B, have been proposed. Assume that the exact scientific estimates of the consequences of the programs are as follows: (Tversky & Kahneman 1981, 453)

Der ersten Gruppe der Teilnehmer gaben Tversky und Kahneman folgende Informationen über die Wahloptionen, A und B:

> If program A is adopted, 200 people will be saved. If program B is adopted, there is a 1/3 probability that 600 people will be saved, and a 2/3 probability that no people will be saved. (Tversky & Kahneman 1981, 453)

Der zweiten Gruppe der Teilnehmer gaben Tversky und Kahneman eine Wahl zwischen den Entscheidungsoptionen, C und D, deren Effekte sie wie folgt beschrieben:

> If program C is adopted, 400 people will die. If program D is adopted, there is a 1/3 probability that nobody will die and a 2/3 probability that 600 people will die. (Tversky & Kahneman 1981, 453)

Jeder Teilnehmer wurde daraufhin gefragt, welche Option – A oder B bzw. C oder D – sie wählen würden. In der ersten Gruppe favorisierten 72% der Teilnehmer Option A, und 28% zogen B vor. In der zweiten Gruppe gaben 22% der Teilnehmer an, sie würden C wählen, und 78% antworteten, ihnen erscheine D als die besser Wahl.

Dieses Ergebnis ist interessant, weil die Wahl zwischen A und B logisch der Wahl zwischen C und D entsprach. Die Optionen waren lediglich anders formuliert.

- Den Teilnehmern der ersten Gruppe wurde gesagt, dass 200 von 600 Menschenleben gerettet werden, wenn sie Option A wählen. Mit anderen Worten: 400 Menschen werden sterben. Das entspricht der Option C, die man Teilnehmern der zweiten Gruppe anbot.
- Den Teilnehmern der ersten Gruppe wurde außerdem die Information gegeben, dass D mit einer Wahrscheinlichkeit von 1/3 alle 600 Menschen retten wird und mit einer Wahrscheinlichkeit von 2/3 niemanden. Mit anderen Worten: Durch die Wahl von B wird mit einer Wahrscheinlichkeit von 1/3 niemand sterben und mit einer Wahrscheinlichkeit von 2/3 alle. Das entspricht der Option D, also der zweiten

zur Wahl stehenden Option für die Teilnehmer der zweiten Gruppe.

Kontexteffekte sind Framing-Effekte, die nichts mit der sprachlichen Formulierung zu tun haben. Von einem Kontexteffekt sprechen wir, wenn die folgenden zwei Bedingungen erfüllt sind:

- Ein Sachverhalt wird in mindestens zwei Kontexten dargeboten, die allerdings die Charakterisierung des Sachverhalts nicht beeinflussen.
- Die kontextuale Darbietung des Sachverhalts hat einen psychologischen Einfluss auf dessen Bewertung.

Bei dem Kontext, der variiert wird, könnte es sich z.B. um andere Sachverhalte handeln. In einem Experiment könnten wir uns etwa dafür interessieren, ob Testpersonen einen Sachverhalt A anders bewerten, wenn er im Kontext eines anderen Sachverhalts B oder C eingeführt wird. Um das herauszufinden, könnten wir unsere Testpersonen in zwei Gruppen einteilen. Teilnehmer der ersten Gruppe würden wir dann bitten, A zu bewerten, nachdem sie B bewertet haben. Teilnehmer der zweiten Gruppe würden wir bitten, A zu bewerten, nachdem sie C bewertet haben. Dann würden wir das Ergebnis statistisch analysieren, um herauszufinden, ob sich die Bewertungen des Sachverhalts A signifikant voneinander unterscheiden.

Bei *Ordnungseffekten* handelt es sich um eine spezielle Klasse von Kontexteffekten. Von einem Ordnungseffekt sprechen wir, wenn die folgenden zwei Bedingungen erfüllt sind:

- Mindestens zwei identisch formulierte Sachverhalte sollen der Reihe nach bewertet werden.
- Die Reihenfolge, in der die Sachverhalte bewertet werden, hat einen psychologischen Einfluss auf deren Bewertung.

Um herauszufinden ob ein Ordnungseffekt bei der Bewertung eines Sachverhalts A bezüglich B besteht, könnten wir folgendes Experiment durchführen. Wir könnten wiederum unsere Testpersonen in zwei Gruppen einteilen. Teilnehmer der ersten Gruppe würden wir bitten, A und B in der Reihenfolge AB zu bewerten. Teilnehmer der zweiten Gruppe würden wir bitten, A und B in der Reihenfolge BA zu bewerten. Dann würden wir das Ergebnis wiederum statistisch auswerten, um herauszufinden, ob sich die Bewertungen des Sachverhalts A (bzw. B) in den beiden Gruppen signifikant voneinander unterschieden.[46]

---

[46] Eine einflussreiche Studie dieser Art wurde von Swain et al. (2008) in der Erkenntnistheorie durchgeführt. Wir werden in Abs. 3.1 darauf eingehen.

Wenn wir herausfinden, dass eine bestimmte Intuition anfällig für Framing-Effekte ist, dann reduziert dies ihre Glaubwürdigkeit gemäß dem folgenden Argumentschema:

Das Argument des Framing-Effekts

(P1) Die Intuition, dass *p*, ist anfällig für Framing-Effekte.

(P2) Wenn eine Intuition anfällig für Framing-Effekte ist, dann ist sie *pro tanto* (un)glaubwürdig.

(K) Die Intuition, dass *p*, ist *pro tanto* unglaubwürdig.

Wiederum gilt: Das Argument ist deduktiv gültig. Wer es kritisch prüfen will, sollte sich also die Prämissen genau ansehen.

Mit Blick auf die *erste Prämisse* könnte man z.B. fragen, ob die experimentelle Studie, die Belege für P1 erbringt, den vermeintlichen Framing-Effekt tatsächlich nachweist. Wenn es um einen verbalen Framing-Effekt geht, sollte kritisch gefragt werden, ob die unterschiedlichen Formulierungen des entsprechenden Sachverhalts tatsächlich logisch äquivalent waren. Wenn es um einen Kontexteffekt geht, sollte man fragen, wie ausgeschlossen werden kann, dass Variationen im Kontext zu unterschiedlichen Interpretationen des entsprechenden Sachverhalts geführt haben. Und wenn es um einen Ordnungseffekt geht, sollte man ebenfalls fragen, ob es nicht möglich ist, dass die Testteilnehmer, die erst A und dann B bewerten sollten, A anders interpretiert haben als Testpersonen, die erst B und danach A bewerten sollten.

Mit Blick auf die *zweite Prämisse* sollten wir fragen, ob die Tatsache, dass ein Framing-Effekt vorliegt, die entsprechende Intuition wirklich schlüssig diskreditieren kann. Hier kommt es vor allem auf die *Effektstärke* an. Denn Framing-Effekte ziehen die Glaubwürdigkeit von Intuitionen plausiblerweise nur dann in Zweifel, wenn sie stark genug sind.

Was bedeutet das? Nehmen wir etwa an, wir bitten Testpersonen, auf einer Skala von 1 bis 5 anzugeben, wie sie eine bestimmte Handlung bewerten. Sie können wählen zwischen 1: (= moralisch verwerflich), 2 (= ein wenig moralisch verwerflich), 3 (= weder moralisch verwerflich noch lobenswert), 4 (= ein wenig lobenswert), 5 (= lobenswert). Wenn wir herausfinden, dass die Bewertungen im ersten Framing durchschnittlich bei 1,2 liegen und im zweiten Framing durchschnittlich bei 4,6, dann können wir von einem starken Framing-Effekt sprechen. Wenn wir dagegen herausfinden, dass die Bewertungen im ersten Framing im Mittel bei 2,1 liegt und die Bewertung im zweiten Framing durchschnittlich bei 2,4, dann könnte zwar immer noch ein leichter Framing-Effekt vorliegen. Aber er wäre plausiblerweise nicht stark genug, um die Verlässlichkeit der entsprechenden Intuition zu diskreditieren. Andernfalls dürften wir wohl unserem Temperaturempfinden auch nicht trauen. Denn das ist anfällig für analoge Effekte. Sie können das selbst testen: Halten Sie dazu Ihre linke Hand für kurze Zeit in kaltes Wasser und ihre rechte Hand in heißes Wasser. Ziehen Sie dann beide heraus und halten Sie sie beide in lauwarmes Wasser. An der linken Hand wird Ihnen dieses lauwarme Wasser warm vorkommen und an der rechten kalt.

2.5 Relevante Fragestellungen

In den vorangegangenen Abschnitten zeigten wir, wie experimentelle Befunde an die philosophische Argumentation anknüpfen können. Der Grundgedanke lässt sich wie folgt zusammenfassen: Wenn Philosophen Philosophie treiben, dann stellen sie bestimmte Fragen. Und sie beantworten diese Fragen mit philosophischen Thesen, für die sie Begründungen angeben. Im Rahmen ihrer Begründungen verweisen sie auf Intuitionen über Gedankenexperimente. Das zumindest ist die paradigmatische Methode der modernen, analytischen Philosophie (MAP). Experimentelle Forschung kann helfen, die Verlässlichkeit der entsprechenden Intuitionen einzuschätzen, z.B. indem sie prüft, ob Konsens bzw. Dissens über sie besteht, ob sie von irrelevanten Faktoren beeinflusst werden und ob sie anfällig für Framing-Effekte sind. Und diese Information kann wiederum helfen, bestehende Argumente neu zu gewichten. Argumente, die auf unverlässlichen Intuitionen beruhen, können untergewichtet werden. Argumente, die auf verlässlich erscheinenden Intuitionen beruhen, können stärker gewichtet werden.

An dieser Stelle lohnt es sich, eine Beobachtung zu machen. Wenn wir den Anknüpfungspunkt für experimentelle Argumente auf die gerade beschriebe Weise konzipieren, dann liegt er in der Art, wie philosophische Fragen üblicherweise *beantwortet* werden. Experimentelle Forschung kann jedoch schon früher anzusetzen, nämlich bei der Art, wie philosophische Fragen *gestellt* werden. Darauf möchte ich kurz eingehen.

Die Philosophie ist ein sehr diverses Feld, das viele unterschiedliche Fragen einschließt. Manche davon sind sehr abstrakt, überwiegend von theoretischem Interesse und haben wenig bis gar nichts mit unserer Lebenspraxis zu tun. Die Fragen der Philosophie der Mathematik könnte man in diesem Zusammenhang beispielhaft nennen. Andere philosophische Fragen haben jedoch einen starken lebensweltlichen Bezug. Die Antworten, die wir auf diese Fragen geben, haben einen enorm prägenden Einfluss auf unser Selbstbild und auf das Bild, das wir von unseren Mitmenschen haben. Eine klassische, philosophische Frage – die Frage der Willensfreiheit – macht dies besonders deutlich. Wie wir diese Frage beantworten, ist für die Art und Weise, wie wir uns selbst sehen und wie wir mit anderen umgehen, von entscheidender Bedeutung. Denn „[w]ir entwickeln moralische Einstellungen und Empfindungen immer unter der Voraussetzung, dass wir selbst Urheber unserer Handlungen sind, also frei und verantwortlich handeln." (Nida-Rümelin 2005, 27) Und wir „machen nur solche Menschen für ihr Tun verantwortlich, die Urheber dieses Tuns sind […], die also willens- und verhaltensautonom sind." (Nida-Rümelin 2005, 97)

Allerdings ist es nicht ganz klar, wie wir die Frage der Willensfreiheit bzw. den entsprechenden Fragenkomplex verstehen sollten. Denn es gibt verschiedene Interpretationen davon.[47] Frank Jackson fragt deswegen:

> What then are the interesting philosophical questions that we are seeking to address when we debate the existence of free action and its compatibility with determinism […]? (Jackson 1998, 31)

Offenbar hält es Jackson nicht für beliebig, welche Interpretation des Problems der Willensfreiheit wir wählen. Er fragt, welche dieser Interpretationen *interessant* ist. Und er liefert dafür ein Kriterium:

> What we are seeking to address is whether free action *according to our ordinary conception*, or something suitably close to our ordinary conception, exists and is compatible with determinism […] will survive what cognitive science reveals about the operations of our brains. (Jackson 1998, 31; Hervorhebung im Original)

Jackson sagt also, dass der Begriff von Willensfreiheit, über den wir in unseren philosophischen Diskussionen sprechen, kein technischer Begriff sein sollte. Vielmehr sollten wir danach fragen, ob Willensfreiheit – wie wir sie *gewöhnlich* verstehen – mit den empirischen Befunden der kognitions- und neurowissenschaftlichen Forschung „zu-

[47] Der Untertitel von Daniel Dennetts Buch *Elbow Room* (1984) macht das deutlich. Er lautet: *The Varieties of Free Will Worth Wanting.*

sammengedacht" werden kann. Jackson fordert also, dass wir den Begriff der Willensfreiheit in seiner Alltagsbedeutung bzw. in einem hinreichend ähnlichen Sinne verwenden.

Wie finden wir jedoch heraus, was die Alltagsbedeutung eines Begriffs ist? Experimentelle Philosophen haben auf diese Frage eine Antwort, die gut zur Spät-Wittgensteinschen Sichtweise passt. Ludwig Wittgenstein sagt in seinen *Philosophischen Untersuchungen* (1953):

> Wie ein Wort funktioniert, kann man nicht erraten. Man muss seine Anwendung *ansehen* und daraus lernen. (Wittgenstein 1953/1999, §340; Hervorhebung im Original)

Experimentelle Philosophen schlagen genau das vor. Sie schlagen vor, dass wir beobachten, wie philosophische Laien zentrale, philosophische Begriffe verwenden. Dazu bitten sie sie z.B., den Begriff der Willensfreiheit zu beschreiben oder einzuschätzen, ob eine Person in einem vorliegenden Fallbeispiel frei gehandelt hat.[48] Dann leiten wir aus den gesammelten Antworten Schlussfolgerungen über den Alltagsbegriff der Willensfreiheit ab, die uns helfen können, klassische, philosophische Fragen, in denen dieser Begriff eine Rolle spielt, besser zu verstehen.[49]

Halten wir also fest: Es gibt einen weiteren Anknüpfungspunkt für experimentelle Forschung in der Philosophie. Experimentelle Befunde können uns nicht nur helfen, die Verlässlichkeit von Intuitionen in philosophischen Argumentationen einzuschätzen. Sie können uns außerdem helfen, klassische, philosophische Fragestellungen besser zu verstehen. Sie tun das, indem sie uns über die Alltagsbedeutung zentraler philosophischer Begriffe informieren und mithin über die lebensweltlich relevanten Interpretationen klassischer, philosophischer Fragestellungen.

An dieser Stelle sollten wir einem Missverständnis vorbeugen. Niemand verlangt, dass Philosophen bei ihrer Arbeit sklavisch an der alltäglichen Verwendung philosophischer Begriffe festhalten. Niemand verlangt, dass sie Alltagsbegriffe, die mithilfe experimenteller Methoden offengelegt wurden, „1-zu-1" in Ihre Arbeit übernehmen.[50] Bisweilen ist es sinnvoll, den Inhalt bestimmter Begriffe zu modifizieren oder neue, technischere Begriffe einzuführen. Denn Alltagsbegriffe

---

48 Mit dieser Strategie arbeiten z.B. Nahmias et al. (2005, 2006). Mit ihrer Studie werden wir uns in Abs. 3.4 genauer befassen.

49 In Abs. 4.1 werden wir noch auf das Argumentschema eingehen, dem dieser Gedankengang folgt.

50 Darauf weist auch Nida-Rümelin (2009) hin.

sind oft inkohärent. Das ist z.B. der Fall, wenn sich die Komponenten dieser Begriffe logisch nicht zusammendenken lassen oder wenn sie nicht schlüssig mit anderen Alltagsbegriffen verbunden werden können. Wenn das vorkommt, sollten wir im Rahmen einer philosophischen Analyse das Begriffsinventar verändern.

Die Metapher des Begriffs*inventars* gibt uns übrigens einen Anhaltspunkt, wie wir vorgehen sollten, wenn wir in der Philosophie begriffliche Neuorientierungen vornehmen. In diesem Fall sollten wir uns verhalten wie gute Innenraumausstatter. Was ist mit dieser Analogie gemeint?[51]

Nehmen wir an, Ihre Wohnung ist zu voll und zu unübersichtlich. Umziehen kommt nicht in Frage, weil das Geld nicht reicht. Gleichzeitig wollen Sie sich von so wenig wie möglich trennen. Deswegen beauftragen Sie einen Innenraumausstatter damit, ein Wohnkonzept für Ihre Wohnung zu entwerfen. Ihnen ist klar, dass Sie sich – wohl oder übel – von einigen Dingen trennen müssen. Aber Sie wären sicherlich überrascht, wenn der beauftragte Innenraumausstatter Ihnen vorschlägt, dass Sie *alle* Ihre Möbel und *alle* Ihre Habseligkeiten wegwerfen und durch zweckmäßigere Neuanschaffungen ersetzen sollen. Denn dann würden Sie Ihre Wohnung wohl nicht mehr als solche erkennen. Wahrscheinlich erwarten Sie ein Konzept, das es Ihnen ermöglicht, Ihre Wohnung zweckmäßiger einzurichten, die Gegenstände in der Wohnung sinnvoller zu organisieren, den Platz besser zu nutzen. Sie sind bereit, einige Dinge aufzugeben, die Sie liebgewonnen haben. Sie sehen z.B. ein, dass der alte Schrank gegen einen neuen ausgetauscht werden sollte, damit Sie Ihre Kleidung besser verstauen können und Dinge, die Sie suchen, besser finden. Mit anderen Worten: Sie akzeptieren Änderungsvorschläge, die versprechen, dass Sie sich in Ihrer Wohnung besser zurechtfinden. Aber es muss am Ende erkennbar *Ihre* Wohnung bleiben. Das sollte ein guter Innenraumausstatter berücksichtigen.

Philosophen verhalten sich wie gute Innenraumausstatter, wenn sie unser Selbstbild als Menschen und den begrifflichen Rahmen, mit dem wir dieses Selbstbild formen, ernst nehmen, wenn sie damit arbeiten und notwendige Anpassungen – sowohl inhaltlicher als auch begrifflicher Art – möglichst sparsam vornehmen. Philosophische Konzeptionen der Willensfreiheit, der personalen Identität, der Rati-

---

[51] Ich sollte noch einmal betonen, was ich bereits in Fußnote 23 angesprochen habe: Es ist problematisch, Argumente auf Vergleiche zu stützen (vgl. Mukerji 2017, 230ff.). Mit dem gewählten Vergleich verbinde ich keine argumentative Absicht.

onalität, der Moral, etc., die untrennbar mit unserer Lebenspraxis und Selbstwahrnehmung verknüpft sind, müssen erkennbar das aufnehmen, was wir mit diesen Dingen verbinden.

Der amerikanische Philosoph John Searle bringt diese Anforderung an die Philosophie elegant auf den Punkt, wenn er sagt: „There is exactly one overriding question in contemporary philosophy […]: How do we fit in?" (Searle 2007, 4) Mit anderen Worten: Wie passt unser Selbstbild zu den grundlegenden Tatsachen – Searle spricht von „basic facts" – die unsere Welt kennzeichnen? Es ist offensichtlich, dass eine Philosophie, die sich dieser Frage widmet, empirisch informiert sein muss. Denn bei den „basic facts" handelt es sich um grundlegende, wissenschaftlich erwiesene Tatsachen (z.B. die Evolutionstheorie), die sich nicht vom philosophischen Lehnstuhl erschließen lassen. Es ist aber auch klar, dass das Selbstbild, das die Philosophie mit diesen Tatsachen versöhnen soll, ebenfalls nach empirischer Information verlangt. Hier kann die experimentelle Philosophie, wie wir gesehen haben, helfen, indem sie unser Selbstbild und die Begriffe, mit denen wir dieses Selbstbild formen, experimentell erforscht.

2.6 Zusammenfassung

Vertreter der E-Phi und X-Phi2 glauben, dass wir experimentelle Methoden direkt bei der Beantwortung klassisch-philosophischer Fragen einsetzen sollten. Vertreter der X-Phi3 argumentieren mithilfe experimenteller Befunde, dass solche Fragen nicht mithilfe der Methode der A-Phi (MAP) beantwortet werden sollten. Vertreter von E-Phi, X-Phi2 und X-Phi3 glauben also, dass aposteriorische Methoden philosophisch relevante Schlussfolgerungen zulassen. In diesem Kapitel untersuchten wir, wie sich diese Behauptung plausibilisieren lässt.

Wir ermittelten dazu, welche Rolle kognitions- und wahrnehmungspsychologische Befunde bei der Prüfung empirischer Thesen einnehmen können. Dann zeigten wir, dass es einen analogen Anknüpfungspunkt für empirische Befunde in der philosophischen Argumentation gibt. Wir formulierten ein allgemeines Argumentationsschema, das klar macht, welche Rolle experimentelle Befunde in der philosophischen Argumentation spielen können. Und wir besprachen drei konkrete Varianten dieses Schemas.

Die Quintessenz lautete: Empirische und experimentelle Ergebnisse können relevant sein, insoweit sie Rückschlüsse über die Verlässlichkeit von Intuitionen zulassen, auf denen die philosophische Argumentationspraxis aufbaut. Mit ihrer Hilfe können wir – insbesondere in argumentativen Pattsituationen – eine neue Gewichtung der Argumente vornehmen. Wir können Argumenten geringeres Gewicht geben, wenn experimentelle Befunde nahelegen, dass die Intuitionen, auf denen diese Argumente aufbauen, zweifelhaft sind. Und wir können sie vergleichsweise stärker gewichten, wenn experimentelle Belege vorliegen, die darauf schließen lassen, dass sie zuverlässig sind. Vertreter von X-Phi3 gehen noch einen Schritt weiter. Sie sammeln Belege für die Unzuverlässigkeit von Intuitionen, um damit MAP zu unterminieren. Wir wiesen darauf hin, dass experimentell-philosophische Argumente problematisch sein können. An jedes der drei Argumentschemata schließen sich kritische Fragen an, die wir sorgfältig beantworten sollten, bevor wir aus experimentellen Befunden philosophische Schlussfolgerungen ziehen.

Zu Ende des Kapitels untersuchten wir einen weiteren möglichen Anknüpfungspunkt für experimentelle Forschung in der Philosophie. Wir erkannten, dass sie nicht erst bei der Beantwortung klassischer, philosophischer Fragen ansetzen kann, sondern bereits früher, nämlich bei der Art und Weise, wie wir sie verstehen. Die Aufgabe der modernen Philosophie liegt zu einem Gutteil darin, unser Selbstbild als Menschen mit dem, was wir über unsere Welt wissen, zu versöhnen. Dazu brauchen wir empirische Informationen – und zwar nicht nur über die Welt, sondern auch über die Begriffe und Grundgedanken, die unser Selbstbild prägen. Letzteres kann die experimentelle Philosophie liefern.

3. Experimentelle Befunde

In den beiden vorangegangenen Kapiteln sprachen wir über die verschiedenen Varianten der empirisch informierten und experimentellen Philosophie und untersuchten, wie sich eine Brücke zwischen experimentellen Befunden und philosophischer Argumentation bauen lässt. Zur Verdeutlichung gingen wir dabei vereinzelt auf Resultate experimentell-philosophischer Studien ein. In diesem Kapitel werden wir das ein wenig umfassender tun. Wir werden einige der wichtigsten Beiträge zur experimentellen Philosophie in Auszügen besprechen.

Dabei werden wir versuchen, die experimentell-philosophischen Argumente, die wir in diesem Kapitel diskutieren, mithilfe der Begrifflichkeiten einzuordnen, die wir in den beiden vorangegangenen Kapiteln entwickelt haben. Wir werden jeweils feststellen, um welche Art von experimenteller Philosophie – X-Phi$_1$, X-Phi$_2$ oder X-Phi$_3$ – es sich bei einem bestimmten Beitrag handelt und welche Art von Argument vorgebracht wird.

In den folgenden Abschnitten werden wir über experimentelle Beiträge zu den Themenbereichen *Wissen* (Abs. 3.1.), *Bedeutung* (Abs. 3.2.), *Absicht* (Abs. 3.3.) und *Willensfreiheit* (Abs. 3.4.) sprechen, um schließlich kurz zusammenzufassen (Abs. 3.5.). Die Abschnitte 3.1.-3.4. werden jeweils gleich aufgebaut sein. Zunächst werden wir einige theoretische Grundlagen einführen, an die sich experimentelle Fragen anschließen, dann werden wir auf einflussreiche Studien und ihre Resultate eingehen, um schließlich kurz auf den aktuellen Stand der Debatte zu sprechen zu kommen.

3.1 Wissen

Erkenntnistheorie ist die Theorie vom *Wissen.* Hier werden üblicherweise Fragen wie die folgenden gestellt:

- Was ist Wissen?
- Was ist die Struktur von Wissen?
- Können wir Wissen erlangen und, wenn ja, wie?
- Worüber können wir Wissen erlangen?
- Etc.

Diese Fragen beziehen sich auf verschiedene Aspekte von Wissen, nämlich auf sein Wesen, seine Struktur, die Möglichkeit (bzw. Unmöglichkeit), es zu erlangen, die richtige Vorgehensweise beim Wissenserwerb, die möglichen Objekte von Wissen usw. Alle diese Aspekte hängen auf komplizierte Weise zusammen. Es gäbe also sowohl über die einzelnen erkenntnistheoretischen Fragestellungen als auch über ihre Verbindungen miteinander viel zu sagen. Das wollen wir im Folgenden aber nicht tun. Wir wollen lediglich die *grundlegendste* dieser Fragen herausgreifen und einige Befunde festhalten, die in der experimentell-philosophischen Forschung diskutiert wurden. Es ist die erste Frage: *Was ist Wissen?*

3.1.1 Was ist Wissen?

Auf diese erste Frage gibt es eine klassische Antwort. Wir haben sie bereits in Abs. 1.2 und 2.2 angesprochen, um die Verwendung der Methode der analytischen Philosophie (MAP) zu illustrieren. Sie lautet folgendermaßen.

> **Standardanalyse des Wissensbegriffs**
> Wissen ist wahre, gerechtfertigte Meinung.

Nach der Standardanalyse des Wissensbegriffs hat eine Person dann und nur dann Wissen, wenn drei Bedingungen erfüllt sind.

> **Bedingung 1**
> Die Person *glaubt*, dass *p*.

> **Bedingung 2**
> *p* ist *wahr*.

> **Bedingung 3**
> Die Person hat eine *Rechtfertigung* für *p*.

In vielen Fällen liefert uns die Standardanalyse eine intuitiv stimmige Antwort, auf die Frage, ob eine Person über Wissen verfügt. Gedankenexperiment 1 ist ein Beispiel dafür.

> **Gedankenexperiment 1**
> Anna möchte wissen, wie spät es ist. Sie schaut auf die Uhr. Da steht: 14:51 Uhr. Deswegen glaubt Anna, dass es 14:51 Uhr ist. Es ist tatsächlich 14:51 Uhr. *Weiß* Anna, dass es 14:51 Uhr ist?

Intuitiv hat Anna in diesem Fall Wissen. Die Prüfung der Bedingungen 1-3 liefert das gleiche Ergebnis. D.h. die Standardanalyse des Wissensbegriffs führt zur intuitiv richtigen Antwort.

Das ist allerdings nicht in jedem Fall so. Gedankenexperiment 2 stellt ein Gegenbeispiel zur Standardanalyse des Wissensbegriffs dar.

Gedankenexperiment 2

Anna möchte wissen, wie spät es ist. Sie schaut auf die Uhr. Da steht: 14:51 Uhr. Deswegen glaubt Anna, dass es 14:51 Uhr ist. Es ist tatsächlich 14:51 Uhr. Allerdings ist die Uhr am Vortag um exakt die gleiche Zeit stehen geblieben, ohne dass Anna das bemerkt hat. *Weiß* Anna, dass es 14:51 Uhr ist?

Die intuitive Antwort lautet: „nein". Dennoch liefert die Standardanalyse des Wissensbegriffs das Resultat, dass diese Frage zu bejahen ist. Denn die drei Bedingungen sind auch in Gedankenexperiment 2 erfüllt. Anna glaubt, dass es 14:51 Uhr ist (Bedingung 1), es ist 14:51 Uhr (Bedingung 2), und Anna hat eine Rechtfertigung für Ihre Überzeugung, dass es 14:51 Uhr ist (Bedingung 3).

Die Standardanalyse scheint nur in einer Hinsicht zu stimmen: Wissen scheint tatsächlich die Bedingungen 1, 2 und 3 vorauszusetzen. Sie sind allem Anschein nach *notwendig* für Wissen. Allerdings behauptet die Standardanalyse noch mehr als das. Sie behauptet außerdem, diese drei Bedingungen seien *hinreichend*. Und diese Behauptung ist offenkundig falsch, wie Gedankenexperiment 2 zeigt.[52] In Gedankenexperiment 2 sind alle drei Bedingungen für Wissen erfüllt. Dennoch scheint Anna nicht zu wissen, dass es 14:51 Uhr ist. Denn sie würde das wahrscheinlich auch glauben, wenn es 14:45 Uhr oder 15:03 Uhr wäre. Man kann ihre Überzeugung, dass es 14:51 Uhr ist, also gewissermaßen als epistemisches „Zufallsprodukt" angesehen.

Seit bekannt wurde, dass sich Fälle wie Gedankenexperiment 2 konstruieren lassen, die die Standardanalyse des Wissensbegriffs zu widerlegen scheinen, haben Erkenntnistheoretiker versucht, eine Analyse des Wissensbegriffs zu finden, die Gegenbeispielen standhal-

52 Diese Entdeckung wird üblicherweise dem amerikanische Philosophen Edmund Gettier zugeschrieben. Nach Überzeugung der meisten Philosophen widerlegte Gettier die Standardanalyse des Wissensbegriffs schlüssig in einem dreiseitigen Aufsatz (Gettier 1963). Gettier gab dort zwei Gegenbeispiele, die funktionieren wie Gedankenexperiment 2. Ein sehr ähnliches Gegenbeispiel schlug bereits der mittelalterliche Philosoph Peter von Mantua vor (vgl. Boh 1985). Ein prominenter Kritiker der Sichtweise Gettiers ist etwa Crispin Sartwell, der Wissen als wahre Meinung interpretiert (vgl. etwa Sartwell 1991).

ten kann. Eine Möglichkeit, die erprobt wurde, ist der sogenannte *Reliabilismus*. Reliabilisten möchten die Bedingung der Rechtfertigung (Bedingung 3) verfeinern. Sie behaupten, dass eine Überzeugung nur dann gerechtfertigt ist, wenn sie mit verlässlichen Mitteln gebildet wurde. Diese Bedingung würde das Problem lösen, vor das uns Gedankenexperiment 2 stellt. Anna bildet ihre Überzeugung, dass es 14:51 Uhr ist, indem sie auf eine defekte Uhr schaut. Eine defekte Uhr ist aber kein verlässliches Mittel, um die Uhrzeit festzustellen. Deswegen ist Anna in ihrer Überzeugung, dass es 14:51 Uhr ist, nicht gerechtfertigt und hat entsprechend auch kein Wissen.

Reliabilisten sehen sich allerdings anderen Problemen ausgesetzt. Wir können uns nämlich, wie Lehrer (1990) argumentiert, Fälle vorstellen, die offenbar Gegenbeispiele darstellen. In diesen Gegenbeispielen hat eine Person eine Überzeugung, die durch einen verlässlichen Prozess zustande kam. Allerdings ist sich die Person dieses Prozesses nicht bewusst. In diesem Fall erscheint es, als besäße sie kein Wissen. Gedankenexperiment 3 macht das deutlich.

Gedankenexperiment 3

Bernd wird von einem verrückten, aber sehr fähigen Hirnchirurgen gekidnappt. Der pflanzt ihm eine digitale und sehr verlässliche Uhr in sein Gehirn ein. Diese Uhr ist so mit seinem Gehirn verbunden, dass Bernd ständig eine Überzeugung über die Uhrzeit ausbildet und damit richtig liegt. Bernd weiß allerdings nicht, dass seine Überzeugungen von der implantierten Uhr gesteuert werden. Er macht sich auch nicht die Mühe zu überprüfen, ob er mit seinen Überzeugungen bzgl. der Uhrzeit richtig liegt. Bernd ist nun überzeugt, dass es 15:00 Uhr ist. Es ist 15:00 Uhr. Weiß Bernd, dass es 15:00 Uhr ist?

In Gedankenexperiment 3 erscheint es uns intuitiv, als wüsste Bernd nicht, dass es 15:00 Uhr ist. Wir haben diese Intuition, obwohl Bernd glaubt, dass es 15:00 Uhr ist, obwohl das stimmt und obwohl seine Überzeugung durch einen verlässlichen Prozess gebildet wurde. Der springende Punkt scheint hier zu sein, dass ihm die Verlässlichkeit des Prozesses, auch *bewusst* sein müsste. Der schlichte Umstand, dass der Prozess verlässlich ist, scheint nicht hinzureichen.

Nun könnte man den Vorschlag der Reliabilisten wiederum ersetzen oder verfeinern, um schließlich doch eine belastbare Analyse des Wissensbegriffs zu erhalten. Allerdings erscheint dieses Unterfangen nur dann motiviert, wenn wir voraussetzen dürfen, dass die Intuitionen, die wir verwenden, um unsere Analysen zu testen, verlässlich sind. Vielleicht stimmt das gar nicht.

3.1.2 Weinberg et al. (2001)

Genau das behaupten Jonathan Weinberg, Shaun Nichols und Stephen Stich in ihrem Aufsatz „Normativity and epistemic intuitions" (2001). Bei diesem Aufsatz handelt es sich um die erste experimentell-philosophische Studie zur Erkenntnistheorie. Sie lässt sich der negativen experimentellen Philosophie (X-Phi3) zuordnen. Die Autoren wenden sich gegen den Einsatz der MAP in der Erkenntnistheorie, die dort die Standardmethodologie darstellt. Die Erkenntnistheorie, so denken Weinberg et al. (2001), sitze einer Form des „Romantizismus" auf – einem „intuition-driven romanticism." (Weinberg et al. 2001, 431ff.)

Ausgangspunkt ihres Argumentes ist ein Gedankengang, der bereits in Stephen Stichs Buch *The Fragmentation of Reason* (1990) vorgestellt wird. Dort weist Stich darauf hin, dass es andere Kulturen geben *könnte*, in denen sich andere kognitive Prozesse und insbesondere andere erkenntnistheoretische Intuitionen entwickelt haben. Alleine diese Möglichkeit, so Stich, lasse den Schluss zu, dass unsere kognitiven Prozesse und insbesondere unsere Intuitionen keine rechtfertigende Kraft besitzen. Das gelte zumindest dann, wenn wir nicht erklären können, warum gerade unsere kognitiven Prozesse besser sein sollen als die von anderen Menschen. Die Tatsache, dass wir die kognitiven Prozesse haben, die wir eben haben, sei schlicht als historischer Unfall zu betrachten – nicht als Beleg für deren Verlässlichkeit.

Weinberg et al. (2001) weisen darauf hin, dass man gegen diese Argumentationslinie einen Einwand geltend machen kann: Vielleicht handelt es sich bei Stichs möglichen Kulturen nur um „philosophische Fiktionen?" Vielleicht sind sie psychologisch gar nicht möglich? Vielleicht haben tatsächlich alle Menschen dieselben kognitiven Prozesse? In ihren eigenen Worten:

> While it may be logically possible that there are groups of people whose reasoning patterns and epistemic intuitions differ systematically from our own, there is no reason to suppose that it is nomologically or psychologically possible. (Weinberg et al. 2001, 435)

Zwar überzeugt dieser Einwand die Autoren nicht. Aber sie wollen auch denjenigen, die ihn plausibel finden, die Argumentationsgrundlage einziehen. Dazu wollen sie zeigen, dass es die von Stich ersonnenen Menschen *tatsächlich* gibt. Sie wollen zeigen, dass sich die epistemischen Intuitionen unterschiedlicher Personen voneinander unterscheiden können. Stichs Gedankengang folgend lässt sich aus diesem Umstand ein Argument gewinnen, das die methodische Verwendung unserer epistemischen Intuitionen in der Erkenntnistheorie diskreditiert.

Wo könnte man diese Personen finden? Um einen Anhaltspunkt für die Beantwortung dieser Frage zu finden, konsultieren Weinberg et al. (2001) die psychologische Literatur und verweisen hier insbesondere auf zwei interessante Resultate.

- Das *erste Resultat* geht auf eine Forschergruppe um den Psychologen Richard Nisbett zurück. In einem viel beachteten Aufsatz namens „Culture and systems of thought: Holistic versus analytic cognition“ (2001) berichten Nisbett et al. (2001), dass sich ostasiatische Personen und Personen westlicher Prägung in ihren kognitiven Prozessen deutlich unterscheiden. Diese, so die Autoren, hätten einen stärker logisch-analytischen Denkstil als jene.
- Das *zweite Resultat* geht auf eine Forschergruppe um den Psychologen Jonathan Haidt zurück.[53] Haidt et al. (1993) untersuchten, wie Menschen moralisch urteilen. Sie richteten ihre Aufmerksamkeit dabei auf eine ganz bestimmte Kategorie von Handlungen. Ihnen ging es um solche Handlungen, die zwar niemand schädigen, aber in vielen Menschen negative Gefühlsregungen wie Ekel und Abscheu hervorrufen. Haidt et al. (1993) fanden heraus, dass Personen mit hohem sozioökonomischen Status diese Handlungen in moralischer Hinsicht signifikant wohlwollender beurteilten als Personen mit geringem sozioökonomischen Status.

Zwar treffen die Forschungen um Nisbett und Haidt keine Aussage über die interpersonelle Variabilität epistemischer Intuitionen, für die sich Weinberg, Nichols und Stich interessieren. Dennoch legen sie legen zwei Hypothesen nahe:

[53] Wir haben die Studie von Haidt et al. (1993) bereits in Abs. 2.4 angesprochen.

Hypothese 1
Epistemische Intuitionen unterscheiden sich von Kultur zu Kultur.

Hypothese 2
Personen aus unterschiedlichen sozioökonomischen Gruppen haben unterschiedliche epistemische Intuitionen.

Weinberg et al. (2001) testeten diese beiden Hypothesen anhand mehrerer Fragebogenstudien. Wir beschränken uns auf zwei Ergebnisse.

Um Hypothese 1 zu testen, befragten Weinberg et al. (2001) Angehörige verschiedener ethnischer Gruppen – darunter westlich geprägte, europäischstämmige Amerikaner (W), Ostasiaten (EA) und Menschen aus Ländern des indischen Subkontinents (SC). Sie gaben Ihnen jeweils den folgenden Fall, der Gedankenexperiment 2 aus dem vorangegangenen Abschnitt ähnelt:

Car
Bob has a friend, Jill, who has driven a Buick for many years. Bob therefore thinks that Jill drives an American car. He is not aware, however, that her Buick has recently been stolen, and he is also not aware that Jill has replaced it with a Poniac, which is a different kind of American car. Does Bob really know that Jill driven an American car, or does he only believe it? (Weinberg et al. 2001, 443)

Als Antwortoptionen konnten die Teilnehmer der Studie jeweils zwischen „Really Knows" und „Only Believes" auswählen.

Unter den 66 Teilnehmern der W-Gruppe wählte eine deutliche Mehrheit von 49 Personen (=74%) die Option „Only Believes" aus. Ihnen erschien es, als wüsste Bob nicht, dass Jill ein amerikanisches Auto fährt. Erstaunlicherweise sprach jedoch unter den 23 Teilnehmern der EA-Gruppe eine Mehrheit von 13 Personen (=57%) Bob Wissen zu. Ihnen erschien es, als wüsste Bob, dass Jill ein amerikanisches Auto fährt. Noch dramatischer war der Unterschied zwischen der W-Gruppe und der SC-Gruppe. Denn in letzterer wählten nur 9 von 23 Personen (=39%) die von der W-Gruppe mehrheitlich favorisierte Antwortoption „Only Believes". Die meisten waren der Ansicht, Bob wüsste, dass Jill ein amerikanisches Auto fährt.

Weinberg et al. (2001) testeten Hypothese 2, indem sie eine Gruppe von Personen mit geringem sozioökonomischem Status (Low

SES) mit einer Gruppe von Personen mit hohem sozioökonomischem Status (High SES) verglichen. Als High SES wurden Personen eingestuft, die mindestens ein Jahr an einer Universität studiert hatten. Alle anderen wurden als Low SES eingestuft. Weinberg et al. (2001) verwendeten unter anderem das folgende Szenario, das sie 14 Low SES's und 35 High SES's vorlegten.

> **Cancer Conspiracy**
> It's clear that smoking cigarettes increases the likelihood of getting cancer. However, there is now a great deal of evidence that just using nicotine by itself without smoking (for instance, by taking a nicotine pill) does bot increase the likelihood of getting cancer. Jim knows about the evidence and as a result, he believes that using nicotine does not increase the likelihood of getting cancer. It is possible that the tobacco companies dishonestly made up and publicized this evidence that using nicotine does not increase the likelihood of cancer, and that the evidence is really false and misleading. Now, the tobacco companies not actually make up this evidence, but Jim is not aware of this fact. Does Jim really know that using nicotine doesn't increase the likelihood of getting cancer, or does he only believe it? (Weinberg et al. 2001, 444)

Als Antwortoptionen konnten die Teilnehmer der Studie wiederum zwischen „Really Knows" und „Only Believes" auswählen. Unter den Low SES wählten 12 „Really Knows" (=86%) und zwei wählten „Only Believes" (=14%). Bei den High SES ergab sich ein ganz anderes Bild. Hier wählten nur 6 „Really Knows" (=17%) und 29 „Only Believes" (=83%).

Zusammenfassend lässt sich also festhalten: Weinberg et al. (2001) fanden sowohl für Hypothese 1 als auch für Hypothese 2 Belege. Ihre Studien legen nahe, dass sich die epistemischen Intuitionen zwischen Kulturgruppen und sozioökonomischen Gruppen unterscheiden.

Diese experimentellen Resultate lassen sich mithilfe von zwei Argumentschemata ausbeuten, die wir bereits in Abs. 2.4.1 kennengelernt haben. Das erste ist das Dissens-Argument. Weinberg et al. (2001) geben schließlich Belege dafür, dass unterschiedliche ethnische und soziale Gruppe sich bezüglich bestimmter epistemischer Intuitionen widersprechen.

Das Dissens-Argument

(P1) Es besteht Uneinigkeit über unsere epistemischen Intuitionen.

(P2) Wenn über eine Intuition Uneinigkeit besteht, dann ist sie *pro tanto* unglaubwürdig.

(K) Unsere epistemischen Intuitionen sind *pro tanto* unglaubwürdig.

Man könnte jedoch auch ein anderes Schema wählen, um die Ergebnisse von Weinberg et al. (2001) argumentativ auszunutzen. Schließlich legen diese nahe, dass unsere Intuitionen durch irrelevante Faktoren – nämlich durch unseren soziokulturellen und sozioökonomischen Hintergrund – beeinflusst werden. Es käme also auch das Argument des irrelevanten Faktors in Betracht, das in zwei Formen auftreten kann.

Argument der interkulturellen Varianz

(P1) Unsere epistemischen Intuitionen werden durch unseren kulturellen Hintergrund beeinflusst, bei dem es sich um einen irrelevanten Faktor handelt.

(P2) Wenn unsere epistemischen Intuitionen durch einen irrelevanten Faktor verursacht werden, dann sind sie *pro tanto* unglaubwürdig.

(K) Unsere epistemischen Intuitionen sind *pro tanto* unglaubwürdig.

Argument der sozioökonomischen Varianz

(P1) Unsere epistemischen Intuitionen werden durch unseren sozioökonomischen Status beeinflusst, bei dem es sich um einen irrelevanten Faktor handelt.

(P2) Wenn unsere epistemischen Intuitionen durch einen irrelevanten Faktor verursacht werden, dann sind sie *pro tanto* unglaubwürdig.

(K) Unsere epistemischen Intuitionen sind *pro tanto* unglaubwürdig.

3.1.3 Swain et al. (2008)

Weinberg et al. (2001) formulieren nicht nur Hypothesen 1 und 2, die wir im vorangegangenen Abschnitt betrachtet haben. Sie stellen ebenfalls folgende Hypothesen vor:

Hypothese 3
Welche epistemischen Intuitionen eine Person rückmeldet, hängt teilweise davon ab, wie viele Philosophie-Kurse sie besucht hat.

Hypothese 4
Epistemische Intuitionen sind anfällig für Ordnungseffekte.

Allerdings liefern Weinberg et al. (2001) keine Belege für diese Hypothesen. An dieser Stelle schließen Stacey Swain, Joshua Alexander und Jonathan Weinberg mit ihrer Studie an.

Swain et al. (2008) berichten über ein Experiment, mit deren Hilfe sie Hypothese 4 testeten. Dabei verfolgen sie das gleiche Anliegen wie Weinberg et al. (2001). Sie wollen zeigen, dass epistemische Intuitionen unzuverlässig sind und methodisch keine Rolle in der Erkenntnistheorie spielen sollten. Damit betreiben sie ebenfalls negative experimentelle Philosophie (X-Phi3) – genau wie Weinberg et al. (2001). Das Argument, das sie vorbringen, ist das Argument des Framing-Effekts, dessen Schema wir bereits in Abs. 2.4.3 kennengelernt hatten.

Das Argument des Framing-Effekts
(P1) Die Intuition, dass *p*, ist anfällig für Framing-Effekte.
(P2) Wenn eine Intuition anfällig für Framing-Effekte ist, dann ist sie *pro tanto* (un)glaubwürdig.
(K) Die Intuition, dass *p*, ist *pro tanto* unglaubwürdig.

Um die erste, empirische Prämisse zu stützen, konzentrieren sich Swain et al. (2008) auf ein Fallbeispiel, das Gedankenexperiment 3 aus Abs. 3.1.1 sehr ähnlich ist: Keith Lehrers *Truetemp*. Lehrer verwendet diesen Fall, wie wir besprochen haben, um gegen den sogenannten Reliabilismus in der Erkenntnistheorie zu argumentieren. Dieser behauptet, dass eine Person genau dann weiß, dass *p*, wenn sie glaubt, dass *p*, wenn *p* wahr ist und wenn ihre Überzeugung, dass *p*, durch einen verlässlichen Prozess zustande kam. Nach Lehrers Auffassung reicht das nicht. Wenn die Person keinen Grund hat anzunehmen, dass der Prozess der Überzeugungsbildung, der sie dazu bringt, *p* zu glauben, verlässlich ist, dann könne der Person kein Wissen zugeschrieben werden. Der Truetemp-Fall mache das klar.

Swain et al. (2008) prüfen, ob die Intuitionen, die in Lehrers Argument eingehen, verlässlich sind. Dazu berichten sie von einem Experiment, das sie mit 220 Studierenden der Indiana University Bloomington durchführten. Ihnen legten sie verschiedene Versionen eines Fragebogens vor, der neben einer Variante des Truetemp-Falls (C) drei weitere Fälle enthielt (Swain et al. 2008, 154–55):

Dave (D)
Dave likes to play a game with flipping a coin. He sometimes gets a "special feeling"' that the next flip will come out heads. When he gets this "special feeling," he is right about half the time, and wrong about half the time. Just before the next flip, Dave gets that "special feeling," and the feeling leads him to believe that the coin will land heads. He flips the coin, and it does land heads.

Please indicate to what extent you agree or disagree with the following claim: "Dave knew that the coin was going to land heads."

Strongly agree / Agree / Neutral / Disagree / Strongly disagree

Charles (C)
One day Charles was knocked out by a falling rock; as a result his brain was "rewired" so that he is always right whenever he estimates the temperature where he is. Charles is unaware that his brain has been altered in this way. A few weeks later, this brain rewiring leads him to believe that it is 71 degrees in his room. Apart from his estimation, he has no other reasons to think that it is 71 degrees. In fact, it is 71 degrees.

Please indicate to what extent you agree or disagree with the following claim: "Charles knows that it is 71 degrees in his room."

Strongly agree / Agree / Neutral / Disagree / Strongly disagree

Suzy (S)
Suzy looks out the window of her car and sees a barn near the road, and so she comes to believe that there's a barn near the road. However, Suzy doesn't realize that the countryside she is driving through is currently being used as the set of a film, and that the set designers have constructed many fake barn facades in this area that look as though they are real barns. In fact, Suzy is looking at the only real barn in the area.

Please indicate to what extent you agree or disagree with the following claim: "Suzy knows there is a barn near the road."

Strongly agree / Agree / Neutral / Disagree / Strongly disagree

Karen (K)

Karen is a distinguished professor of chemistry. This morning, she read an article in a leading scientific journal that mixing two common floor disinfectants, Cleano Plus and Washaway, will create a poisonous gas that is deadly to humans. In fact, the article is correct: mixing the two products does create a poisonous gas. At noon, Karen sees a janitor mixing Cleano Plus and Washaway and yells to him, "Get away! Mixing those two products creates a poisonous gas!"

Please indicate to what extent you agree or disagree with the following claim: "Karen knows that mixing these two products creates a poisonous gas."

Strongly agree / Agree / Neutral / Disagree / Strongly disagree

Jede Version des Fragebogens enthielt diese vier Fallbeispiele. Allerdings unterschied sich jeweils die *Reihenfolge*, in der die Fallbeispiele den Teilnehmern vorgestellt wurden. Insgesamt gab es acht Fragebogen-Versionen, die man den Teilnehmern zufällig zuteilte. Die Fallbeispiele und die Reihenfolgen, in denen sie dargeboten wurden, waren dabei nicht willkürlich. Ziel der Analyse von Swain et al. (2008) war es herauszufinden, wie die Studienteilnehmer C bewerten würden – und zwar in Abhängigkeit davon, ob sie K bzw. D vorher betrachtet hatten. D.h. sie wollten herausfinden, wie hoch die Bereitschaft der Teilnehmer sein würde, Charles Wissen zuzuschreiben und ob dies davon abhängen würde, welche Fälle sie vorher betrachtet hatten.

Warum hielten Swain et al. (2008) K und D für relevant? Das hat einen einfachen Grund. K und D eignen sich gut als Kontrastfälle für C:

- Bei K handelte es sich um einen klaren Fall von Wissen. Die Chemie-Professorin Karen weiß aufgrund ihrer Expertise in Chemie, dass die Mischung von Cleano Plus und Washaway ein giftiges Gasgemisch ergibt.
- Dave hat jedoch klarerweise kein Wissen. Er glaubt zwar, dass die Münze auf der Kopfseite landen wird, und dem ist tatsächlich so. Aber sein Glaube basiert lediglich auf einem Gefühl, mit dem er genauso häufig richtig liegt wie falsch.

Es lässt sich mutmaßen, dass wir eine stärkere Neigung haben sollten, Charles in C Wissen zuzuschreiben, wenn wir vorher mit D konfrontiert wurden und eine geringere Neigung, wenn wir vorher mit K konfrontiert wurden. In der Tat scheinen die Daten von Swain et al. (2008) genau diesen Schluss zu stützen. Um sie zu analysieren, kodierten sie die Antwortoptionen mit den numerischen Werten 5 (=„Strongly agree"), 4 (=„Agree"), 3 (=„Neutral"), 2 (=„Disagree") und 1 (=„Strongly disagree"). Die Durchschnittswerte der jeweiligen Fragebogen-Versionen zeigt Tabelle 3.

Wie aus Tabelle 3 hervorgeht, ergab sich ein Ordnungseffekt, der laut Swain et al. (2008) statistisch signifikant war. Die Bereitschaft, Charles in C Wissen zuzuschreiben,

- war vergleichsweise gering, wenn die Teilnehmer vorher mit K konfrontiert waren (2,4 im Fall von KCDS 2,9 im Fall von DSKC),
- lag im mittleren Bereich (zwischen 2,6 und 3,0), wenn C der erste Fall war, der den Teilnehmern vorgelegt wurde
- und war vergleichsweise hoch, wenn die Teilnehmer vorher mit D konfrontiert waren (3,2 im Fall von DCSK und 3,6 im Fall von DSCK).

Fragebogen-Version	Durchschnittliche Bewertung von C
KCDS	2,4
CSDK	2,6
SCDK	2,9
DSKC	2,9
CDSK	3,0
CKDS	3,0
DCSK	3,2
DSCK	3,6

Tabelle 3: Ergebnisse von Swain et al. (2008)

Aus diesen Daten scheint eine bemerkenswerte Erkenntnis hervorzugehen. Diese erkennen wir, wenn wir beachten, dass ein Wert von 3,0 eine neutrale Haltung repräsentiert – d.h. weder Zustimmung noch Ablehnung. Swain et al. (2008) konnten offenbar nicht nur nachweisen, dass sich die Stärke der Zustimmung bzw. Ablehnung zur Aussage „Charles knows that it is 71 degrees in his room" mit der Reihenfolge verändert. Sie konnten offensichtlich auch nachweisen, dass sich eine moderate Ablehnung einer Aussage unter dem Einfluss von Ordnungseffekten in eine moderate Zustimmung verwandeln kann:

> Intuitions about the Truetemp Case reverse direction depending on whether the case is presented after a case of clear non-knowledge. (Swain et al. 2008, 144)

3.1.4 Diskussion

Sowohl Weinberg et al. (2001) als auch Swain et al. (2008) kommen zu skeptischen Schlussfolgerungen hinsichtlich der Verlässlichkeit epistemischer Intuitionen. Was ist jedoch von ihnen zu halten?

Wir sollten mit einer grundsätzlichen Feststellung beginnen: Die skeptischen Schlussfolgerungen, die die beiden Autorenteams ziehen, sind sehr weitreichend. Sie versuchen X-Phi3 argumentativ zu stützen und die Verlässlichkeit von Intuitionen *generell* in Frage zu stellen – zumindest in der Erkenntnistheorie. Zwar räumen sie ein, dass weitere Studien wünschenswert wären. Aber sie legen doch nahe, dass die Verwendung von Intuitionen über erkenntnistheoretische Gedankenexperimente durch die vorgestellten Ergebnisse diskreditiert wurde. Dieser Schluss wirkt aus drei Gründen vorschnell:

(1) Die Zahl der Versuchsteilnehmer war – insbesondere im Fall von Weinberg et al. (2001) – vergleichsweise gering.

(2) Sowohl Weinberg et al. (2001) als auch Swain et al. (2008) konnten nicht in allen Fällen signifikante Ergebnisse nachweisen. Weinberg et al. (2001) fanden z.B. nur in zwei Gedankenexperimenten signifikante Unterschiede zwischen der EA-Gruppe und der W-Gruppe. In zwei weiteren Gedankenexperimenten konnte sie solche Unterschiede nicht nachweisen. Swain et al. (2008) konnten keinen Framing-Effekt in Fall S nachweisen.

(3) Außerdem testeten Weinberg et al. (2001) und Swain et al. (2008) lediglich einige der Gedankenexperimente, die in der Erkenntnistheorie eine Rolle spielen. Und sie taten das nur mithilfe eines bestimmten experimentellen Forschungsdesigns. Das lässt Zweifel an der Robustheit ihrer Ergebnisse.

Um die weitreichenden Schlussfolgerungen zu stützen, die Weinberg et al. (2001) und Swain et al. (2008) im Sinn haben, müsste gezeigt werden, dass sich ähnliche experimentelle Ergebnisse auch in größeren Gruppen, mit Blick auf andere Gedankenexperimente und mithilfe anderer, legitimer Forschungsdesigns erzielen lassen. Denn einer der methodologischen Eckpfeiler der wissenschaftlichen Methode ist die *Replikation* von Ergebnissen. Der Grundsatz lautet: Forschungsergebnisse haben nur dann Gewicht, wenn sie von anderen, unabhängigen Wissenschaftlern wiederholt und bestätigt wurden![54]

Außerdem erscheinen bestimmte Argumente zweifelhaft. Das Argument der sozioökonomischen Varianz von Weinberg et al. (2001) könnte man z.B. kritisieren, weil der sozioökonomische Hintergrund nicht unbedingt irrelevant erscheint (vgl. Cullen 2010). Es kann sein, dass Personen, die weniger Zeit im Ausbildungssystem verbracht haben, Fälle wie den Cancer Conspiracy Fall nicht deswegen anders bewerten, weil sie andere Urteile bilden, sondern weil sie nicht genau genug auf die intrikaten Details der Fallbeschreibung achten. Und das führt uns zu einem methodischen Punkt: Um diese alternative Erklärung auszuschließen müsste sichergestellt werden, dass die gleichen oder zumindest ähnliche Ergebnisse erzielt werden, wenn die jeweiligen Fallbeispiele so aufbereitet werden, dass wichtige Aspekte leichter erkennbar werden. Turri (2013) testete dies experimentell und kam zu dem Ergebnis, dass die Intuitionen verschiedener Personen nahezu uniform sind, wenn man ihnen die entsprechenden Fallbeispiele in einer strukturierten Form präsentiert, die den Inhalt leichter verständlich macht.

Aber nicht nur die Darstellung der Fallbeispiele könnte die Ergebnisse beeinflusst haben. Gleiches gilt für die Zahl der Antwortoptionen und deren Formulierung. Nagel et al. (2013) versuchten, die Ergebnisse zu replizieren, die Weinberg et al. (2001) im Car Case erzielt hatten.[55] Sie legten ihren Studienteilnehmern diesen Fall in der exakt

---

[54] Zumindest im Bereich experimentell-psychologischer Studien besteht der begründete Verdacht, dass die Replikation von Forschungsergebnissen bisher eine zu geringe Rolle spielt hat und Verbesserungsbedarf besteht. Makel et al. (2012) werteten alle Aufsätze der 100 einflussreichsten Psychologie-Journale (gemessen nach Impact-Factor) aus und stellten dabei fest, dass es sich nur bei 1,07% der Aufsätze um Replikationsstudien handelte. Mit Blick auf das Resultat von Weinberg et al. (2001) merkt Seyedsayamdost (2015) kritisch an, dass es in fast zehn Jahren seit der ersten Veröffentlichung ihres Aufsatzes keinen einzigen Versuch gab, die Ergebnisse zu replizieren.

[55] Wie Kim & Yuan (2015) anmerken, taugt die Studie von Nagel et al. (2013) allerdings nicht als Replikationsstudie. Denn Nagel et al. (2013) legten ihren Studienteilnehmern viele verschiedene Fallbeispiele zur Beurteilung vor. Es ist also nicht klar, welche Rolle Ordnungseffekte bei der Bewertung des Car Case spielten. Kim & Yuan (2015) kommen allerdings zu einer ähnlich kritischen Einschätzung. Gleiches gilt für Seyedsayamdost (2015). Knobe (2015b) fasst die Ergebnisse ex-

gleichen Formulierung vor, fügten allerdings eine weitere Antwortoption hinzu. In ihrer Studie konnten die Teilnehmer zusätzlich die Option „Unclear" wählen. Sie mussten sich also nicht für eine Seite entscheiden. In diesem Forschungsdesign konnten Nagel et al. (2013) keine statistisch signifikanten Unterschiede zwischen den Intuitionen verschiedener ethnischer Gruppen nachweisen.

Die Formulierung der Antwortoptionen scheint ebenfalls eine große Rolle zu spielen. Weinberg et al. (2001) stellten ihren Teilnehmern im Car Case die Optionen „Really Knows" und „Only Believes" zur Auswahl. Diese könnten von den Teilnehmern so verstanden worden sein, dass sie Wissen nur dann zuschreiben sollen, wenn es in einem sehr restriktiven Sinne vorliegt, nämlich im Sinne von „wirklichem Wissen".

Cullen (2010) überprüfte diese Hypothese in einer einfachen Vergleichsstudie. Er teilte seine Studienteilnehmer in zwei Gruppen ein. Der einen Gruppe legte er den Car Case von Weinberg et al. (2001) vor und fragte sie ebenfalls: "Does Bob really know that Jill drives an American car, or does he only believe it?" Die Teilnehmer hatten die gleichen Antwortoptionen zur Verfügung wie in der Studie von Weinberg et al. (2001), nämlich „Really Knows" und „Only Believes". Der zweiten Gruppe legte Cullen ebenfalls den Car Case vor, änderte jedoch die Frage. Er fragte: „Does Bob know that Jill drives an American car?" Die Teilnehmer hatten also hier die Möglichkeit zwischen „Knows" und „Does not Know" zu wählen. In der ersten Gruppe wählten 29% die Option „Really Knows". In der zweiten Gruppe dagegen wählten signifikant mehr – nämlich 42% – die Option „Knows".

Cullen weist außerdem auf einen wichtigen Kritikpunkt an der Studie von Swain et al. (2008) hin. Letztere ziehen den Schluss, dass epistemische Intuitionen anfällig für Ordnungseffekte sind. Schließlich zeigten ihre Daten, dass die Bereitschaft der Studienteilnehmer, Charles Wissen zuzuschreiben, vergleichsweise höher war, wenn sie vorher Fall D – d.h. einen klaren Fall von Nicht-Wissen – betrachtet hatten und vergleichsweise geringer, wenn sie vorher Fall K – d.h. einen klaren Fall von Wissen – betrachtet hatten. Allerdings lässt sich diese unterschiedliche Bereitschaft, Charles Wissen zuzuschreiben, auch anders erklären. Das können wir erkennen, wenn wir uns in die Lage eines Versuchsteilnehmers versetzen.

---

perimenteller Studien zur Erkenntnistheorie in einem hilfreichen Blogpost zusammen.

Wer bei einer experimentell-philosophischen Studie teilnimmt, bekommt einen Fragebogen vorgelegt, in dem seltsame Gedankenexperimente vorkommen. Wer professionell Philosophie treibt, mag verstehen, was es mit diesen Szenarien auf sich hat. Laien dagegen können das nicht wissen. Sie fragen sich vermutlich, warum ihnen diese Fragen überhaupt gestellt werden und welche Antworten wohl von ihnen erwartet werden.[56] Um auf diese Fragen Antworten zu finden, stützen sie sich wahrscheinlich auch auf den Kontext, in dem die jeweiligen Gedankenexperimente erscheinen. Wenn wir ihnen zuerst K – also einen eindeutigen Fall von Wissen – vorlegen und dann C – einen strittigeren Fall – dann könnten sie daraus schließen, dass wir von ihnen erwarten, diesen Fall nicht als einen Fall von Wissen einzustufen. Wenn wir sie dagegen zuerst mit D – also mit einem klaren Fall von Nicht-Wissen – konfrontieren und dann mit C, dann folgern sie unter Umständen, dass wir von ihnen erwarten, diesen Fall als einen Fall von Wissen einzustufen. Es ist unklar, ob der Ordnungseffekt, den Swain et al. (2008) beobachten konnten, zumindest teilweise durch solche wahrgenommenen Erwartungen verursacht wurde.

Generell lässt sich festhalten, dass die mittlerweile vorliegenden experimentellen Ergebnisse die ursprünglichen Befunde von Weinberg et al. (2001) und Swain et al. (2008) nicht zu stützen scheinen (vgl. Knobe 2015b). Diese Einschätzung belegt u.a. eine neue, groß angelegte interkulturelle Studie von Machery et al. (2015a). Die Autoren der Studie befragten 521 Personen aus den USA, Brasilien, Indien und Japan in ihren jeweiligen Muttersprachen Englisch, Portugiesisch, Bengali und Japanisch. Sie interessierten sich dafür, ob Personen aus diesen Kulturkreisen die „Gettier Intuition" teilen. D.h. sie wollten herausfinden, ob sie in einem Fall wie Gedankenexperiment 2 aus Abs. 1.2 und 3.1.1, in dem eine Person eine wahre, gerechtfertigte Meinung hat, die jedoch nur zufällig zutrifft, Wissen zuschreiben. Die Studie ergab, dass es keinen nachweisbaren Unterschied zwischen den Gruppen gab: "Indians, Americans, Brazilians, and Japanese tend to share the Gettier intuition [...]." (Machery et al. 2015a, 7)

[56] Den Effekt, das Versuchsteilnehmer das sagen, was der Experimentleiter hören will, nennt man in der psychologischen Forschungsliteratur den Experimentleiter-Effekt (engl.: „experimenter bias" bzw. „experimenter demand") (vgl. Rosenthal et al. (1963) & Rosenthal et al. 1964). Wir werden darauf noch in Abs. 4.2.2 eingehen.

Könnte man an dieser Stelle nicht kritisch anmerken, dass die von Weinberg et al. (2001) angestoßene Debatte über die Verlässlichkeit unserer epistemischen Intuitionen eigentlich unsere Zeit verschwendet hat?[57] Schließlich hat die Debatte bisher nur ergeben, dass empirisch motivierte Bedenken an ihrer Verlässlichkeit offenbar unbegründet sind. Ich denke dennoch, dass die Debatte nicht umsonst geführt wurde – und zwar aus mindestens zwei Gründen.

Erstens liefert sie uns ein interessantes grundlagentheoretisches Resultat für die metaphilosophische Debatte um die philosophische Methodologie. Zwar ergibt sich vorerst keine Neuerung für die Vorgehensweise in der Erkenntnistheorie. Aber die erzielten experimentellen Befunde sind dennoch wichtig. Denn sie räumen mithilfe von Experimenten ein mögliches Gegenargument gegen die konventionelle, analytische Vorgehensweise in der Erkenntnistheorie aus.[58] Somit stellen sie diese auf ein sichereres Fundament.

Zweitens sind die ermittelten Ergebnisse für sich genommen – d.h. aus Sicht der X-Phi$_1$ – interessant. Die Tatsache, dass Menschen aus verschiedenen Kulturkreisen vergleichsweise uniforme Wissenszuschreibungen vornehmen, generiert interessante Hypothesen über die kognitiven Prozesse, die sich dabei abspielen. Auf diesen wiederum können weitere kognitionswissenschaftliche Forschungen aufbauen (Knobe 2015a).

3.2 Bedeutung

Im vorangegangenen Abschnitt haben wir uns mit Erkenntnistheorie befasst. René Descartes hatte diese in seinen philosophischen Arbeiten ins Zentrum gerückt und sie als „prima philosophia" bezeichnet. Das blieb sie auch – bis zur sogenannten linguistischen Wende (engl.: „linguistic turn"). Diese vollzog sich durch den Einfluss von Gottlob Frege, Bertrand Russell, Ludwig Wittgenstein und des Wiener Kreises im frühen 20. Jahrhundert. Die Rolle der Philosophie wurde zunehmend als Sprachanalyse und Begriffsklärung verstanden. Auch die Sprache selbst wurde dadurch mehr und mehr zum Gegenstand philosophischer Diskussion. Eine der zentralen Fragen, die von Anfang

---

57 Diese Ansicht vertreten auch Joachim Horvath und Clayton Littlejohn in ihren Kommentaren zu einem Blogpost von Knobe (2015a).

58 Auf die Möglichkeit, die (analytische) Lehnstuhl-Philosophie mithilfe experimenteller Methoden zu stützen, hatte ich bereits in Abs. 1.7 hingewiesen.

an eine Rolle spielte, war die nach dem Wesen von Bedeutung. Auch zu diesem Themenkomplex haben experimentelle Philosophen Beiträge geleistet, die wir in diesem Kapitel kurz besprechen werden. Dreh- und Angelpunkt ist dabei die Frage: Was ist Bedeutung?

3.2.1 Was ist Bedeutung?

Mit Sprache treffen wir Aussagen über unsere Welt. Nach einer naiven Auffassung können wir das tun, weil sich jeder sprachliche Ausdruck direkt auf eine Sache in der Welt bezieht. Das ist falsch.[59] Und es lässt sich sehr einfach zeigen. Betrachten wir etwa die Aussage: „Schnee ist weiß." Das Wort „Schnee" ist wahrscheinlich das unproblematischste der drei. Wir können sagen, „Schnee" beziehe sich auf den gesamten Schnee in der Welt. Bei dem Wort „weiß" wird es schon schwieriger. Es bezieht sich nicht auf ein konkretes Ding in der Welt, sondern auf Eigenschaften von Dingen. Vielleicht sollten wir also sagen, „weiß" beziehe sich auf ein *abstraktes* Ding. Auch wenn man das gelten lässt, bleibt aber das Bindeverb „ist" übrig. Und das scheint nicht für irgendein Ding in der Welt zu stehen. Außerdem gibt es sprachliche Ausdrücke wie „sehr" oder „glücklicherweise", denen man schwer ein Objekt zuordnen kann.

Dennoch lässt sich der naiven Sichtweise von Sprache etwas abgewinnen. Sie ist nicht offensichtlich falsch, wenn man sie lediglich für bestimmte Ausdrücke gelten lässt, nämlich für *singuläre Terme.* Sie stehen für einzelne Dinge in der Welt. Deswegen scheinen wir jedem singulären Term das Objekt, auf das er sich bezieht, zuordnen zu können. Bei diesem Objekt handelt es sich um die Bedeutung des Terms.

Im Bereich der singulären Terme unterscheidet man vor allem zwei Arten: *Kennzeichnungen* und *Eigennamen.* „Der 44. Präsident der Vereinigten Staaten von Amerika" ist ein Beispiel für eine Kennzeichnung. „Barack Hussein Obama" ist ein Beispiel für einen Eigennamen. Beide haben dieselbe Bedeutung. Denn sie beziehen sich beide auf dieselbe Person, nämlich Barack Obama.

Mit dieser Theorie der Bedeutung für singuläre Terme gibt es gleich ein Problem, das deutlich wird, wenn wir uns die folgenden Sätze ansehen:

---

[59] Eine einflussreiche Kritik findet sich in Wittgenstein (1953/1999, Teil 1).

(1) „Barack Hussein Obama ist der 44. Präsident der Vereinigten Staaten von Amerika."
(2) „Barack Hussein Obama ist Barack Hussein Obama."
(3) „Der 44. Präsident der Vereinigten Staaten von Amerika ist der 44. Präsident der Vereinigten Staaten von Amerika."

Es handelt sich bei allen Sätzen um Identitätsaussagen der Form (1) a = b, (2) a = a und (3) b = b. Eine Identitätsaussage ist wahr, wenn links und recht vom Gleichheitszeichen Ausdrücke stehen, die die gleiche Bedeutung haben. Da der Ausdruck a = „Barack Hussein Obama" die gleiche Bedeutung hat, wie der Ausdruck b = „44. Präsident der Vereinigten Staaten von Amerika" sind alle diese Sätze wahr. Allerdings enthält nur (1) eine kognitiv wertvolle Information. (2) und (3) haben dagegen keinen Informationswert. Wie kann das sein?

Gottlob Frege schlug vor, zwischen der *Bedeutung* einer Aussage, d.h. dem Objekt, auf das sich die Aussage bezieht, und dem *Sinn* der Aussage, d.h. der Art der Bezugnahme, zu unterscheiden (Frege 1892).[60] Die Ausdrücke „Der 44. Präsident der vereinigten Staaten von Amerika" und „Barack Hussein Obama" sind bedeutungsgleich, weil sie sich auf dieselbe Person beziehen. Aber sie sind nicht unbedingt sinngleich. Denn die Art der Bezugnahme auf die fragliche Person unterscheidet sich. Eine Person, die im Jahr 2007 in ein Koma gefallen ist und heute aufwacht, weiß nicht, dass Barack Obama der 44. Präsident der Vereinigten Staaten war. Deswegen ist (1) eine interessante Information, (2) und (3) dagegen nicht. (2) nimmt auf Barack Obama nur als „Barack Obama" Bezug, und (3) bezieht sich auf den 44. Präsidenten der Vereinigten Staaten von Amerika nur als den „44. Präsident der Vereinigten Staaten von Amerika." Beide Arten der Bezugnahme sind aber notwendig, um eine kognitiv gehaltvolle Aussage zu formulieren.

Freges Theorie der Bedeutung wirft allerdings ein Problem auf: Wie deuten wir singuläre Terme, die zwar einen Sinn haben, aber keine Bedeutung? Wie interpretieren wir z.B. folgende Aussage:

(4) „Der König von Frankreich ist glatzköpfig."

Diese Aussage ist offenkundig sinnvoll. Deswegen sollte man verlangen können, dass sie entweder wahr oder falsch ist. Aber das scheitert

---

[60] Vergleichbare und heute wohl geläufigere Unterscheidungen sind die zwischen Begriffsumfang und Begriffsinhalt sowie zwischen Extension und Intension.

daran, dass der Ausdruck „Der König von Frankreich" keine Bedeutung hat, sich also auf nichts bezieht. Für Frege gab es also sinnvolle Aussagen, die keinen Wahrheitswert haben.

Diesem Ärgernis versuchte Bertrand Russell mit seiner einflussreichen *Kennzeichnungstheorie* abzuhelfen (Russell 1905). Nach dieser Theorie lässt sich (4) in drei Teile zerlegen, nämlich:

(5) Es gibt mindestens ein Ding, das König von Frankreich ist.
(6) Es gibt höchstens ein Ding, das König von Frankreich ist.
(7) Wenn ein Ding König von Frankreich ist, ist es glatzköpfig.

(4) ist genau dann wahr, wenn (5), (6) und (7) wahr sind. Aber (5) ist falsch. Denn es gibt kein Ding, das König von Frankreich ist. Durch die Analyse von (4) als logische Konjunktion aus (5), (6) und (7) lässt sich der Aussage „Der König von Frankreich ist glatzköpfig." also ein Wahrheitswert zuordnen.

Russells Kennzeichnungstheorie wirkt allerdings als Bedeutungstheorie singulärer Terme unvollständig. Denn sie lässt sich offenbar nur auf Kennzeichnung anwenden, nicht aber auf Eigennamen. Russell schließt diese Lücke, indem er seine Kennzeichnungstheorie auf Eigennamen ausweitet. Danach stehen Eigennamen für Kennzeichnungen.

Russells Kennzeichnungstheorie der Eigennamen
Die Bedeutung eines Eigennamens ist durch eine Kennzeichnung, die mit ihm assoziiert ist, festgelegt.

Wenn ich den Namen „Willi Brand" nenne, dann kommt Ihnen wahrscheinlich in den Sinn: „Der erste sozialdemokratische Kanzler der Nachkriegszeit." Falls dem so ist, steht nach Russells Theorie für Sie der Eigenname „Willi Brand" für diese Kennzeichnung.

Ein Strang experimentell-philosophischer Forschung schließt an eine einflussreiche Kritik der Russellschen Kennzeichnungstheorie, die von Saul Kripke stammt.[61] Mit ihr befassen wir uns im nächsten Abschnitt.[62]

---

[61] Eine andere einflussreiche Kritik findet sich in Donnellan (1966).

[62] Dieser Strang experimenteller Forschung hat potentiell weitreichende Konsequenzen, die nicht nur auf die Sprachphilosophie begrenzt sind. Denn Bedeutungstheorien spielen, wie Mallon et al. (2009) erläutern, eine tragende Rolle in einer Vielzahl philosophischer Argumente. Als Beispiele führen sie etwa die Debatte um den Eliminativismus in der Philosophie des Geistes ins Feld, ebenso wie die De-

3.2.2 Machery et al. (2004)

Um Russells Kennzeichnungstheorie zu widerlegen, gibt Saul Kripke ein Gegenbeispiel. In diesem Gegenbeispiel verknüpft eine Person eine falsche Kennzeichnung mit einem Eigennamen. Das konkrete Fallbeispiel bezieht sich auf eine Ikone der Philosophiegeschichte, den Logiker Kurt Gödel. Er bewies zwei Theoreme, die man heute als die Gödelschen Unvollständigkeitssätze bezeichnet. Kripke skizziert nun ein Gedankenexperiment, in dem nicht Gödel, sondern ein Mann namens „Schmidt“ diese Sätze bewiesen hat. Gödel habe das Manuskript lediglich in die Hände bekommen und unter seinem Namen veröffentlicht. Deswegen assoziieren wir heute mit dem Eigennamen „Gödel“ die Kennzeichnung „Die Person, die die Gödelschen Unvollständigkeitssätze bewiesen hat.“ Aber in Kripkes Gedankenexperiment erfüllt Schmidt diese Kennzeichnung. Nach Russells Kennzeichnungstheorie für Eigennamen beziehen wir uns also immer auf Schmidt, wenn wir den Namen „Gödel“ verwenden.

Für Kripke stellt dieser Gedankengang eine Widerlegung der Russellschen Kennzeichnungstheorie für Eigennamen dar. Denn „Gödel“ bezieht sich Kripke zufolge klarerweise auf Gödel. Er zieht daraus den Schluss, dass Russells Theorie wahrscheinlich falsch ist. Als Alternative schlägt er vor, die Bedeutung eines Eigennamens *kausal-historisch* zu verstehen. D.h. Kripke ist der Ansicht, dass die Intuition, nach der sich der Eigenname „Gödel“ auf Gödel bezieht, dadurch erklären lässt, dass „Gödel“ ursprünglich verwendet wurde, um sich auf Gödel zu beziehen und es eine ungebrochene Kette von Verwendungsweisen gibt, die auf diese ursprüngliche Verwendung zurückgeht.[63]

> **Kripkes kausal-historische Theorie der Bedeutung von Eigennamen**
> Ein Eigenname bezieht sich auf diejenige/denjenigen/dasjenige, die/der/das ursprünglich mit diesem Namen bezeichnet wurde, wenn es eine Kette von Verwendungsweisen gibt, die sich bis zu dieser ursprünglichen Verwendung zurückverfolgen lässt.

---

batte zwischen Realisten und Anti-Realisten in der Wissenschaftstheorie und die Auseinandersetzung zwischen Naturalisten und Anti-Naturalisten in der Metaethik.

[63] Eine einflussreiche Kritik der kausal-historischen Theorie der Bedeutung für Eigennamen findet sich in Evans (1973).

Machery et al. (2004) weisen darauf hin, dass Kripkes Argument für seine Theorie und gegen die Russells voraussetzt, dass Kripkes Intuitionen über Bedeutungsrelationen als unstrittig angesehen werden können. Dabei handele es sich jedoch um eine offene Frage. Machery et al. (2004) ziehen in Erwägung, dass eine Variante der Hypothese 1 von Weinberg et al. (2001) für Intuitionen über die Bedeutung von Eigennamen zutreffen könnte. Dies würde Zweifel an Kripkes Argumentation nahelegen. Außerdem ließen sich durch ein solches Ergebnis Zweifel an MAP rechtfertigen. Die Studie von Machery et al. (2004) lässt sich also ebenfalls der X-Phi3 zuordnen.

Um ihre Hypothese zu testen, führten Machery et al. (2004) ein Experiment durch, für das sie 42 Studierende der Rutgers University aus New Jersey und 31 Studierende der University of Hong Kong rekrutierten. Im Rahmen dieses Experiments legten sie beiden Gruppen u.a. die folgenden beiden Gedankenexperimente vor, die an Kripkes Szenario angelehnt waren.

Gödel 1

Suppose that John has learned in college that Gödel is the man who proved an important mathematical theorem, called the incompleteness of arithmetic. John is quite good at mathematics and he can give an accurate statement of the incompleteness theorem, which he attributes to Gödel as the discoverer. But this is the only thing that he has heard about Gödel. Now suppose that Gödel was not the author of this theorem. A man called "Schmidt", whose body was found in Vienna under mysterious circumstances many years ago, actually did the work in question. His friend Gödel somehow got hold of the manuscript and claimed credit for the work, which was thereafter attributed to Gödel. Thus, he has been known as the man who proved the incompleteness of arithmetic. Most people who have heard the name "Gödel" are like John; the claim that Gödel discovered the incompleteness theorem is the only thing they have ever heard about Gödel. When John uses the name "Gödel", is he talking about:

(A) the person who really discovered the incompleteness of arithmetic? or

(B) the person who got hold of the manuscript and claimed credit for the work? (Machery et al. 2004, B6)

Gödel 2

Ivy is a high-school student in Hong Kong. In her astronomy class she was taught that Tsu Ch'ung Chih was the man who first determined the precise time of the summer and winter solstices. But, like all her classmates, this is the only thing she has heard about Tsu Ch'ung Chih. Now suppose that Tsu Ch'ung Chih did not really make this discovery. He stole it from an astronomer who died soon after making the discovery. But the theft remained entirely undetected and Tsu Ch'ung Chih became famous for the discovery of the precise times of the solstices. Many people are like Ivy; the claim that Tsu Ch'ung Chih determined the solstice times is the only thing they have heard about him. When Ivy uses the name "Tsu Ch'ung Chih", is she talking about:

(A) the person who really determined the solstice times? or

(B) the person who stole the discovery of the solstice times? (Machery et al. 2004, B9-B10)

In beiden Fällen passt Antwortoption A zu Russells Kennzeichnungstheorie und B zu Kripkes kausal-historischer Bedeutungstheorie. Machery et al. (2004) interessierten sich dafür, ob die Antworten der Teilnehmer in den beiden Gruppen eher Russells oder Kripkes Sichtweise stützen und ob es signifikante Unterschiede zwischen den Gruppen geben würde. Zu diesem Zweck kodierten sie diese Antworten numerisch. Wer zweimal Antwortoption A wählte und damit vollständig gemäß Russells Theorie urteilte, dem wurde die Zahl 0 zugeordnet. Wer teilweise mit Russells Theorie und teilweise mit Kripkes Theorie übereinstimmte, d.h. einmal Option A und einmal Option B wählte, der erhielt eine 1. Und wer zweimal B wählte, also durchweg so urteilte, wie Kripkes Theorie es erfordert, der bekam die Zahl 2 zugewiesen.

Die Analyse der Daten förderte zwei interessante Ergebnisse zu Tage:

- Erstens ergab sich ein signifikanter Unterschied zwischen den Gruppen. Die westlich geprägten Studienteilnehmer der Rutgers University und die chinesisch geprägten Teilnehmer der University of Hong Kong bewerteten die beiden Fallbeispiele signifikant unterschiedlich. Ersteren wurden im Durchschnitt ein Wert von 1,13 zugewiesen, letzteren ein Wert von 0,63. D.h. die Studierenden der Rutgers University zeigten offenbar eine leichte Neigung, gemäß der Kripkeschen Theorie zu urteilen, während die chinesischen Studierenden der Hong Kong University eher urteilten, wie es die Theorie Russells verlangt.

- Zweitens zeigen die Daten von Machery et al. (2004) für beide Versuchsgruppen eine vergleichsweise hohe Standardabweichung, nämlich 0,88 (Rutgers) und 0,84 (Hong Kong). Das legt nahe, dass auch innerhalb der beiden Gruppen ein nennenswerter intuitiver Dissens bestand.

Aus diesen Ergebnissen lassen sich wiederum Argumente ableiten, die wir aus den Abs. 2.4.1 und 3.1.2 bereits kennen. Dabei handelt es sich um das Dissens-Argument und das Argument des irrelevanten Faktors.

Das Dissens-Argument

(P1) Es besteht (interkulturelle/intrakulturelle) Uneinigkeit hinsichtlich unserer Intuitionen über Bedeutungsrelationen.

(P2) Wenn über eine Intuition (interkulturelle/intrakulturelle) Uneinigkeit besteht, dann ist sie *pro tanto* unglaubwürdig.

(K) Intuitionen über Bedeutungsrelationen sind *pro tanto* unglaubwürdig.

Argument der interkulturellen Varianz

(P1) Unsere Intuitionen über Bedeutungsrelationen werden durch unseren kulturellen Hintergrund beeinflusst, bei dem es sich um einen irrelevanten Faktor handelt.

(P2) Wenn unsere epistemischen Intuitionen durch einen irrelevanten Faktor verursacht werden, dann sind sie *pro tanto* unglaubwürdig.

(K) Unsere Intuitionen über Bedeutungsrelationen sind *pro tanto* unglaubwürdig.

Diese Argumente erscheinen bei Machery et al. (2004) natürlich nicht explizit. Allerdings lassen ihre Anmerkungen darauf schließen, dass sie wahrscheinlich das Dissens-Argument (oder zumindest ein ähnliches) unterschreiben würden. Sie sagen z.B., dass sie es für extrem unplausibel (engl.: „wildly implausible“) halten, dass es sich bei den Intuitionen westlich geprägter Philosophen um verlässlichere Indikatoren für die korrekte Theorie der Bedeutung handelt als bei den Intuitionen anderer kultureller Gruppen und Sprachgemeinschaften:

> We find it wildly implausible that the semantic intuitions of the narrow cross-section of humanity who are Western academic philosophers are a more reliable indicator of the correct theory

> of reference [...] than the differing semantic intuitions of other cultural or linguistic groups. (Machery et al. 2004, B9)

Und sie fügen an, dass es extrem narzisstisch erscheint, die Intuitionen westlich geprägter Philosophen zu privilegieren, wenn nicht erkennbar sei, warum diese Intuitionen verlässlicher sein sollten.

> In the absence of a principled argument about why philosophers' intuitions are superior, this project smacks of narcissism in the extreme. (Machery et al. 2004, B9)

Hierbei handelt es sich dem Grundsatz nach um die Erwägungen Sidgwicks zum Problem des Dissenses, die wir in Abs. 2.4.1 betrachtet haben.

3.2.3 Diskussion

Was ist von diesen Ergebnissen zu halten? Bei unserer Diskussion der Ergebnisse von Weinberg et al. (2001) und Swain et al. (2008) im Bereich der Erkenntnistheorie hatten wir bereits eine Frage festgehalten, die in diesem Zusammenhang wichtig ist: Lassen sich die Ergebnisse replizieren? Die überraschenden Resultate von Weinberg et al. (2001) und Swain et al. (2008) über epistemische Intuitionen blieben in Folgestudien weitgehend unbestätigt. Wie sieht es bei den Resultaten von Machery et al. (2004) aus?

Zunächst sollten wir anmerken, dass die Autoren vergleichsweise vorsichtig sind und ihre Ergebnisse als vorläufig einstufen.

> We found the predicted systematic cultural differences on one of the best known thought experiments in recent philosophy of language, Kripke's Gödel case. However, we have no illusions that our experiment is the final empirical word on the issue. Rather, our findings raise a number of salient questions for future research. (Machery et al. 2004, B8)

In einem Folgeaufsatz, der fünf Jahre später erschien, sagen sie:

> We have no illusions that our experiments are the final empirical word on the issue. This is a newly emerging type of research, and obviously it is too early to draw any definite conclusion about the variation of intuitions about reference. (Mallon et al. 2009, 342)

Außerdem sind die Ergebnisse weitgehend replizierbar.[64] Machery et al. (2004) replizierten mit ihrer Studie die Ergebnisse einer früheren Pilotstudie. Und diese Studie wurde wiederum von anderen Autoren bestätigt.[65]

Bei den Replikationen der Ergebnisse von Machery et al. (2004) wurden außerdem Kritikpunkte anderer Autoren berücksichtigt – teilweise in Kollaboration mit diesen. Deutsch (2009) wies z.B. darauf hin, dass die Frage, die Machery et al. (2004) ihren Studienteilnehmern stellten, zweideutig war.[66] Sie fragen am Ende von Gödel 1:

> When John uses the name "Gödel", is he talking about:
>
> (A) the person who really discovered the incompleteness of arithmetic? or
>
> (B) the person who got hold of the manuscript and claimed credit for the work? (Machery et al. 2004, B6)

Deutsch merkt zurecht an, dass diese Formulierung der Fragestellung nicht eindeutig ist. Sie kann auf zwei Arten interpretiert werden:[67]

Interpretation 1 (Sprecherbedeutung)
Wenn John den Namen „Gödel" verwendet, auf wen *beabsichtigt* er sich dann zu beziehen?

Interpretation 2 (Semantische Bedeutung)
Wenn John den Namen „Gödel" verwendet, auf wen *bezieht* sich dann dieser Ausdruck?

Bedeutungstheorien treffen Aussagen über die semantische Bedeutung sprachlicher Ausdrücke. Sie geben also nur eine Antwort auf In-

---

64 Eine Ausnahme stellt Lam (2010) dar. Eine Diskussion seiner kritischen Studie findet sich in Machery et al. (2010).

65 Einen Überblick über die Literatur gibt Machery (2014).

66 Dieser Einwand wird auch von Ludwig (2007) und Ichikawa et al. (2012) vorgebracht. Sytsma & Livengood (2011) bringen einen ähnlichen Einwand vor, der allerdings auf unterschiedliche Interpretationen bezüglich der Wissenssituation von John abhebt.

67 Auf diese Unterscheidung zwischen der vom Sprecher intendierten und der semantischen Bedeutung einer Aussage weist Saul Kripke in einem einflussreichen Aufsatz mit dem Titel „Speaker's reference and semantic reference" hin (Kripke 1977). Eine verwandte Unterscheidung in der Sprachphilosophie ist die zwischen Logik und Pragmatik (vgl. Grice 1989). Erstere setzt sich mit der kontextunabhängigen Bedeutung einer Aussage und ihren Folgerungen (Implikationen) auseinander. Letztere analysiert die Bedeutung von Aussagen im Gesprächskontext. Sie interessiert sich für die Bedeutungskomponenten, die über den rein semantischen Inhalt von Aussagen hinausgehen (bspw. die sogenannten „Implikaturen").

terpretation 2 der Frage, verhalten sich aber gegenüber Interpretation 1 der Frage agnostisch. Bedeutungstheoretische Intuitionen können also mit einer Bedeutungstheorie nur dann in Konflikt geraten, wenn sie sich auf Interpretation 2 beziehen. Das Studiendesign von Machery et al. (2004) lässt jedoch keine Rückschlüsse darüber zu, ob die Studienteilnehmer die ihnen gestellte Frage tatsächlich in dieser Interpretation beantwortet haben.

Edouard Machery und Justin Sytsma versuchten dies in einem gemeinsamen Aufsatz zusammen mit Max Deutsch zu klären (Machery et al. 2015b). Zu diesem Zweck wiederholten sie zunächst das Experiment aus Machery et al. (2004) mit 82 amerikanischen Teilnehmern und 47 chinesischen Teilnehmern. In der amerikanischen Gruppe wählten 62,2% Antwortoption B. In der chinesischen Gruppe wählten 63,8% Option A. Danach führten Machery et al. (2015b) das Experiment mit anderen Teilnehmern – 79 Amerikanern und 49 Chinesen – und einer veränderten Fragestellung durch. Die Frage, die sie den Teilnehmern stellten, lautete:

> When John uses the name "Gödel", *regardless of whom he might intend to be talking about*, is he *actually* talking about:
>
> (A) the person who really discovered the incompleteness of arithmetic?
>
> (B) the person who got hold of the manuscript and claimed credit for the work? (Machery et al. 2015b, 69; Hervorhebung im Original)

In dieser Fragestellung wird der Deutungsspielraum zwischen Interpretation 1 und Interpretation 2 durch den kursiven Einschub beseitigt. Die Studienteilnehmer sind angewiesen, die Sprecherbedeutung (Interpretation 1) zu ignorieren und nur auf die semantische Bedeutung (Interpretation 2) zu achten. Das Ergebnis des Experiments wurde durch diese Änderung in der Formulierung der Fragestellung nicht signifikant beeinflusst. In der amerikanischen Gruppe wählten 59,5% Option B. In der chinesischen Gruppe wählten 61,2% Option A.

Machery et al. (2015b) konnten also mit Ihrer Replikationsstudie zeigen, dass Intuitionen über die Bedeutung von Eigennamen, die in der analytischen Sprachphilosophie eine zentrale Rolle spielen, offensichtlich sowohl interkulturell als auch intrakulturell variieren – und zwar auch dann, wenn pragmatische Interpretationsspielräume ausgeräumt werden.

3.3 Absicht

Experimentelle Philosophen haben sich nicht nur erkenntnistheoretischen und sprachphilosophischen Fragen zugewandt, sondern auch Fragen der philosophischen Handlungstheorie. Im Zentrum der Debatte steht seit der Veröffentlichung eines sehr einflussreichen Aufsatzes von Joshua Knobe im Jahr 2003 die Frage, in welchem Zusammenhang die Absichtlichkeit einer Handlung mit einer Handlungsabsicht steht.[68] In diesem Abschnitt werden wir darauf eingehen – und zwar ausgehend von der Frage: Was ist Absicht?

3.3.1 Was ist Absicht?

Die philosophische Handlungstheorie befasst sich mit menschlichem Handeln. Im Zentrum steht die Frage, was Handeln eigentlich ausmacht. Bei der Diskussion einer solchen philosophischen Frage hat es sich bewährt, das Objekt des Interesses – in diesem Fall: das *Handeln* – zunächst von einem Vergleichsgegenstand abzugrenzen und eine komparative Analyse anzustreben. In der Erkenntnistheorie fragen wir beispielsweise, was Wissen von bloßer Meinung unterscheidet. Eine Antwort auf diese Frage, so die Hoffnung, würde uns einer Antwort auf die Frage „Was ist Wissen?" etwas näher bringen. Mit Blick auf die Frage „Was ist eine Handlung?" könnten wir fragen: „Was unterscheidet eine Handlung von Dingen, die einfach passieren?"

Wittgenstein fragt etwas konkreter: „[...] was ist das, was übrig bleibt, wenn ich von der Tatsache, daß ich meinen Arm hebe, die abziehe, dass mein Arm sich hebt?" (Wittgenstein 1953/1999, §621) Der Punkt, auf den Wittgenstein hinaus will, ist, dass sich mein Arm auch dann heben kann, wenn ich ihn selbst nicht hebe. Das Heben des Arms kann z.B. durch eine spontane Kontraktion meiner Muskeln zustande kommen oder dadurch, dass eine andere Person ihn hochhebt. Ein Physiotherapeut könnte bei der Behandlung meiner Schultermuskeln sagen: „Ich werde Ihren Arm nun auf und ab bewegen. Lassen Sie ihn dabei ganz locker." In diesem Fall würde sich mein Arm heben, aber ohne dass *ich* ihn hebe.

---

68 Wir haben diesen Beitrag bereit in Abs. 1.3 angesprochen.

Offenbar lautet also die Antwort auf Wittgensteins Frage: Wenn ich von dem Umstand, dass ich meinen Arm hebe, den Umstand abziehe, dass mein Arm sich hebt, dann bleibt meine *Absicht*, den Arm zu heben, übrig. Ich hebe meinen Arm, wenn ich die Absicht habe, ihn zu heben und er sich tatsächlich hebt.

Mit dieser Antwort sind wir auf dem richtigen Weg. Allerdings ist sie noch nicht präzise genug. Denn es reicht nicht aus, die Begriffe Handlung und Absicht miteinander in Verbindung zu bringen. Wir müssen außerdem den Begriff der Absicht weiter unterscheiden. Das wird spätestens dann klar, wenn wir Fälle betrachten, in denen ich die Absicht auspräge, etwas zu tun, ohne dass wir dabei von einer Handlung sprechen würden.

Nehmen wir etwa an, ich entscheide mich, meinen Arm zu heben. Dann durchfährt mich eine spontane Muskelkontraktion, sodass sich mein Arm hebt. In diesem Fall habe ich meinen Arm nicht gehoben, obwohl ich zweifelsohne die Absicht hatte, ihn zu heben und er sich tatsächlich gehoben hat. Dieses Problem lässt sich lösen, indem wir zwischen zwei unterschiedlichen Arten von Absicht unterscheiden, nämlich *vorausgehenden* Absichten (Absichten$_V$) und *begleitenden* Absichten (Absichten$_B$).[69] Im gerade beschriebenen Fall entschied ich, meinen Arm zu heben. Damit prägte ich die Absicht$_V$ aus, ihn zu heben. Diese Absicht$_V$ kann erfüllt werden oder unerfüllt bleiben. Wenn sie erfüllt wird, dann geschieht dies durch eine Handlung, bei der die handelnde Person eine entsprechende begleitende Absicht$_B$ verfolgt. Wenn ich etwa die Absicht$_V$ auspräge, meinen Arm zu heben, dann wird diese dadurch erfüllt, dass mein Arm sich hebt, indem ich dies beabsichtige$_B$.

Von einer Handlung können wir also nur sprechen, wenn eine Absicht$_B$ vorliegt. Julian Nida-Rümelin sagt deswegen: „Eine ‚unabsichtliche Handlung' ist ein Widerspruch in sich." (Nida-Rümelin 1993, 29) Absicht$_B$ ist daher handlungskonstituierend. Wie kann es dann sein, dass wir Dinge sagen wie „Entschuldige, ich hatte nicht die Absicht, das zu tun."? Mit einer solchen Aussage wird ja eingeräumt, dass eine Handlung vorliegt, die aber nicht beabsichtigt war.

Die *erste mögliche Lesart* besteht darin, „Absicht" hier als Absicht$_V$ zu interpretieren. Es ist möglich, etwas zu tun, ohne vorab eine Absicht$_V$ auszubilden. John Searle macht dies klar, indem er anmerkt, dass sich die Frage "When you suddenly hit that man, did you first

[69] John Searle spricht in diesem Zusammenhang von einer „prior intention" und einer „intention [..] in the action." (Searle 1983, 84)

form the intention to hit him?" beantworten lässt, indem man sagt: "No, I just hit him." (Searle 1983, 84) Der Punkt ist, dass eine Absicht$_V$ weder notwendig noch hinreichend für eine Handlung ist. Wir können handeln, ohne die vorausgehende Absicht$_V$ dazu auszubilden. Allerdings hilft uns diese Erkenntnis nicht weiter, wenn wir verstehen wollen, was mit Aussagen wie „Entschuldige, ich hatte nicht Absicht, das zu tun." gemeint ist. Überlegen Sie einmal, was Sie von einer Entschuldigung halten würden, die lautet: „Entschuldige, ich habe mir das vorher nicht überlegt, ich hab's einfach gemacht!" Vielleicht macht das die Sache etwas besser. Denn mit diesem Hinweis wäre – wenn er denn zutrifft – zumindest Vorsatz ausgeschlossen. Allerdings sollte sich das lediglich mildernd auswirken.

Es gibt noch eine *zweite mögliche Lesart.* Nach dieser wäre das Wort „Absicht" in der Aussage „Entschuldige, ich hatte nicht die Absicht, das zu tun" als Absicht$_B$ zu deuten. Das scheint, wie Nida-Rümelin anmerkt, widersprüchlich. Denn Absichten$_B$ sind ja handlungskonstituierend. Wie ist das also zu deuten? Die Antwort ist sehr einfach. Mir kann ein bestimmtes Verhalten nur dann als Handlung zugeschrieben werden, wenn es zumindest eine Beschreibung dieses Verhaltens gibt, das meinerseits durch eine Absicht$_B$ begleitet wird. Das bedeutet aber nicht, dass mein Verhalten unter allen möglichen Beschreibungen absichtlich$_B$ sein muss. Wenn ich sage „Entschuldige, ich hatte nicht die Absicht, das zu tun", dann ist mit „das zu tun" eine mögliche Beschreibung meiner Handlung gemeint, die ich nicht beachtsichtigt$_B$ hatte.

Um das etwas klarer zu machen, bleiben wir bei dem vorherigen Beispiel. Es kann sein, dass ich absichtlich$_B$ meinen Arm hebe, aber damit nichts weiter bezwecke. Nehmen wir an, ich sitze in einem Vortrag. Der Referent hat darum gebeten, dass keine Zwischenfragen gestellt werden. Weil der Vortrag sehr langweilig ist (das gehört zum Berufsrisiko eines Akademikers), werde ich ziemlich schläfrig und verspüre die Neigung, mich beim Gähnen zu strecken. Ich mache das, wobei ich einen Arm nach oben hebe. Ich tue das absichtlich$_B$. Nehmen wir an, der Referent sieht das und deutet es als den Versuch, eine Frage zu stellen. Er sagt: „Ich hatte darum gebeten, Fragen erst nach dem Vortrag zu stellen." Dann könnte ich mich dafür entschuldigen, indem ich sage: „Entschuldigen Sie, ich hatte nicht die Absicht, eine Zwischenfrage zu signalisieren." Und das stimmt. Als ich den Arm hob, wurde diese Handlung zwar von einer Absicht$_B$ begleitet. Aber es war nicht die Absicht$_B$, den Referenten darauf aufmerksam zu machen, dass ich etwas fragen will. (Vielleicht sollte ich in diesem Fall davon absehen, meine tatsächliche Absicht$_B$ zu offenbaren...)

Welche Absicht$_B$ sich hinter einer Handlung verbirgt, lässt sich offenbar erschließen, indem man nach einer dritten Form von Absicht fragt: der *motivierenden* Absicht (Absicht$_M$). Diese können wir erkennen, indem wir nach der *Begründung der Handlung* fragen. Der Referent aus meinem Beispiel könnte verärgert nachhaken: „Aber Sie haben doch den Arm gehoben. Also wollten Sie mir doch signalisieren, dass Sie eine Frage stellen wollen." Daraufhin könnte ich sagen: „Nein. Ich habe zwar den Arm gehoben, aber nicht, *um Ihnen zu signalisieren*, dass ich eine Frage stellen will." Und ich könnte anfügen: „Mir war gar nicht klar, dass Sie mich in der hintersten Reihe überhaupt sehen können." Mit dieser Klarstellung würde ich deutlich machen, dass ich die entsprechende Absicht$_M$, die mir der Referent unterstellt, gar nicht hatte und man mir somit nicht die Absicht$_B$ unterstellen kann, mittels Armhebens eine Zwischenfrage zu signalisieren. Ich tue das, indem ich darauf hinweise, dass ich nicht *wusste*, dass das Heben meines Arms als Ankündigung einer Zwischenfrage verstanden werden konnte (Anscombe 1957/2000, §6). Wir sehen also, dass eine Handlung unter einer bestimmten Beschreibung absichtlich$_B$ sein kann („Ich hebe meinen Arm.") und unter einer anderen nicht („Ich signalisiere dem Referenten eine Zwischenfrage."). Es gibt also auch Dinge, die wir unabsichtlich$_B$ tun.

Wir haben im vorliegenden Fall gesehen, dass die Frage, ob ich die Wirkung meines Verhaltens beabsichtige$_M$, relevant erscheint, um zu beurteilen, ob ich diese Wirkung beabsichtige$_B$, während ich handle. Es liegt nahe, hier eine enge Verbindung zu sehen – und zwar dergestalt, dass ein Verhalten genau dann absichtlich$_B$ ist, wenn eine entsprechende Absicht$_M$ besteht. Wenn ich meinen Arm hebe, um mich zu strecken, dann signalisiere ich demnach nicht, dass ich eine Zwischenfrage stellen möchte. Denn diese Absicht$_M$ hatte ich nicht. Wer mir das Signalisieren einer Zwischenfrage als Handlung zuschreibt, der macht demnach einen Fehler.

Diese Auffassung von der Verbindung zwischen Absicht$_B$ und Absicht$_M$ nennt Bratman (1984) den „Simple View." Sie ist allerdings nicht unumstritten. Manche Philosophen glauben, eine handelnde Person könne eine Handlung absichtlich$_B$ tun, ohne die Absicht$_M$ zu haben, sie zu tun.[70] Ein Großteil der experimentell-philosophischen Forschung hat sich – ausgehend von Knobe (2003) – mit der Debatte zwischen diesen zwei Auffassungen befasst.

3.3.2 Knobe (2003)

Ist der „Simple View" nun gerechtfertigt oder nicht? Gilbert Harman gibt folgendes Beispiel, um zu zeigen, dass dem nicht so ist:

> A sniper shoots at a soldier from a distance, trying to kill him [...] In firing his gun, the sniper knowingly alerts the enemy to his presence. He does this intentionally, thinking that the gain is worth the possible cost. But he certainly does not intend to alert the enemy to his presence. (Harman 1976, 433)

Das Beispiel scheint einzuleuchten. Ein Soldat gibt mit der Absicht$_M$, einen feindlichen Soldat zu treffen, einen Schuss ab. Er weiß, während er das tut, dass er damit die feindlichen Truppen auf seinen Aufenthaltsort aufmerksam macht. Dies tut er mit Absicht$_B$. Aus seiner Sicht wiegt der Nutzen die möglichen Kosten auf. Aber es scheint unplausibel anzunehmen, dass er beim Schießen die Absicht$_M$ verfolgt, die feindlichen Truppen auf seinen Aufenthaltsort aufmerksam zu machen.

Michael Bratman, der den „Simple View" ebenfalls kritisiert, weist jedoch darauf hin, dass er sehr intuitiv ist, indem er sagt: „It is a view towards which commonsense initially leans." (Bratman 1984, 378) Aber stimmt das wirklich? Stufen die meisten Menschen den „Simple View" tatsächlich als intuitiv ein? Dieser Frage geht Joshua Knobe im bisher meistzitierten experimentell-philosophischen Aufsatz[71] nach (Knobe 2003). Er versucht Anhaltspunkte dafür zu finden, wann Menschen dem „Simple View" gemäß urteilen und wann nicht. Dazu berichtet er von einem Experiment, bei dem er Versuchsteilnehmer bat, folgenden Fall zu beurteilen:

---

[70] O'Shaughnessy (1973) expliziert den Begriff der absichtlichen$_B$ Handlung z.B. mithilfe des Begriffs des Versuchens (engl: „trying"). Audi (1986) verbindet ihn mit dem Begriff des Handelns aus Gründen.

[71] Auf Google-Scholar hat Knobes Aufsatz 570 Zitationen. Weinberg et al. (2001) folgt dicht darauf mit 568 Zitationen (Stand 09.12.2015).

Experiment 1 ("help condition")

The vice-president of a company went to the chairman of the board and said, 'We are thinking of starting a new program. It will help us increase profits, and it will also help the environment.'

The chairman of the board answered, 'I don't care at all about helping the environment. I just want to make as much profit as I can. Let's start the new program.'

They started the new program. Sure enough, the environment was helped. (Knobe 2003, 191)

In Experiment 1 fragte Knobe die Versuchsteilnehmer, ob sie dachten, dass der Vorsitzende (engl.: „chairman") der Umwelt *absichtlich* einen Dienst erwiesen hat (engl.: „whether they thought the chairman *intentionally* helped the environment [Hervorhebung im Original]"). 77% verneinten dies.

Dieses Experiment legt nahe, dass philosophische Laien einen Begriff von Absicht haben, der dem „Simple View" entspricht. Der Vorsitzende sagt klipp und klar, was seine $\text{Absicht}_{\text{M}}$ ist. Sie besteht nicht darin, der Umwelt einen Dienst zu erweisen. Er will ausschließlich Profit machen (engl.: „I don't care at all about helping the environment. I just want to make as much profit as I can."). Nach dem Simple View sollte man ihm also auch nicht die $\text{Absicht}_{\text{B}}$ zuschreiben, der Umwelt einen Dienst zu erweisen. Die Mehrheit der Versuchsteilnehmer urteilte genau so.

Knobe berichtet jedoch, dass sich das Meinungsbild ändert, sobald ein Parameter des Fallbeispiels verändert wird. In einem zweiten Experiment enthielt die Fallbeischreibung statt dem Wort „help" das Wort „harm."

Experiment 2 ("harm condition")

The vice-president of a company went to the chairman of the board and said, 'We are thinking of starting a new program. It will help us increase profits, but it will also harm the environment.'

The chairman of the board answered, 'I don't care at all about harming the environment. I just want to make as much profit as I can. Let's start the new program.'

They started the new program. Sure enough, the environment was harmed. (Knobe 2003, 191)

Wieder fragte Knobe die Versuchsteilnehmer, ob sie dachten, dass der Vorsitzende der Umwelt *absichtlich* geschadet hat (engl.: „whether they thought the chairman *intentionally* harmed the environment [Hervorhebung im Original]“). Hier bejahten dies 82%.

Das Ergebnis von Experiment 2 passt nicht mehr zum „Simple View.“ Denn auch in diesem Fall stellt der Vorsitzende klar, dass er nur die Absicht$_M$ hat, Profit zu machen und ihm die Umwelt ganz egal ist. Dennoch unterstellten ihm die meisten Versuchsteilnehmer die Absicht$_B$, der Umwelt zu schaden.

Im Verlauf der experimentell-philosophischen Debatte hat sich herausgestellt, dass die von Knobe nachgewiesene Asymmetrie, die man als Hommage an ihn „Knobe-Effekt“ (engl.: „Knobe effect“) nennt, robust ist. Es scheint sich hier um einen wirklichen Effekt zu handeln. Zahlreiche Replikationsstudien belegen dies.[72] Der Knobe-Effekt wurde sogar in anderen Kulturkreisen und Sprachgemeinschaften nachgewiesen,[73] bei Kindern (vgl. Leslie et al. 2006 sowie Pellizzoni et al. 2009) und bei Personen mit Autismus und Asperger-Syndrom (vgl. Zalla & Leboyer 2011). Es lohnt sich also, ein wenig über seinen philosophischen Stellenwert und seine verschiedenen Interpretationsmöglichkeiten nachzudenken.

3.3.3 Diskussion

Der Knobe-Effekt ist äußerst interessant. Dafür lassen sich mindestens drei Gründe angeben. Der *erste Grund* liegt schlicht darin, dass es sich beim Knobe-Effekt um ein empirisch-psychologisches Resultat handelt, das um seiner selbst Willen – also aus Sicht der X-Phi$_1$ – philosophisch interessant ist. Es legt nahe, dass die Urteile, die philosophische Laien über die Absichtlichkeit$_B$ von Handlungen treffen, eine komplexere Struktur haben, als viele Philosophen erwartet hätten.

Der *zweite Grund* liegt darin, dass man Knobes Befund als ein Resultat der X-Phi$_2$ deuten könnte, das potentiell relevant für die Debatte in der philosophischen Handlungstheorie ist. In Abs. 2.5 bespra-

---

[72] Vgl. etwa Knobe (2004), Knobe & Mendlow (2004), Tannenbaum et al. (2007) und Young et al. (2006).

[73] Cova & Naar (2012) testeten den Knobe-Effekt mit französischen Teilnehmern, Knobe & Burra (2006) mit Muttersprachlern in Hindi, Michelin et al. (2010) und Pellizzoni et al. (2009) mit Italienern sowie Dalbauer & Hergovich (2013) mit Deutschen.

chen wir, dass viele philosophische Diskussionen das Anliegen verfolgen, auf Fragestellungen zu antworten, die lebensweltlich relevant sind. Und wir sahen, dass experimentelle Resultate die Funktion haben können, uns darüber zu informieren, welche Fragestellungen das sind. Der Knobe-Effekt könnte diese Funktion erfüllen. Er legt nahe, dass philosophische Laien den Begriff der absichtlichen$_B$ Handlung anders deuten als Anhänger des Simple View. Und das spricht gegen deren Sichtweise. Sie – so könnte man das Argument zuspitzen – üben sich lediglich in einer lebensweltlich irrelevanten Form der Handlungsmetaphysik, befassen sich aber nicht mit dem Begriff der absichtlichen$_B$ Handlung, der den Menschen wirklich wichtig ist. Eine solche Abweichung vom Alltagsverständnis lässt sich, wie wir in Abs. 2.5 diskutierten, unter Umständen rechtfertigen. Allerdings erlegt sie denjenigen, die dafür plädieren, eine beträchtliche Beweislast auf.

Der *dritte Grund*, warum Knobes Resultat interessant sein könnte, ist wohl noch weitreichender als der zweite. Denn er reicht über den Bereich der philosophischen Handlungstheorie hinaus. Ob Menschen eine Handlung als absichtlich$_B$ einstufen oder nicht, hängt offenbar entscheidend davon ab, ob diese Handlung gute oder schlechte Nebenfolgen hat. Mit dieser Urteilspraxis verstoßen sie gegen eine These, die viele Philosophen akzeptieren: das sogenannte „Zwei-Welten-Paradigma" (Mukerji 2015, 94). Nach dem Zwei-Welten-Paradigma sind Antworten auf empirisch-wissenschaftliche Fragen von Antworten auf normative Fragen unabhängig – und umgekehrt. Knobes Befund scheint jedoch zu zeigen, dass die Bereitschaft philosophischer Laien, Handlungen als absichtlich$_B$ zuzuschreiben zumindest teilweise davon abhängt, wie gut oder schlecht die Handlungsfolgen sind. Ihre normativen Urteile scheinen also auf ihre empirischen Urteile durchzuschlagen. Wiederum gilt: Unter Umständen lässt sich das Zwei-Welten-Paradigma dennoch rechtfertigen. Philosophen müssen sich nicht minutiös an den intuitiven Urteilen philosophischer Laien orientieren. Allerdings tragen sie die Beweislast, wenn sie sich dagegen entscheiden.

Es ist offenkundig, dass diese drei Gründe wiederum an Voraussetzungen geknüpft sind. Ob man den ersten Grund akzeptiert, hängt im wesentlichen davon ab, ob man die metaphilosophische These der X-Phi$_1$ akzeptiert. Wer das nicht tut, könnte den Knobe-Effekt auch als einen philosophisch belanglosen, psychologischen Befund einstuften. Ob man den zweiten und dritten Grund akzeptiert, hängt von zwei Faktoren ab. *Erstens* muss man natürlich die These von X-Phi$_2$

teilen, nach der experimentelle Resultate für die Beantwortung klassischer, philosophischer Fragen relevant sein können. *Zweitens* muss man eine bestimmte Interpretation des Knobe-Effekts akzeptieren. Man muss davon ausgehen, dass uns dieses Resultat etwas darüber verrät, wie philosophische Laien den Begriff der absichtlichen$_B$ Handlung verstehen. Wenn sich der Knobe-Effekt „wegerklären" lässt, dann würde sich dieses Resultat kaum auf die Debatte in der philosophischen Handlungstheorie auswirken. Und es ließe sich auch nicht bemühen, um Zweifel am Zwei-Welten-Paradigma zu rechtfertigen. Wenn sich zeigen ließe, dass die Urteilspraxis philosophischer Laien auf einem Fehler beruht, dann ließe sich allenfalls – mit X-Phi$_3$ – argumentieren, dass philosophische Intuitionen und mithin MAP unverlässlich sind. Die Interpretation des Knobe-Effekts ist also sehr wichtig, um seine philosophischen Konsequenzen einschätzen zu können. Deswegen ging ein großer Teil der experimentell-philosophischen Debatte seit 2003 der Frage nach, wie er zu erklären ist.

In der Literatur wurden verschiedene Ansätze für die Erklärung des Knobe-Effekts vorgeschlagen.[74] Grundsätzlich lassen sich zwei Arten von Ansätzen unterscheiden:

- Vertreter der ersten Art gehen davon aus, dass die von Knobe beobachtete Asymmetrie einen Fehler bei der Verwendung des Begriffs der absichtlichen$_B$ Handlung nahelegt.
- Andere – und das schließt Joshua Knobe selbst ein – gehen davon aus, dass der Knobe-Effekt uns etwas über den Alltagsbegriff der absichtlichen$_B$ Handlung verrät.

Eine Fehlertheorie – also eine Erklärung der ersten Art – wurde von schon früh von Adams & Steadman (2004a, b) vorgeschlagen.[75] Sie argumentieren, die von Knobe befragten Personen, könnten aus der Beschreibung seiner Szenarien sprachpragmatische Schlussfolgerungen gezogen haben. Dabei handelt es sich um Schlussfolgerungen, die in Alltagskontexten naheliegend, aber – strenggenommen – logisch nicht gedeckt sind.[76] Der springende Punkt liegt nach Ansicht von Adams und Steadman in der Verbindung zwischen der Zuschreibung absichtlichen$_B$ Handelns einerseits und der Zuschreibung von Lob und Tadel andererseits. Wenn eine Person absichtlich$_B$ etwas Gutes

---

[74] Einen aktuellen und ziemlich umfassenden Überblick gibt Cova (2016).

[75] Eine ähnliche Erklärung schlägt auch Nadelhoffer (2004b) vor. Sie wird von Knobe & Mendlow (2004) und Nadelhoffer (2004a) diskutiert.

[76] Auf die Unterscheidung zwischen sprachpragmatischen Implikaturen und logischen Implikationen weißt Grice (1989) hin. Siehe hierzu Fußnote 67. Wir werden darauf in Abs. 4.2.2 noch einmal zurückkommen.

tut, dann erscheint es angemessen, sie dafür zu loben. Wenn sie dagegen absichtlich$_B$ etwas Schlechtes tut, dann scheint Tadel angebracht. In Knobes Experiment 1 verspürten die Befragte offenbar keine Neigung, den Vorsitzenden zu loben. Sein Handeln nützt zwar der Umwelt. Aber das ist ihm ganz egal. Was er tut, erscheint also nicht lobenswert. Deswegen, so Adams und Steadman, urteilten Knobes Studienteilnehmer, er habe der Umwelt nicht absichtlich$_B$ genützt. In Experiment 2 verspürten sie dagegen die Neigung, den Vorsitzenden zu tadeln. Denn er schadet mit seinem Handeln der Umwelt. Allerdings stellte Knobe keine Antwortmöglichkeit zur Auswahl, mit dem sich dieses Urteil ausdrücken ließ. Deswegen wählten seine Studienteilnehmer die Antwortoption, die dem sprachpragmatisch am nächsten kam: Sie unterstellten dem Vorsitzenden, er habe der Umwelt absichtlich$_B$ geschadet.

Die Fehlertheorie von Adams und Steadman ist zugegebenermaßen nicht unplausibel. Schließlich werden Aussagen wie „Das hast Du absichtlich gemacht!" in Alltagskontexten stellvertretend für Schuldzuschreibungen verwendet. Aber deswegen muss sie nicht zutreffen. Und selbst wenn sie zutrifft, erklärt sie unter Umständen nur einen Teil des Knobe-Effekts. Die einzige Möglichkeit, um die Adäquatheit der sprachpragmatischen Erklärung zu beurteilen, besteht darin, ihre Voraussagen experimentell zu testen.

Dies versuchten z.B. Nichols & Ulatowski (2007).[77] Die beiden Autoren stellten Knobes Experiment 2 nach und gaben den Teilnehmern folgende Antwortoptionen zur Auswahl:

i. The chairman *intentionally* harmed the environment.

ii. The chairman didn't *intentionally* harm the environment. (Nichols & Ulatowski 2007, 352)

68% der Befragten wählten Antwort (i).

Danach führten Nichols und Ulatowski das Experiment noch einmal mit anderen Teilnehmern durch. Allerdings veränderten sie die Antwortoptionen:

i. The chairman *intentionally* harmed the environment, and he is responsible for it.

---

[77] Knobe (2004) schlug ebenfalls einen Test vor, der allerdings von Adams & Steadman (2004b) abgelehnt wurde.

ii. The chairman didn't *intentionally* harm the environment, but he is responsible for it. (Nichols & Ulatowski 2007, 352–53)

Durch diese Formulierung der Antwortmöglichkeiten wird klargestellt, dass man dem Vorsitzenden auch dann eine Schuld für den Umweltschaden zuweisen kann, wenn man ihm nicht unterstellt, er habe der Umwelt absichtlich$_B$ geschadet. Denn in jedem Fall ist er für den entstandenen Umweltschaden verantwortlich. Adams und Steadmans sprachpragmatische Erklärung trifft hier eine Voraussage: Hier sollte der Knobe-Effekt verschwinden. Das heißt, die Befragten sollten mehrheitlich Antwortoption (ii) wählen. Wie Nichols und Ulatowski berichten, war das aber nicht der Fall. Tatsächlich wählten in dieser Variante des Experiments 67% der Befragten die Option (i) – also fast genauso viele wie vorher. Dieses Resultat zieht die sprachpragmatische Erklärung des Knobe-Effekts also stark in Zweifel.

Malle & Nelson (2003) schlagen eine alternative Fehlertheorie vor. Auch im Rahmen dieser Theorie spielen Lob und Tadel eine entscheidende Rolle. Allerdings geht es hier nicht um die sprachpragmatischen Implikaturen, die sich mit diesen Begriffen verbinden, sondern um die emotionalen Prozesse, auf deren Grundlage sie zugeschrieben werden. Malle & Nelson (2003) weisen darauf hin, dass negative Emotionen, die mit tadelnswertem Handeln einhergehen, unsere Urteile verzerren können, sodass es zu Fehlern bei der Anwendung des Begriffs der absichtlichen Handlung kommt. Sie geben dafür ein lebensnahes Beispiel:

> When a couple fights, for example, the intense negative affect that emerges will bias each person into believing that everything the other does is intentional and motivated by malevolence. (Malle & Nelson 2003, 575)

Malle & Nelson (2003) ziehen daraus einen Schluss, der für die Erklärung des Knobe-Effekts relevant ist.

> Similarly, the vengefulness toward a person who is accused of having committed a crime will all but rule out considerations that the person may have committed the act in question unintentionally. (Malle & Nelson 2003, 575)

Es könnte also sein, dass der Alltagsbegriff der absichtlichen$_B$ Handlung in Wirklichkeit mit dem Simple View übereinstimmt. Knobes Resultat in Experiment 2, das dem Simple View scheinbar widerspricht, ließe sich dann durch einen Anwendungsfehler erklären. Viele von Knobes Studienteilnehmern, so ließe sich argumentieren, hätten eine so starke, emotional induzierte Neigung verspürt, den Vorsitzenden zu tadeln, dass sie ihm – wider besseren Wissens – unterstellten, er habe der Umwelt absichtlich$_{B}$ geschadet.

Auch diese Erklärung ist nicht unplausibel. Allerdings liegen empirische Befunde vor, die an ihr zweifeln lassen. Wright & Bengson (2009) und Nadelhoffer (2004b) berichten z.B. von Fällen, in denen Studienteilnehmer einer Person die Bewirkung einer Nebenfolge als absichtliche$_{B}$ Handlung zuschrieben, obwohl sie nicht die Neigung hatten, diese Person für die fragliche Nebenfolge zu tadeln. Young et al. (2006) berichten davon, dass Probanden mit Schäden am ventromedialen präfrontalen Cortex – einer Hirnregion, die bei der Verarbeitung von Emotionen eine maßgebliche Rolle spielt – Experimente 1 und 2 nicht signifikant anders beurteilten als Probanden, bei denen kein solcher Schaden vorlag. Das lässt Zweifel an der Fehlertheorie von Malle und Nelson.

Knobe selbst schlägt eine Erklärung der zweiten Art vor. Er geht nicht davon aus, dass der Knobe-Effekt einen Fehler in der Urteilspraxis seiner Studienteilnehmer widerspiegelt. Diese, so Knobe, wenden den Begriff korrekt an. Allerdings habe der Begriff selbst normative Komponenten. Dabei geht er davon aus, dass zwei Arten von Bewertungen im Zusammenhang mit absichtlichem$_{B}$ Handeln in einem logischen Zusammenhang stehen, nämlich die moralische Bewertung der (beabsichtigten$_{M}$ und) nicht beabsichtigten$_{M}$ Nebenfolgen und die Bewertung des Handelns als lobens- oder tadelnswert. Den Zusammenhang illustriert Abbildung 2.[78]

In Abbildung 2 sind drei Verbindungen dargestellt, die folgendermaßen zu verstehen sind:

1. Wenn wir eine antizipierte, aber nicht beabsichtigte$_{M}$ Nebenfolge als schlecht einstufen, dann ist das ein Faktor, der uns veranlasst, die handelnde Person zu tadeln.
2. Wenn wir zudem urteilen, dass die Nebenfolge absichtlich$_{B}$ herbeigeführt wurde, verstärkt das unsere Neigung, die handelnde Person zu tadeln.

Das entspricht weitgehend der Orthodoxie. Knobe stellt allerdings eine dritte Verbindung her.

---

[78] Abbildung 2 basiert auf einer Darstellung von Knobe (2008).

3. Wenn wir eine antizipierte, aber nicht beabsichtigte$_M$ Nebenfolge als schlecht einstufen, dann verstärkt das unsere Neigung zu urteilen, dass die handelnde Person sie absichtlich$_B$ herbeigeführt hat.

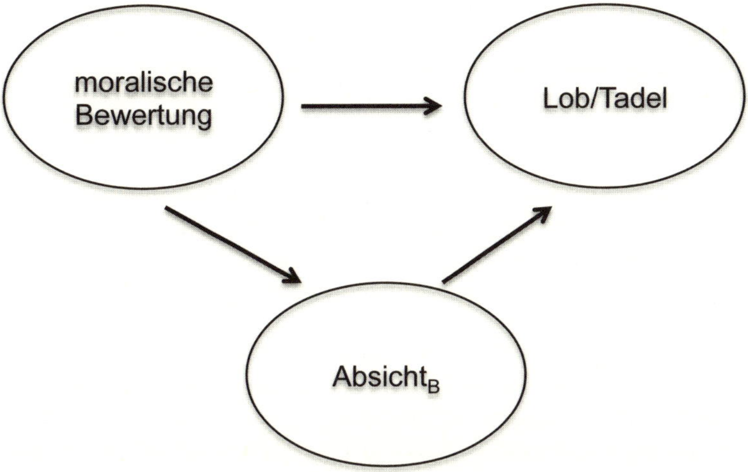

Abbildung 2: Knobes kognitionswissenschafliche Rekonstruktion des Begriffs der absichtlichen$_B$ Handlung

Mele & Cushman (2007) berichten allerdings von experimentellen Daten, die diese Erklärung in Zweifel ziehen. Diese erzielten sie mithilfe des folgenden Gedankenexperiments.

> **Pond**
> Al said to Ann: "You know, if you fill in that pond in the empty lot next to your house, you're going to make the kids who look for frogs there sad." Ann replied: "I know that I'll make those kids sad. I like those kids, and I'll definitely regret making them sad. But the pond is a breeding ground for mosquitoes; and because I own the lot, I am responsible for it. It must be filled in." Ann filled in the pond, and, sure enough, the kids were sad. Did Ann intentionally make the kids sad? (Mele & Cushman 2007, 193)

In diesem Gedankenexperiment lässt Ann den Teich zuschütten, um der Vermehrung der Mücken entgegenzuwirken. Sie weiß, dass dies eine schlechte Nebenfolge haben wird. Die Nachbarskinder, die gerne Zeit am Teich verbringen und dort mit den Fröschen spielen, werden deswegen traurig sein. Ann beabsichtigt$_{M}$ nicht, die Kinder traurig zu machen. Ihr geht es darum die Mückenplage einzudämmen. Nach Knobes Erklärung des Knobe-Effekts sollten wir jedoch trotzdem geneigt sein, ihr dies als absichtlich$_{B}$ zu unterstellen. Denn alle Kriterien sind erfüllt. Ann antizipiert, dass die Kinder traurig sein werden. Dies tritt tatsächlich ein. Und dabei handelt es sich um eine schlechte Nebenfolge. Also sollten wir urteilen, Ann habe die Kinder absichtlich$_{B}$ traurig gemacht. Intuitiv scheint das jedoch nicht richtig. So sahen das auch die Versuchsteilnehmer von Mele & Cushman (2007). Sie sollten auf einer 7-Punkte-Skala beurteilen, ob Ann die Kinder absichtlich$_{B}$ traurig gemacht hat, wobei Bewertungen größer als 4 als – mehr oder weniger starke – Bejahung aufgefasst wurde. Nur 28% bejahten die Frage. Und im Mittel ergab sich eine Beurteilung von 3,19. D.h. im Durchschnitt lehnten die Teilnehmer es ab, Ann Absicht$_{B}$ zu unterstellen.

Wenn wir Knobes Experiment 2 mit Pond vergleichen, stellt sich heraus, dass sich die Einstellungen, die die handelnden Personen den fraglichen Nebenfolgen gegenüber einnehmen, in einer wichtigen Hinsicht unterscheiden. Während es dem Vorsitzenden egal ist, ob er durch sein Handeln der Umwelt schadet, bereut Ann, dass sie die Kinder traurig macht. Dieser Unterschied scheint eine Rolle zu spielen. Knobe schlug deswegen zusammen mit seinem Koautor Dean Pettit einen neuen Erklärungsansatz vor.

Pettit & Knobe (2009) mutmaßen, dass wir die Absichtlichkeit$_{B}$ einer Handlung in Abhängigkeit von der Einstellung einschätzen, die die handelnde Person zu der entsprechenden Handlungsfolge gegenüber einnimmt. Dabei, so die Hypothese, gibt es unterschiedliche Maßstäbe für die Bewertung von Einstellungen.[79]

- Guten Nebenfolgen gegenüber sollten wir eine Pro-Einstellung einnehmen. Wenn eine handelnde Person eine gute Nebenfolge wissentlich verursacht, aber eine neutrale Einstellung oder gar eine Con-Einstellung zu dieser Nebenfolge hat, dann schreiben wir ihr die Verursachung dieser Nebenfolge nicht als absichtliche$_{B}$ Handlung zu.

[79] Pettit & Knobe (2009) merken an, dass sich Asymmetrien nicht nur beim Begriff der Absicht$_{B}$ nachweisen lassen, sondern auch bei anderen Begriffen, z.B. im Begriff des Wunsches (engl.: „desire"). Sie schlagen ihre Hypothese also nicht nur als Erklärung des Knobe-Effekts vor, sondern als Erklärung all dieser Urteilsasymmetrien.

- Schlechten Nebenfolgen gegenüber sollten wir eine Con-Einstellung einnehmen. Wenn eine handelnde Person eine schlechte Nebenfolge wissentlich verursacht, aber eine neutrale Einstellung oder gar eine Pro-Einstellung hat, dann schreiben wir ihr die Verursachung dieser Nebenfolge als absichtliche$_B$ Handlung zu.

Mit dieser Hypothese lassen sich Knobes Experiment 1 und Experiment 2 erklären.

- In Experiment 1 sagen die meisten Menschen, der Vorsitzende habe die Umwelt nicht absichtlich$_B$ geschützt. Er wusste, dass er mit seinem Handeln die Umwelt schützen wird. Dabei handelt es sich um eine positive Nebenfolge. Eine Pro-Einstellung wäre hier angemessen. Der Vorsitzende hat allerdings eine neutrale Einstellung. Also urteilen wir, er habe die Umwelt nicht absichtlich$_B$ geschützt.
- In Experiment 2 sagen die meisten Menschen, der Vorsitzende habe der Umwelt absichtlich$_B$ geschadet. Er wusste, dass er mit seinem Handeln der Umwelt schaden wird. Dabei handelt es sich um eine negative Nebenfolge. Eine Con-Einstellung wäre hier angemessen. Der Vorsitzende hat jedoch eine neutrale Einstellung. Also urteilen wir, er habe der Umwelt absichtlich$_B$ geschadet.

Die Hypothese von Pettit und Knobe erklärt außerdem Pond:

- In Pond sagen die meisten Menschen, Ann habe die Kinder nicht absichtlich$_B$ traurig gemacht. Sie wusste, dass sich diese Konsequenz einstellen wird. Dabei handelt es sich um eine negative Nebenfolge. Eine Con-Einstellung wäre hier angemessen. Die hat Ann. Sie bedauert, dass die Kinder traurig sind. Also urteilen wir, sie habe die Kinder nicht absichtlich$_B$ traurig gemacht.

Obwohl die Hypothese von Pettit und Knobe alle diese Fälle erklären kann, scheint auch sie nicht adäquat. Denn es liegen experimentelle Daten vor, die sie in Zweifel ziehen. Diese stammen – interessanterweise – aus einem Aufsatz, den Knobe selbst bereits zu einem früheren Zeitpunkt veröffentlicht hat (Knobe 2007b). Dort berichtet er von einem Experiment, in dem er testet, wie Studienteilnehmer auf zwei Versionen eines Gedankenexperiments reagieren. In diesem Gedankenexperiment geht es um ein Szenario, das sich während der nationalsozialistischen Herrschaft in Deutschland zuträgt. Der Vorsitzende (engl: „CEO") einer kleinen Firma muss entscheiden, ob bestimmte organisatorische Maßnahmen umgesetzt werden sollen oder nicht. Der stellvertretende Vorsitzende (engl: „vice-president") informiert ihn über die antizipierten Konsequenzen. In der ersten Version des Gedankenexperiments beschreibt er diese wie folgt.

> **Nazi Law 1 ("violate condition")**
> The vice-president of the corporation said: "By making those changes, you'll definitely be increasing our profits. But you'll also be *violating* the requirements of the racial identification law."
>
> The CEO said: "Look, I know that I'll be *violating the requirements of the law*, but I don't care one bit about that. All I care about is making as much profit as I can. Let's make those organizational changes!" (Knobe 2007b, 105; Hervorhebung hinzugefügt)

In der zweiten Version des Gedankenexperiments werden die Konsequenzen folgendermaßen beschrieben.

> **Nazi Law 2 ("fulfil condition")**
> The vice-president of the corporation said: "By making those changes, you'll definitely be increasing our profits. But you'll also be *fulfilling* the requirements of the racial identification law."
>
> The CEO said: "Look, I know that I'll be *fulfilling the requirements of the law*, but I don't care one bit about that. All I care about is making as much profit as I can. Let's make those organizational changes!" (Knobe 2007b, 106; Hervorhebung hinzugefügt)

Sowohl in Nazi Law 1 als auch in Nazi Law 2 interessiert sich der Vorsitzende ausschließlich für den eigenen Profit. Dieser würde gesteigert, wenn er die organisatorischen Maßnahmen veranlasst. In Nazi Law 1 würde er damit allerdings wissentlich gegen die Nürnberger Rassengesetze verstoßen. In Nazi Law 2 würde er dagegen die Anforderungen dieser Gesetze erfüllen. Knobe machte seinen Teilnehmern klar, dass es sich bei der Erfüllung der Rassengesetze um eine schlechte Konsequenz handelte und bei der Nicht-Erfüllung um eine gute Konsequenz. Zu diesem Zweck fügte er folgenden Kommentar an:

> The purpose of the law was to help identify people of certain races so that they could be rounded up and sent to concentration camps. (Knobe 2007b, 105)

Nach der Erklärung von Pettit & Knobe (2009) sollten die Studienteilnehmer die beiden Gedankenexperimente folgendermaßen bewerten.

- Dem Vorsitzenden sollte man in Nazi Law 1 nicht die Absicht$_{B}$ unterstellen, die Rassengesetze zu verletzen. Denn bei der Verletzung der Rassengesetze handelt es sich um eine gute Konsequenz. Der Vorsitzende sollte also eine Pro-Einstellung haben, hat diese aber nicht.
- In Nazi Law 2 sollten die Studienteilnehmer dem Vorsitzenden dagegen die Absicht$_{B}$ zuschreiben, die Rassengesetze einzuhalten. Bei der Einhaltung der Rassengesetze handelt es sich schließlich um eine schlechte Konsequenz, zu der der Vorsitzende eine Con-Einstellung haben sollte. Er hat jedoch eine neutrale Einstellung. Ihm ist es egal, ob er die Rassengesetze verletzt.

Knobe berichtet jedoch, dass seine Teilnehmer die beiden Fälle ganz anders beurteilten.

- 81% der Teilnehmer, die mit Nazi Law 1 konfrontiert worden waren, sagten, der Vorsitzende habe die Rassengesetze absichtlich$_{B}$ verletzt.
- Dagegen sagten nur 30% der Teilnehmer, die Nazi Law 2 gelesen hatten, der Vorsitzende habe die Rassengesetze absichtlich$_{B}$ erfüllt.

Die Ergebnisse von Knobe (2007b) deuten an, dass Normen eine Rolle bei der Beurteilung von Absicht$_{B}$ spielen – und zwar unabhängig davon, wie sie selbst zu bewerten sind.

Zu Beginn des Abschnitts begannen wir die Diskussion um den Knobe-Effekt mit einer Feststellung: Seine philosophischen Konsequenzen hängen davon ab, wie er sich erklären lässt. Wir haben dazu zwei grundlegend unterschiedliche Erklärungsansätze kennengelernt. Nach dem ersten Ansatz sagt uns der Knobe-Effekt nichts über die Art und Weise, wie philosophische Laien den Begriff der absichtlichen$_{B}$ Handlung verstehen. Er zeigt uns lediglich, dass sie bei der Anwendung dieses Begriffs einen Fehler machen. Nach dem zweiten Ansatz, den Knobe selbst vertritt, kann uns der Knobe-Effekt helfen, den Begriff der absichtlichen$_{B}$ Handlung besser zu verstehen. Da bisher keine Interpretation alle verfügbaren Daten erklären kann, lässt sich zu diesem Zeitpunkt noch nicht absehen, welcher Erklärungsansatz vorzuziehen ist. Daher sind die philosophischen Konsequenzen des Knobe-Effekts noch schwer einzuschätzen.

3.4 Willensfreiheit

Neben den Fragen über das Wesen des Wissens, der Bedeutung und der Absicht stellte das Problem der Willensfreiheit bereits früh einen Schwerpunkt in der experimentell-philosophischen Debatte dar. In diesem Abschnitt werden wir uns eine einflussreiche Studie zu diesem Thema ansehen und diese diskutieren. Bevor wir das tun, sollten wir uns allerdings mit den grundsätzlichen Fragestellungen und Positionen auseinandersetzen, die in der Debatte um die Willensfreiheit eine Rolle spielen.[80]

3.4.1 Was ist Willensfreiheit?

Die Frage, ob wir Willensfreiheit haben oder nicht, ist in der Debatte um das Problem der Willensfreiheit die zentrale, inhaltliche Frage.

> **Zentrale inhaltliche Frage**
> Haben wir Willensfreiheit?

Auf diese Frage gibt es zwei mögliche Antworten.

- Man kann die Frage *bejahen*, also für die These eintreten, dass wir Willensfreiheit besitzen.
- Man kann die Frage *verneinen*, also bestreiten, dass wir Willensfreiheit besitzen.

Was jedoch sagt man, indem man die eine oder andere Antwort gibt? Das hängt davon ab, wie man die zentrale begriffliche Frage der Debatte über die Willensfreiheit beantwortet. Diese Frage lautet: „Was ist Willensfreiheit?"

> **Zentrale begriffliche Frage**
> Was ist Willensfreiheit?

Diese Frage wird vor allem vor dem Hintergrund des Problems des Determinismus diskutiert. Determinismus ist die These, dass der gesamte Weltverlauf naturgesetzlich vorherbestimmt ist. Oder etwas genauer:

[80] Eine hilfreiche Einführung in die Thematik gibt Beckermann (2015). Eine umfangreichere einführende Diskussion findet sich in Kane (2005).

Determinismus
Der gesamte Weltverlauf ist durch die Anfangsbedingungen des Universums und die herrschenden Naturgesetze mit Notwendigkeit festgelegt.

Wenn der Determinismus wahr ist, kann es dann Willensfreiheit geben?[81] Auf diese – begriffliche – Frage gibt es zwei Antworten: die kompatibilistische Position und die inkompatibilistische Position.

Kompatibilismus
Willensfreiheit und Determinismus sind vereinbar.

Inkompatibilismus
Willensfreiheit und Determinismus sind nicht vereinbar.

Sowohl Kompatibilisten als auch Inkompatibilisten können die zentrale inhaltliche Frage der Debatte über die Willensfreiheit bejahen oder verneinen. Das heißt, beide Lager können die These vertreten, dass wir einen freien Willen haben oder nicht. Allerdings fällt das den Inkompatibilisten schwerer als den Kompatibilisten. Sie müssen für eine Position argumentieren, die vielen Philosophen metaphysisch suspekt erscheint, nämlich den Libertarismus. Dabei handelt es sich um eine Kombination aus drei Thesen.

Libertarismus
(T1) Wir haben Willensfreiheit.
(T2) Willensfreiheit und Determinismus sind nicht vereinbar.
(T3) Der Determinismus ist falsch.

Die dritte These des Libertariers ist – gegeben die erste und zweite These – logisch notwendig.[82] Wer für Willensfreiheit eintritt, aber verneint, dass Willensfreiheit und Determinismus verträglich sind, muss den Determinismus ablehnen. Insoweit ist T3 redundant.

Natürlich behaupten Libertarier nicht, dass es keine deterministisch ablaufenden Prozesse gibt. Diese Position wäre mit unserem modernen, wissenschaftlichen Weltbild unvereinbar. Sie behaupten vielmehr, dass es bestimmte Prozesse gibt, die nicht vollständig deterministisch ablaufen. Sie spielen sich in handelnden Personen ab, die

---

81 Experimentelle Resultate legen allerdings nahe, dass die meisten Menschen den Determinismus für falsch halten (vgl. Nichols & Knobe 2007 und Knobe 2014). Das scheint auch kulturübergreifend zu gelten (vgl. Sarkissian et al. 2010).

82 Aus diesem Grund wird der Libertarismus üblicherweise als die Kombination der ersten beiden Thesen charakterisiert.

Willensfreiheit besitzen. Diese handelnden Personen können genuine Entscheidungen treffen, die nicht naturgesetzlich notwendig sind, sondern von ihnen selbst – gewissermaßen als „unbewegte Beweger" – verursacht werden. In der Debatte um die Willensfreiheit spricht man in diesem Zusammenhang auch von *Akteurskausalität*, die das Gegenstück zur deterministischen *Ereigniskausalität* bildet.

Die Metapher des „unbewegten Bewegers" deutet bereits an, dass es sich bei der Akteurskausalität um ein metaphysisch problematisches Konzept handelt. Ansgar Beckermann fasst die damit zusammenhängende Schwierigkeit folgendermaßen in Worte:

> Wenn nicht andere Umstände festlegen, wie ich mich entscheide, sondern *ich selbst* diese Entscheidung herbeiführe, muss ich selbst offenbar ein Wesen sein, das *außerhalb* des normalen Weltverlaufs steht und in der Lage ist, *von außen* in diesen Weltverlauf einzugreifen. Die Auffassung, dass handelnde und entscheidende Personen nicht Teil der natürlichen Welt sind, sondern von außen in diese Welt eingreifen, ist aber mit allem unvereinbar, was uns die Naturwissenschaften über die Welt sagen. (Beckermann 2012, 271; Hervorhebung im Original)

Wer jedoch für die These argumentieren will, dass es Willensfreiheit wirklich gibt, scheint – auf den ersten Blick – auf die libertaristische Position festgelegt zu sein. Denn die kompatibilistische Position, nach der Willensfreiheit mit Determinismus vereinbar ist, wirkt intuitiv unplausibel. Zumindest nehmen viele Philosophen das an. Wenn wir uns die intuitiv notwendigen Bedingungen für das Vorliegen von Willensfreiheit vor Augen führen, erscheint diese Einschätzung zunächst vernünftig.[83]

Bedingungen für das Vorliegen von Willensfreiheit
Willensfreiheit kann nur dann vorliegen, wenn die handelnde Person

(1) die Wahl zwischen verschiedenen Auswahloptionen hat,

(2) diese Wahl maßgeblich von ihr selbst abhängt und

(3) die Entscheidung, welche Auswahloption gewählt wird, in ihrer Kontrolle liegt.

---

[83] Wie Beckermann (2012) anmerkt, sind diese Bedingungen in der Literatur weitgehend unumstritten.

Bedingung (1) – die *Bedingung alternativer Möglichkeiten* – scheint in einem vollständig deterministischen Universum nicht erfüllbar zu sein. Denn wenn der Weltverlauf zu jedem Zeitpunkt deterministisch verläuft, kann es offenbar keine Auswahloptionen geben, die eine handelnde Person wählen kann. Vielmehr ist an jedem Punkt des Weltverlaufs genau vorherbestimmt, was passieren wird.

Bedingung (2) – die *Bedingung der Urheberschaft* – kann in einem deterministischen Universum anscheinend auch nicht erfüllt sein. Denn wenn der Determinismus wahr ist, dann haben bereits Ereignisse, die Milliarden von Jahren zurückliegen, notwendig festgelegt, was eine handelnde Person heute tun wird. Plausiblerweise geht also nichts, was passiert, wenn jemand handelt, auf die handelnde Person als Urheberin zurück.

Bedingung (3) – die *Bedingung der Kontrolle* – kann offenbar auch nicht erfüllt sein, wenn der Determinismus wahr ist. Denn dann war das, was im Leben einer handelnden Person passiert, bereits vollständig durch Ereignisse vorbestimmt, die stattgefunden haben, bevor sie selbst geboren wurde. Und plausiblerweise konnte sie diese Ereignisse nicht kontrollieren.

Nach diesen drei Gedankengängen sollte also die kompatibilistische Antwort auf die zentrale begriffliche Frage den meisten Menschen intuitiv unplausibel erscheinen. In der Tat berichten einige Philosophen, die sich an der Debatte um die Willensfreiheit beteiligen, dass die Reaktionen philosophischer Laien diese Einschätzung bestätigen. Robert Kane merkt etwa an: "In my experience, most persons resist the idea that free will and determinism might be compatible when they first encounter it." (Kane 2005, 12) Andere Philosophen sagen ähnliches.[84] Unter diesem Gesichtspunkt, so scheint es, starten Kompatibilisten also mit einer gehörigen Beweislast in die Debatte um die Willensfreiheit. Sie sollten – so könnte man argumentieren – entweder sehr gute Argumente für ihre Position vorbringen oder diese aufgeben. Und mit Blick auf die Debatte über die zentrale inhaltliche Frage lässt sich feststellen, dass Willensfreiheit – insoweit sie libertaristisch aufgefasst wird – mit schweren metaphysischen Problemen konfrontiert ist. Das bringt diejenigen in eine schwierige Lage, die für die These argumentieren, dass wir überhaupt Willensfreiheit besitzen können.

---

84 Nahmias et al. (2006) tragen einige Literaturstellen zusammen, u.a. Aussagen von Ekstrom (2002), Strawson (1986) und Pink (2004).

An dieser Stelle lohnt sich allerdings eine grundlegende Beobachtung. Die Begründung der Kontraintuitivität des Kompatibilismus, die wir uns gerade vor Augen geführt haben, ist selbst an begriffliche Vorannahmen geknüpft. Seine Vertreter haben über Jahrhunderte hinweg versucht, plausibel zu machen, dass die Bedingungen für das Vorliegen von Willensfreiheit auch anders gedeutet werden können und sollten.[85] Ein prominenter, zeitgenössischer Vertreter des Kompatibilismus – der amerikanische Philosoph Daniel Dennett – hat dafür argumentiert, dass die metaphysisch weniger anspruchsvolle, kompatibilistische Interpretation der Willensfreiheit tatsächlich alle Eigenschaften hat, die aus lebenspraktischer Sicht wünschenswert erscheinen.[86] Auch wenn Determinismus wahr sein sollte, können wir nach Dennetts Ansicht anderen Menschen einen freien Willen zuschreiben, der es z.B. rechtfertigt, sie für ihr Handeln verantwortlich zu machen. Inkompatibilisten würden das natürlich bestreiten. Deswegen liegt es, wie wir bereits in Abs. 2.5 angemerkt haben, nahe, an dieser Stelle eine *neutrale Instanz* – d.h. philosophische Laien – zu konsultieren, um zu überprüfen, welcher Begriff von Willensfreiheit wirklich in der Lebenspraxis eine Rolle spielt.[87]

In Abs. 1.4 erwähnte ich, dass die Debatte um das Problem der Willensfreiheit bemerkenswert offen und anschlussfähig für empirische und experimentelle Argumente ist. Dies verdeutlichen nicht zuletzt neurowissenschaftliche Forschungen – insbesondere die von Libet (2002) – die der Debatte einen enormen Stimulus gegeben haben. Interessanterweise wurden jedoch der Alltagsbegriff der Willensfreiheit im Allgemeinen und die vermeintliche Kontraintuitivität des kompatibilistischen Begriffs nie experimentell überprüft. Zwar berichten Teilnehmer der Debatte, wie bereits angemerkt, davon, dass Philosophiestudierende und interessierte Laien den kompatibilistischen Begriff der Willensfreiheit intuitiv ablehnen. Aber dabei handelt es sich lediglich um anekdotische Belege, die aus argumentationstheoretischer Sicht mit vielen Problemen behaftet sind.[88] An dieser Forschungslücke schloss ein Team experimenteller Philosophen mit einer Studie an, die wir nun besprechen werden.

---

85 Als bedeutende historische Vertreter des Kompatibilismus wären etwa Thomas Hobbes, John Locke, David Hume und John Stuart Mill zu nennen.

86 Sein Buch *Elbow Room* (1984) trägt bezeichnenderweise den Untertitel *The Varieties Of Free Will Worth Wanting.*

87 So argumentieren auch Björnsson & Pereboom (2016).

88 Dies begründe ich ausführlicher in Mukerji (2017, 240ff.).

3.4.2 Nahmias et al. (2005, 2006)

Die Studie von Nahmias et al. (2005, 2006) ist der X-Phi2 zuzuordnen. Die Autoren testeten die Hypothese, dass philosophische Laien den Kompatibilismus als kontraintuitiv einstufen, um einen positiven, experimentell-philosophischen Beitrag zur Debatte um die Willensfreiheit zu leisten. Dazu formulierten sie zunächst eine Vorhersage.

> **Inkompatibilistische Vorhersage**
> Wenn man philosophischen Laien ein Szenario vorlegt, in dem eine handelnde Person etwas tut, das von vornherein determiniert war, dann werden die meisten Menschen urteilen, die Person habe nicht frei gehandelt und sei nicht dafür verantwortlich.

Um diese Vorhersage zu testen, wählten Nahmias et al. (2005, 2006) Studierende der Florida State University als Versuchsteilnehmer aus. Sie kannten die Debatte um die Willensfreiheit nicht und konnten demnach als unvoreingenommen gelten. Nahmias et al. (2005, 2006) legten ihnen entsprechende Szenarien vor und fragten sie dann, ob die handelnde Person frei gehandelt habe. Dabei achteten sie darauf, keine Ausdrücke wie „Determinismus" oder „determiniert" zu verwenden, sondern inhaltlich zu beschreiben, was damit gemeint ist.[89] Für das erste Experiment wählten Nahmias et al. (2005, 2006) folgendes Fallbeispiel.

> **Bank Robbery**
> Imagine that in the next century we discover all the laws of nature, and we build a supercomputer which can deduce from these laws of nature and from the current state of everything in the world exactly what will be happening in the world at any future time. It can look at everything about the way the world is and predict everything about how it will be with 100% accuracy. Suppose that such a supercomputer existed, and it looks at the state of the universe at a certain time on March 25, 2150 AD, 20 years before Jeremy Hall is born. The computer then deduces from this information and the laws of nature that Jeremy will definitely rob Fidelity Bank at 6:00 pm on January 26, 2195. As always, the supercomputer's prediction is correct; Jeremy robs Fidelity Bank at 6:00 pm on January 26, 2195. (Nahmias et al. 2005, 566; 2006, 36)

---

[89] In Abs. 4.2.2 werden wir besprechen, warum das wichtig ist.

Nachdem die Studienteilnehmer dieses Szenario gelesen hatten, fragten Nahmias et al. (2005, 2006) sie, ob die Hauptperson – Jeremy – aus freiem Willen gehandelt habe. 16 von 21 Teilnehmern – also 76% – bejahten dies. Dieses Ergebnis widerspricht der eingangs wähnten inkompatibilistischen Vorhersage, nach der der Kompatibilismus kontraintuitiv ist. Da Jeremys Verhalten mithilfe eines Supercomputers vorhergesagt werden konnte, kann es als notwendig vorherbestimmt gelten. Gemäß der inkompatibilistischen Vorhersage hätten also die meisten Versuchsteilnehmer urteilen müssen, Jeremy habe nicht aus freiem Willen gehandelt. Das Gegenteil war aber der Fall.

Daraus kann man ableiten, dass die Vorhersage vermutlich falsch ist. Man kann aber auch andere Erklärungen in Erwägung ziehen, z.B. eine *Fehlertheorie*, nach der die Teilnehmer durch eine emotionale Reaktion auf das Szenario erklärt werden könnte.[90] Nach dieser Fehlertheorie reagierten die Studienteilnehmer mit einer negativen Emotion auf Jeremys Handlung. Schließlich begeht er einen Banküberfall, und dabei handelt es sich um eine Straftat, zu der die meisten Menschen wahrscheinlich eine negative Einstellung haben. Aus einer negativen Gefühlsregung resultiert der Wunsch, dass Jeremy für sein Verhalten zur Rechenschaft gezogen wird. Dieser Wunsch ist aber nur dann zu rechtfertigen, wenn man Jeremy unterstellt, er habe frei und eigenverantwortlich gehandelt. Und deswegen schreiben die Studienteilnehmer Jeremy Willensfreiheit zu.

Diese Fehlertheorie lässt eine Vorhersage zu, die man testen kann: Wenn man das Szenario verändert, sodass Jeremy keine Bank ausraubt, sondern ein Kind rettet (emotional positiv besetzte Handlung) oder joggen geht (emotional neutral besetzte Handlung), dann sollten die Versuchsteilnehmer ihm keine Willensfreiheit mehr zuschreiben. Nahmias et al. (2005, 2006) berichten jedoch, dass 15 von 22 Teilnehmern – also 68% – Jeremy unterstellten, er habe das Kind aus freiem Willen gerettet. 15 von 19 Teilnehmern – also 79% – unterstellten ihm, er sei aus freiem Willen joggen gegangen. Die Alternativhypothese, nach der sich die kompatibilistischen Intuitionen, über die Nahmias et al. (2005, 2006) berichten, durch eine Fehlertheorie wegerklären lassen, bewährte sich also nicht an den experimentellen Daten.

90 Mit einer ähnlichen Fehlertheorie, die von Malle & Nelson (2003) vorgeschlagen wurde, befassten wir uns bereits in Abs. 3.3.3. Sie richtete sich allerdings auf den Knobe-Effekt.

Eine weitere, alternative Erklärung, die Nahmias et al. (2005, 2006) testeten, besteht darin, dass der deterministische Aspekt ihres Szenarios und die Konsequenzen, die sich daraus ergeben, nicht deutlich genug zu erkennen war. Aus diesem Grund führten sie ein weiteres Experiment mit einem anderen Gedankenexperiment durch, in dem der Determinismus deutlicher zutage trat.

> **Fred and Barney**
> Imagine there is a world where the beliefs and values of every person are caused completely by the combination of one's genes and one's environment. For instance, one day in this world, two identical twins, named Fred and Barney, are born to a mother who puts them up for adoption. Fred is adopted by the Jerksons and Barney is adopted by the Kindersons. In Fred's case, his genes and his upbringing by the selfish Jerkson family have caused him to value money above all else and to believe it is OK to acquire money however you can. In Barney's case, his (identical) genes and his upbringing by the kindly Kinderson family have caused him to value honesty above all else and to believe one should always respect others' property. Both Fred and Barney are intelligent individuals who are capable of deliberating about what they do.
>
> One day Fred and Barney each happen to find a wallet containing $1000 and the identification of the owner (neither man knows the owner). Each man is sure there is nobody else around. After deliberation, Fred Jerkson, because of his beliefs and values, keeps the money. After deliberation, Barney Kinderson, because of his beliefs and values, returns the wallet to its owner.
>
> Given that, in this world, one's genes and environment completely cause one's beliefs and values, it is true that if Fred had been adopted by the Kindersons, he would have had the beliefs and values that would have caused him to return the wallet; and if Barney had been adopted by the Jerksons, he would have had the beliefs and values that would have caused him to keep the wallet. (Nahmias et al. 2005, 570; 2006, 38–39)

Besonders der letzte Absatz macht klar, dass das Verhalten von Fred und Barney durch ihre Gene und die entsprechenden Umwelteinflüsse vollständig determiniert ist. Fred behält die 1.000$. Barney gibt sie ihrem rechtmäßigen Eigentümer zurück. Wäre Fred jedoch bei den Kindersons aufgewachsen, hätte er das Geld zurückgegeben. Und wäre Barney bei den Jerksons aufgewachsen, hätte er das Geld behalten. Dennoch, so berichten Nahmias et al. (2005, 2006), urteilten 26 von 34 Versuchsteilnehmern – also 76% –, dass Fred und Barney jeweils frei gehandelt hätten. 60% machten Fred moralisch für sein Handeln verantwortlich, 64% Barney.

Nahmias et al. (2005, 2006) schließen aus ihren Daten, dass die inkompatibilistische Vorhersagen wahrscheinlich falsch ist und der Inkompatibilismus nicht durch die Intuitionen philosophischer Laien gestützt wird.

3.4.3 Diskussion

Die Ergebnisse von Nahmias et al. (2005, 2006) wurden in der experimentell-philosophischen Debatte rege diskutiert.[91] Andere Forscher schlugen andere Interpretationen der Daten vor und testeten auch die alternativen Erklärungen, die Nahmias et al. (2005, 2006) bereits tendenziell ausgeschlossen hatten. In einer einflussreichen Studie merkten Nichols & Knobe (2007) z.B. an, dass die Fallbeispiele, die Nahmias et al. (2005, 2006) verwendeten allesamt die Eigenschaft hatten, sehr *konkret* zu sein. Sie mutmaßten, dass philosophische Laien tatsächlich inkompatbilistische Intuitionen hätten. Jedoch neigten sie dazu, so Nichols und Knobe, Fehler bei der Anwendung des Begriffs der Willensfreiheit zu machen – nämlich dann, wenn sie mit einem konkreten Fallbeispiel konfrontiert werden, das zu einer emotionalen Reaktion führt. Sie erläutern dies folgendermaßen:

> On our view, most people (at least in our culture) really do hold incompatibilist theories of moral responsibility, and these theories can easily be brought out in the kinds of philosophical discussions that arise, e.g., in university seminars. It's just that, in addition to these theories of moral responsibility, people also have immediate affective reactions to stories about immoral behaviors. What we see in the results of the experiments by

[91] In diesem Zusammenhang ist etwa auf die Beiträge von Andow & Cova (2015), Bear & Knobe (2015), de Brigard et al. (2009), Feltz & Millan (2013), Knobe (2014), Mandelbaum & Ripley (2012), Murray & Nahmias (2014), Nahmias et al. (2007), Nahmias & Murray (2011) und Nahmias & Thompson (2014) zu verweisen. Feltz & Cova (2014) führen eine Metaanalyse der Debatte durch und Sarkissian et al. (2010) eine interkulturelle Studie. Björnsson & Pereboom (2016) geben einen aktuellen Überblick über lehnstuhlphilosophische und experimentelle Ansätze in der Debatte über die Willensfreiheit.

> Nahmias and colleagues is, in part, the effect of these affective reactions. (Nichols & Knobe 2007, 669)

Mit anderen Worten: Nichols und Knobe stellten die Hypothese auf, dass die Daten von Nahmias et al. (2005, 2006) durch die Fehlertheorie erklärt werden könnten, die Nahmias und seine Kollegen bereits getestet hatten. Um diese Hypothese neu zu überprüfen, führten Nichols und Knobe ein Experiment mit 41 Studierenden der University of Utah durch. Sie gaben ihren Versuchsteilnehmern zunächst die Beschreibungen von zwei Universen.

- Beim ersten (Universum A) handelte es sich um ein *deterministisches Universum*, in dem alles, was passiert, durch Naturgesetze vorherbestimmt ist – menschliche Entscheidungen eingeschlossen.
- Beim zweiten (Universum B) handelte es sich um ein *indeterministisches Universum*, in dem menschliche Entscheidungen nicht vollständig durch Naturgesetze vorbestimmt sind.

Die genaue Beschreibung las sich folgendermaßen:

> Imagine a universe (Universe A) in which everything that happens is completely caused by whatever happened before it. This is true from the very beginning of the universe, so what happened in the beginning of the universe caused what happened next, and so on right up until the present. For example one day John decided to have French Fries at lunch. Like everything else, this decision was completely caused by what happened before it. So, if everything in this universe was exactly the same up until John made his decision, then it had to happen that John would decide to have French Fries.
>
> Now imagine a universe (Universe B) in which almost everything that happens is completely caused by whatever happened before it. The one exception is human decision making. For example, one day Mary decided to have French Fries at lunch. Since a person's decision in this universe is not completely caused by what happened before it, even if everything in the universe was exactly the same up until Mary made her decision, it did not have to happen that Mary would decide to have French Fries. She could have decided to have something different.
>
> The key difference, then, is that in Universe A every decision is completely caused by what happened before the decision—given the past, each decision has to happen the way that it does. By contrast, in Universe B, decisions are not completely caused

> by the past, and each human decision does not have to happen the way that it does. (Nichols & Knobe 2007, 669)

Nachdem die Teilnehmer diese Beschreibungen des deterministischen und des indeterministischen Universiums gelesen hatten, legten Nichols und Knobe der ersten Gruppe das folgende, *konkrete* Szenario vor:

> **Konkrete Fragestellung**
> In Universe A, a man named Bill has become attracted to his secretary, and he decides that the only way to be with her is to kill his wife and 3 children. He knows that it is impossible to escape from his house in the event of a fire. Before he leaves on a business trip, he sets up a device in his basement that burns down the house and kills his family.
>
> Is Bill fully morally responsible for killing his wife and children? (Nichols & Knobe 2007, 670)

Als Antwortoptionen konnten die Teilnehmer zwischen „Yes" und „No" wählen. Nichols & Knobe (2007) berichten, dass die Teilnehmer, die diese Frage erhielten, mit einer großen Mehrheit von 72% die Option „Yes" wählten. Das heißt, sie urteilten kompatibilistisch. Für sie war die Tatsache, dass das Verhalten von Bill vollständig vorherbestimmt war, vereinbar mit der Ansicht, dass er für den Mord an seiner Familie moralisch verantwortlich ist und *ipso facto* aus freiem Willen gehandelt hat. Mit anderen Worten: Das Ergebnis, das Nichols und Knobe in der ersten Gruppe erzielten, deckte sich mit dem Befund, der auch von Nahmias et al. (2005, 2006) berichtet wird.

In der zweiten Gruppe war das nicht der Fall. Hier konfrontierten Nichols und Knobe die Teilnehmer mit der folgenden, *abstrakten* Fragestellung:

> **Abstrakte Fragestellung**
> In Universe A, is it possible for a person to be fully morally responsible for their actions? (Nichols & Knobe 2007, 670)

Wie die beiden Autoren berichten, wählte in diesem Fall eine deutliche Mehrheit von 86% die inkompatibilistische Antwortoption, nämlich „No". Es ergab sich also eine Diskrepanz in den Urteilen der Versuchsteilnehmer. Ein Teil davon antwortete mehrheitlich gemäß der inkompatibilistischen Vorhersage, der andere nicht. Nichols und Knobe ziehen verschiedene Erklärungen für diese Diskrepanz in Betracht. Zwei konkurrierende Erklärungen lauten:

Erklärung 1
Die beobachtete Urteilsdiskrepanz lässt sich durch die *Konkretheit* bzw. *Abstraktheit* der jeweiligen Fragestellungen erklären.

Erklärung 2
Die beobachtete Urteilsdiskrepanz lässt sich durch die Unterschiede in den *emotionalen Ladungen* der beiden Fragestellungen erklären.

Wie oben angedeutet, favorisieren Nichols und Knobe Erklärung 2. Sie sprechen in diesem Zusammenhang vom „affective performance error model" (Nichols & Knobe 2007, 671). Aufgrund der gerade besprochenen Experimente lässt sich jedoch nicht beurteilen, ob Erklärung 2 tatsächlich vorzugswürdig ist. Denn die zweite Fragestellung unterscheidet sich von der ersten Fragestellung sowohl durch ihre höhere Abstraktheit als auch durch ihre geringere emotionale Ladung. Das heißt, sowohl Erklärung 1 als auch Erklärung 2 (und ebenfalls eine Kombination aus beiden) könnte erklären, warum die Versuchsteilnehmer im einen Fall kompatibilistisch urteilen und im anderen Fall inkompatibilistisch. Deswegen führten Nichols und Knobe ein weiteres Experiment durch, in dem sie die Variable „Abstraktheit" ausschlossen. D.h. sie wählten zwei konkrete Szenarien, die unterschiedliche emotionale Reaktionen verursachen:

Rapist ("High Affect Condition")
As he has done many times in the past, Bill stalks and rapes a stranger. Is it possible that Bill is fully morally responsible for raping the stranger? (Nichols & Knobe 2007, 675)

Tax Cheat ("Low Affect Condition")
As he has done many times in the past, Mark arranges to cheat on his taxes. Is it possible that Mark is fully morally responsible for cheating on his taxes? (Nichols & Knobe 2007, 675)

Nichols und Knobe unterteilten ihre Versuchsgruppe in vier Teilgruppen.

- Zwei Teilgruppen legten sie den Fall *Rapist* vor. Einer davon gaben sie die Information, der Fall ereigne sich in einem deterministischen Universum, in der die Handlung des Vergewaltigers Bill vollständig kausal determiniert war. Der anderen gaben sie die Information, der Fall ereigne sich in einem indeterministischen Universum, in dem Bills Handlung nicht vollständig kausal festgelegt war.

- Zwei weiteren Teilgruppen legten sie den Fall *Tax Cheat* vor. Auch hier gaben sie der einen Teilgruppe die Information, die Handlung des Steuerhinterziehers Mark sei vollständig kausal festgelegt. Der anderen Teilgruppe sagten sie, Marks Handlung sei nicht vollständig kausal determiniert.

Nach Erklärung 1 sollte sich ein ähnliches Urteilsmuster in *Rapist* und *Tax Cheat* ergeben. Schließlich handelt es sich bei beiden Szenarien um konkrete Fälle. Nach Erklärung 2 sollte sich jedoch ein signifikanter Unterschied zwischen den Fällen ergeben. Die folgende Matrix zeigt, was Nichols und Knobe herausfanden (Tabelle 4).

	Indeterministisches Universum	Deterministisches Universum
Rapist	95%	64%
Tax Cheat	89%	23%

Tabelle 4: Rapist vs. Tax Cheat

Diese Ergebnisse sprechen für Erklärung 2.[92]

- Im Fall *Tax Cheat* war eine Diskrepanz zwischen dem deterministischen und indeterministischen Szenario zu beobachten. Diejenigen Studienteilnehmer, die von der Annahme eines indeterministischen Universums ausgingen, urteilten zu 89%, Mark handle frei. Dagegen schrieben nur 23% der Teilnehmer, die von der Annahme eines deterministischen Universums ausgingen, Mark Willensfreiheit zu.
- Im Fall *Rapist,* der im Vergleich zu *Tax Cheat* stärker emotional aufgeladen ist, ergab sich ein ganz anderes Bild. Hier urteilte sowohl im deterministischen als auch im indeterministischen Fall eine Mehrheit von 95% bzw. 64%, der Vergewaltiger Bill habe frei gehandelt.

Die Erklärung, die Nichols & Knobe (2007) für ihre Daten vorschlagen, wirkt schlüssig und elegant. Allerdings ist sie mit einigen Problemen behaftet.

Erstens lässt sich Erklärung 1 durch das Experiment, das Nichols und Knobe durchführten nicht ausschließen. Es ließe sich allenfalls

[92] Zumindest Joshua Knobe scheint diese Position mittlerweile verworfen zu haben. Dies legt zumindest seine Antwort auf einen Blogpost nahe, der auf Thomas Nadelhoffers Blog *Experimental Philosophy* erschien. Dieser ist verfügbar unter der Webadresse: http://bit.ly/1TZDUfZ (abgerufen am 30.06.2016).

schließen, dass Erklärung 1 die Urteilspraxis philosophischer Laien nicht *alleine* erklärt.

Zweitens haben zwischenzeitlich andere Forscherteams Experimente durchgeführt, die an der Erklärung von Nichols und Knobe zweifeln lassen. Feltz et al. (2009) führten z.B. ein Experiment mit 52 Studierenden der Florida State University durch. Sie verwendeten die gleichen Beschreibungen des deterministischen und indeterministen Universums, die Nichols & Knobe (2007) verwendet hatten. Und sie verwendeten ebenfalls die Formulierungen der Fälle *Rapist* und *Tax Cheat*. Allerdings legten sie den Teilnehmern jeweils beide Fälle vor. Wie Feltz et al. (2009) berichten, wählten die allermeisten Teilnehmer in beiden Fällen die kompatibilistische Antwortoption (25%) oder die inkompatibilistische Antwortoption (67%). Nur 8% wählten unterschiedliche Antworten in den zwei Szenarien. Nach der Erklärung von Nichols & Knobe (2007) hätte man erwarten sollen, dass die meisten Teilnehmer gemischte Antworten wählen würden, nämlich die inkompatibiliste in *Tax Cheap* und die kompatibilistische in *Rapist*. Feltz et al. (2009) folgern daraus:

> Whatever the explanation, it is clear that when participants are given both the high and low affect conditions, not many people succumb to the affective performance error identified by Nichols and Knobe. (Feltz et al. 2009, 10)

Das heißt, die Erklärung 2, die Nichols und Knobe (2007) vorschlagen, erklärt allenfalls einen Teil der Urteilspraxis philosophischer Laien.

Drittens fanden Cova et al. (2012) Belege dafür, dass emotionale Prozesse wahrscheinlich nicht die Ursache für kompatibilistische Urteile sind. In einer sehr originellen Studie testeten sie, wie Patienten urteilen, die an der Pick-Krankheit leiden. Die Pick-Krankheit ist eine neurodegenerative Erkrankung, die zu Störungen bei der Verarbeitung emotionaler Informationen im Gehirn führt. Da Nichols und Knobes Erklärung 2 Emotionen für kompatibilistische Urteile verantwortlich macht, sollte gemäß dieser Erklärung der Anteil kompatibilistisch urteilender Personen in einer Gruppe von Patienten, die an der Pick-Krankheit leiden, signifikant geringer sein. Cova et al. (2012) stellten das aber nicht fest. Sie testeten den Fall *Supercomputer* (Nahmias et al. 2005, 2006) und das konkrete Szenario, in dem Bill determiniert ist, seine Familie umzubringen (Nichols & Knobe 2007). In beiden Fällen urteilten die meisten Studienteilnehmer kompatibilistisch.

Viertens schlagen Nahmias & Murray (2011) eine plausible Fehlertheorie vor, nach der die inkompatibilistischen Intuitionen der Teilnehmer in Nichols und Knobes Studie durch einen Denkfehler erklärt werden können.[93] Sie argumentieren, dass Menschen, die inkompatibilistisch urteilen, die These des Determinismus falsch deuten.

> [...] most laypersons who respond that agents do not have FW [free will; NM] and MR [moral responsibility; NM] in deterministic universes are in fact expressing only "apparent incompatibilist intuitions" because they misunderstand determinism to involve bypassing. (Nahmias & Murray 2011, 193)

Wie wir in Abs. 3.4.1 besprachen, behauptet der Determinimus lediglich, dass der gesamte Weltverlauf durch Anfangsbedingungen und Naturgesetze notwendig festgelegt ist. Er behauptet nicht, dass die Überzeugungen, Wünsche und Entscheidungen handelnder Personen keine kausale Rolle spielen – eine Vorstellung, die Nahmias & Murray (2011) als „bypassing" bezeichnen. Nach der ihrer Fehlertheorie gehen Menschen, die in deterministischen Szenarien zu inkompatibilistischen Urteilen neigen, davon aus, dass die mentalen Zustände handelnder Personen kausal „umgangen" werden und keine Auswirkungen auf den Weltverlauf haben.

Auch diese Fehlertheorie lässt sich testen. Und Nahmias & Murray (2011) führen natürlich Belege dafür an. Sie berichten von einem Experiment, das sie mit 249 Studierenden der Georgia State University in Altanta durchführten. Diese baten sie, Szenarien zu beurteilen, in denen die handelnde Person naturgesetzlich determiniert war. Dabei kontrollierten Nahmias und Murray, ob ihre Studienteilnehmer die Determiniertheit der handelnden Person als „bypassing" auffassten. Sie legten ihnen dazu die folgenden Aussagen vor und baten darum, diese zu beurteilen.[94]

Decisions
In Universe [A/C] a person's decisions have no effect on what they end up being caused to do.

---

[93] Siehe hierzu auch Murray & Nahmias (2014) sowie Nahmias & Thompson (2014).

[94] Diese Fragen wurden mit einer Beschreibung des Universums A (Nahmias & Murray 2011, 195) und des Universums C (194-195) ergänzt. Bei beiden handelte es sich um ein deterministisches Universium.

Wants
In Universe [A/C] what a person wants has no effect on what they end up being caused to do.

Believes
In Universe [A/C] what a person believes has no effect on what they end up being caused to do.

No Control
In Universe [A/C] a person has no control over what they do.

Past Different
In Universe [A/C] everything that happens has to happen, even if what happened in the past had been different. (Nahmias & Murray 2011, 202)

Wie Nahmias und Murray berichten, bejahten Teilnehmer diese Aussagen besonders häufig, wenn sie mit Nichols & Knobes (2007) abstrakter Fragestellung konfrontiert wurden. Das deutet darauf hin, dass die Formulierung der Fragestellung dazu verleitet, Determinismus mit „bypassing" zu verwechseln. Und das wiederum würde erklären, warum eine große Mehrheit unter den Teilnehmern im Experiment von Nichols & Knobe (2007) anscheinend inkompatibilistisch urteilten. Wenn Nahmias und Murray recht haben, dann trügt der Schein. Die Resultate von Nichols und Knobe zeigen dann lediglich, dass die meisten Menschen „bypassing" und Willensfreiheit unvereinbar finden, sagen aber nichts über die Kompatibilität von Determinismus und Willensfreiheit aus.

Welches Resümee lässt sich aus unserer Diskussion ziehen? Mehr oder weniger definitive Schlussfolgerungen über die zentralen Fragen der Willensfreiheit lassen sich sicherlich noch nicht aus der experimentell-philosophischen Debatte ableiteten. Allerdings kann kaum bestritten werden, dass diese Debatte zu interessanten Neuerungen geführt und Anlass gegeben hat, Anschlussfragen zu stellen, die vorher kaum denkbar waren. Der Inkompatibilismus kann – anders als bisher angenommen – nicht zweifelsfrei als intuitiv einleuchtend gelten. Im Anschluss an die Beiträge von Nahmias et al. (2005, 2006) und anderen Forschern, sollten wir die Möglichkeit in Betracht ziehen, dass sich der Kompatibilismus zum intuitiven „Default" entwickeln könnte.

3.5 Zusammenfassung

In diesem Kapitel haben wir einflussreiche experimentell-philosophische Studien aus der Erkenntnistheorie, Sprachphilosophie, Handlungstheorie und der Philosophie des Geistes besprochen.

Wir begannen mit den klassischen Studien von Weinberg et al. (2001) und Swain et al. (2008), die der X-Phi$_3$ zuzurechnen sind. Weinberg et al. (2001) weisen auf die demographische Variabilität epistemischer Intuitionen hin. Swain et al. (2008) berichten über Experimente, die zeigen, dass epistemische Intuitionen anfällig für Ordnungseffekte sind. Beide Autorenteams ziehen aus ihren Daten eine recht weitreichende Schlussfolgerung. Sie behaupten, die Methode der analytischen Philosophie (MAP) sei unzuverlässig und sollte abgelehnt werden – zumindest in der Erkenntnistheorie. Unsere Diskussion ergab allerdings, dass diese Schlussfolgerung vorschnell wirkt. Zentrale Resultate entzogen sich einer Replikation. Zudem ergab unlängst eine großangelegte interkulturelle Studie (Machery et al. 2015a), dass zumindest bestimmte epistemische Intuitionen über Kulturgrenzen hinweg stabil zu sein scheinen. Dennoch war die Debatte, die Weinberg et al. (2001) und Swain et al. (2008) angestoßen haben, nicht umsonst. Denn die nachfolgende Diskussion räumte bestimmte Bedenken an der konventionellen, analytischen Vorgehensweise in der Erkenntnistheorie aus und stellte diese auf ein sichereres Fundament. Außerdem sind die erzielten Ergebnisse um ihrer selbst willen – d.h. aus Sicht der X-Phi$_1$ – interessant.

Im Bereich der Sprachphilosophie ergab sich ein etwas anderes Bild. Machery et al. (2004) untersuchten sprachphilosophische Intuitionen über die Bedeutung von Eigennamen, die für die Debatte zwischen Vertretern der Russellschen Kennzeichnungstheorie und Vertretern einer kausal-historischen Sichtweise zentral sind. Sie konnten dabei zeigen, dass wichtige Gedankenexperimente wie etwa Saul Kripke's einflussreicher Gödel-Fall unterschiedlich beurteilt werden – und zwar sowohl innerhalb einer Kultur als auch über Kulturgrenzen hinweg. Dieses Ergebnis, das durch andere Forscher weitgehend repliziert werden könnte, weckt Zweifel an der Rechtfertigung der kausal-historischen Theorie über die Bedeutung von Eigennamen. Anders als im Bereich der Erkenntnistheorie deutet sich an, dass experimentelle Befunde die Debatte um die Sprachphilosophie nachhaltig prägen könnten.

Im Bereich der Handlungstheorie befassten wir uns mit dem Knobe-Effekt – einer interessanten Urteilsasymmetrie. Joshua Knobe fand heraus, dass seine Studienteilnehmer die Verursachung einer nicht beabsichtigen Nebenfolge signifikant häufiger als absichtliche Handlung einstufen, wenn diese als moralisch schlecht beurteilt wurde. Dieses Resultat, das interkulturell stabil erscheint und hinlänglich repliziert wurde, diskreditiert *prima facie* den sogenannten „Simple View", bei dem es sich um eine These über das Wesen absichtlicher Handlungen handelt. Dieser Auffassung zufolge können Nebenfolgen nur als absichtlich hervorgebracht eingestuft werden, wenn sie auch beabsichtigt wurden. Der Knobe-Effekt zeigt, dass die meisten Menschen das anders sehen. Dieses Resultat ist aus Sicht der X-Phi_1 – also für sich genommen – interessant. Ob sich – mit X-Phi_2 oder X-Phi_3 – weitergehende philosophische Schlussfolgerungen aus ihm ziehen lassen, hängt in erster Linie davon ab, wie er sich erklären lässt. Wenn sich herausstellen würde, dass der Knobe-Effekt auf einem kognitiven Fehler beruht, würde dies den „Simple View" ein Stück weit rehabilitieren. Wenn sich dagegen zeigen ließe, dass der Effekt Rückschlüsse auf den Alltagsbegriff der absichtlichen Handlung zulässt, würde dieses Ergebnis die philosophische Kritik am „Simple View" erhärten. Allerdings gibt es bisher noch keine umfassende Erklärung des Knobe-Effekts, die sich an der gesamten Datenlage bewähren kann.

Schließlich widmeten wir uns der experimentell-philosophischen Debatte um die Willensfreiheit. Hier identifizierten wir zunächst zwei zentrale, traditionelle Fragestellungen. Die zentrale inhaltliche Frage lautet: Haben wir Willensfreiheit? Die zentrale begriffliche Frage lautet: Was ist Willensfreiheit? Letztere wurde philosophiehistorisch vor allem vor dem Hintergrund des Determinismus-Problems diskutiert. Das heißt, Philosophen haben sich vor allem dafür interessiert, ob Willensfreiheit existieren kann, wenn der Weltverlauf deterministisch, d.h. naturgesetzlich vorherbestimmt, ist. Inkompatibilisten verneinen dies, Kompatibilisten bejahen es. Die inkompatibilistische Position wird, wie wir festhielten, üblicherweise als intuitiv einleuchtende Ausgangsposition eingestuft. Wir betrachteten die Studie von Nahmias (2005, 2006), die dieses Dogma auf die Probe stellt. Sie leiteten aus der vermeintlichen Intuitivität des Inkompatibilismus eine testbare Vorhersage ab und überprüften sie anhand von Fragebogenstudien. Dabei fanden sie heraus, dass die meisten Menschen einer handelnden Person auch dann Willensfreiheit und Verantwortung zuschreiben, wenn sie wissen, dass ihr Handeln naturgesetzlich determiniert war. Zum derzeitigen Zeitpunkt ist noch unsicher, ob die Einschätzung von Nahmias et al. (2005, 2006), nach der der Kompatibilismus die intuitive Ausgangsposition darstellen sollte, haltbar ist. Zumindest lässt sich jedoch sagen, dass die Debatte um die Willensfreiheit durch ihre Beiträge ordentlich durcheinandergewirbelt wurde. Der Inkompatibilismus kann nicht mehr als intuitiv einleuchtend gelten und hat seine privilegierte, dialektische Ausgangsposition eingebüßt. Um diese wieder beanspruchen zu können, müssten Vertreter des Inkompatibilismus die Position von Nahmias et al. (2005, 2006) widerlegen und deren Daten durch eine Fehlertheorie erklären. Das ist bisher nicht gelungen.

Zusammenfassend lässt sich festhalten: In keinem der vier Philosophiebereiche, die wir betrachtet haben, konnte die experimentelle Philosophie bisher definitive Ergebnisse liefern. Aber in fast allen Bereichen lieferte sie interessante Befunde, die mit traditionellen philosophischen Methoden wahrscheinlich nicht zu erreichen gewesen wären. Außerdem gibt sie uns Anlass, neue und spannende Fragestellungen zu diskutieren, die traditionellen Philosophen wohl nicht einfach in den Lehnstuhl gefallen wären. Deswegen lässt sich nicht leugnen, dass die experimentelle Philosophie in kurzer Zeit Bemerkenswertes geleistet hat. Allerdings hat sie auch viele kritische Rückmeldungen erfahren. Mit einigen davon werden wir uns im nächsten Kapitel befassen.

4. Einwände

In Kap. 3 haben wir einflussreiche experimentell-philosophische Studien aus verschiedenen Bereichen besprochen und einige Facetten der darauffolgenden Diskussion zwischen verschiedenen Vertretern der experimentellen Philosophie dargestellt. In diesem Kapitel möchte ich gerne auf einige Kritikpunkte zu sprechen kommen, die von Kritikern der experimentellen Philosophie gegen diese Studien und gegen den experimentellen Forschungsansatz allgemein ins Feld geführt wurden.

Es scheint angeraten, mit einigen prinzipiellen Gesichtspunkten zu beginnen. Wir sollten zunächst klären, wie kritische Einwände gegen die experimentelle Philosophie überhaupt aussehen können und wie sich ihre potentielle Reichweite bestimmen lässt (Abs. 4.1). Auf dieser Grundlage können wir dann die unterschiedlichen Arten von Einwänden diskutieren (Abs. 4.2. und 4.3.), um schließlich zusammenzufassen (Abs. 4.4.).

4.1 Kritische Einwände und ihre Reichweite

Wie können kritische Einwände gegen die experimentelle Philosophie überhaupt aussehen? Und wie groß ist ihre potentielle Reichweite? Um diese Fragen vorab zu beantworten, sollten wir uns noch einmal die Unterscheidung zwischen den verschiedenen Erscheinungsformen der experimentellen Philosophie vor Augen führen, die wir in Kap. 2 besprochen haben. Das waren X-Phi$_1$, X-Phi$_2$ und X-Phi$_3$. Bei unserer Diskussion wurde ein kategorialer Unterschied zwischen X-Phi$_1$ einerseits sowie X-Phi$_2$ und X-Phi$_3$ andererseits deutlich.

- Wir stellten fest, dass X-Phi$_1$, die die experimentelle Philosophie als Kognitionswissenschaft der Philosophie deutet, sich mit *empirisch-deskriptiven Fragen* befasst. Vertreter von X-Phi$_1$ möchten herausfinden, welche Intuitionen Menschen haben, wenn sie über philosophische Probleme nachdenken. Und sie wollen herausfinden, warum sie diese Intuitionen haben. Für sie sind diese Fragen um ihrer selbst willen philosophisch interessant.

- Vertreter der positiven und negativen experimentellen Philosophie – X-Phi2 und X-Phi3 – wollen ebenfalls herausfinden, wie Menschen intuitiv über philosophische Frage urteilen. Allerdings ist das für sie kein Selbstzweck. Sie interessieren sich vielmehr für die *philosophischen bzw. metaphilosophischen Schlussfolgerungen*, die sich aus der intuitiven Urteilspraxis philosophischer Laien für die philosophische Praxis ergeben.

Wir haben in Kap. 2 mehrere Argumentschemata betrachtet, die es erlauben, metaphilosophische Schlussfolgerungen aus experimentellen Resultaten zu ziehen. Sie werden nur von Vertretern der X-Phi2 und X-Phi3 verwendet. Wer X-Phi1 betreibt, verwendet diese Argumentschemata überhaupt nicht. Wie wir gleich sehen werden, immunisiert dieser Unterschied X-Phi1 gegen eine bestimmte Klasse von Einwänden, die regelmäßig gegen die experimentelle Philosophie vorgebracht werden.

Alle Einwände gegen X-Phi2 und X-Phi3 lassen sich als Einwände gegen die verschiedenen Argumentschemata aus Kap. 3 deuten. Wie wir in Abs. 2.3 besprachen, liegt diesen Argumentschemata eine allgemeine Form zugrunde, unter die das Konsens- bzw. Dissens-Argument, das Argument des irrelevanten Faktors und das Argument des Framing-Effekts fallen. Sie sieht folgendermaßen aus:

Argument der Glaubwürdigkeit

(P1) Unsere Intuition, dass *p*, hat die empirische Eigenschaft *E*. (Empirische Prämisse)

(P2) Wenn eine Intuition die empirische Eigenschaft *E* hat, dann ist sie *pro tanto* (un)glaubwürdig. (Brückenprämisse)

(K) Unsere Intuition, dass *p*, ist *pro tanto* unglaubwürdig. (Philosophische / metaphilosophische Schlussfolgerung)

Dieses Schema können wir noch weiter generalisieren, sodass es auch Argumente einschließt, die dem in Abs. 2.5 vorgestellten Gedankengang folgen. Dort sagten wir, dass experimentelle Befunde über die Intuitionen philosophischer Laien Auskunft darüber geben können, welche Interpretation einer philosophischen Frage lebensweltlich relevant ist. Wenn sich z.B. herausstellt, dass die meisten Menschen einen kompatibilistischen Begriff der Willensfreiheit favorisieren, dann sollte dies für Philosophen einen guten Grund darstellen, diesen Begriff in ihren philosophischen Diskussionen zugrunde zu legen. Dieser Gedankengang folgt dem folgenden Schema:

Das Argument der lebensweltlichen Relevanz

(P1) Die meisten Menschen favorisieren Interpretation *I* des Begriffs *B*. (Empirische Prämisse)

(P2) Wenn die meisten Menschen eine bestimmte Interpretation eines Begriffs favorisieren, dann haben Philosophen einen guten Grund dafür, diese Interpretation in ihren philosophischen Diskussionen zugrunde zu legen. (Brückenprämisse)

(K) Philosophen haben einen guten Grund dafür, Interpretation *I* des Begriffs *B* in ihren philosophischen Diskussionen zugrunde zu legen. (Philosophische Schussfolgerung)

Wie die folgenden Beobachtungen verdeutlichen, teilen beide Argumentschemata eine allgemeine Struktur:

- Die erste Prämisse P1 konstatiert jeweils einen *empirischen Sachverhalt*.
- Die zweite Prämisse P2 hat jeweils die Funktion einer *Brückenprämisse*. Sie stellt die logische Verbindung zwischen dem in der ersten Prämisse P1 konstatierten empirischen Sachverhalt und der (meta)philosophischen Schlussfolgerung K her. Sie verbindet P1 und K in Form einer Wenn-Dann-Struktur.
- Die Schlussfolgerung K stellt schließlich in beiden Fällen eine (meta-)philosophische Behauptung auf.

Aus diesen Beobachtungen lässt sich ein allgemeines Schema für experimentell-philosophische Argumente ableiten, unter das alle spezifischen Argumentschemata fallen, die wir in Kap. 2 betrachtet haben. Es sieht folgendermaßen aus.

Experimentell-philosophisches Argumentschema

(P1) Der empirische Sachverhalt E ist gegeben.

(P2) Wenn der empirische Sachverhalt E gegeben ist, dann folgt die (meta-)philosophische Implikation P.

(K) P.

Wie lassen sich Argumente, die diesem allgemeinen Schema folgen, kritisieren? Um das zu beurteilen, lohnt es sich zunächst festzustellen, dass das experimentell-philosophische Argumentschema formallogisch gültig ist. In der Regel sagt man, dass sich formallogisch gültige Argumente nur kritisieren lassen, indem man die Prämissen angreift. Das ist in der Tat eine Möglichkeit. In Abs. 4.3.5 werden wir allerdings sehen, dass es noch weitere Möglichkeiten gibt. Zunächst wollen wir uns aber auf die Kritik der Prämissen beschränken.

Da das experimentell-philosophische Argumentschema zwei Prämissen hat, können wir zunächst *zwei Formen der Kritik* an der experimentellen Philosophie unterscheiden. Die erste Form greift P1 an, die zweite P2.

Einwände gegen P1 des Argumentationsschemas nenne ich *methodische Einwände* – und zwar aus folgendem Grund. Anders als in der Lehnstuhl-Philosophie wird P1 in einer experimentell-philosophischen Studie nie einfach postuliert. Es gibt immer ein experimentelles Argument, das diese Prämisse stützt. D.h. die Annahme, dass der fragliche empirische Sachverhalt E vorliegt, wurde aus einem Experiment abgeleitet. Wer P1 bezweifelt und damit in Frage stellt, dass E tatsächlich der Fall ist, der muss zeigen, warum sich aus dem Experiment, das experimentelle Philosophen anführen, um P1 zu stützen, nicht mit hinreichender Wahrscheinlichkeit folgern lässt, dass E tatsächlich wahr ist. Eine radikale Möglichkeit, um das zu tun, besteht darin, an den Erkenntnismöglichkeiten empirisch-wissenschaftlicher Forschungsmethoden zu zweifeln. Aber diese Position erscheint aus meiner Sicht angesichts der atemberaubenden Errungenschaften der empirischen Wissenschaften sehr unvernünftig.[95] Außerdem ist es nicht mein Anliegen, eine grundlegende Diskussion zum Problem des Skeptizismus zu führen. Deswegen werden wir Einwände dieser Art ignorieren. Stattdessen werden wir uns auf eine zweite Möglichkeit beschränken. Sie ist nicht auf einen fundamentalen Zweifel an der Möglichkeit empirischer Erkenntnis angewiesen. Wer diese zweite Form der Kritik äußert, der weist vielmehr auf einen Fehler in der Anwendung der empirischen Erkenntnismethode hin. Deswegen spreche ich von *methodischen* Einwänden.

Kritiker, die bereit sind einzuräumen, dass es bestimmte empirische Sachverhalte gibt, aus denen sich (nach P2) philosophische Schlussfolgerungen ergeben, äußern keine grundsätzlichen, philosophischen Bedenken an der experimentellen Philosophie. Sie bezweifeln lediglich, dass die empirischen Sachverhalte, unter denen sich bestimmte philosophische Konsequenzen ergeben würden, tatsächlich nachgewiesen wurden. Wer dagegen grundsätzliche, philosophische Einwände erhebt, zweifelt nicht nur daran, dass die empirischen Prämissen eines experimentell-philosophischen Arguments nachge-

95 Vgl. hierzu Mukerji (2017, 39-51).

wiesen wurden. Er bestreitet vielmehr, dass sich aus diesen empirischen Umständen eine philosophisch interessante Schlussfolgerung ziehen ließe, wenn sie denn nachgewiesen würden. Hierbei handelt es sich um eine Kritik an P2, die wir als *philosophischen* Einwand bezeichnen.

Basierend auf der Unterscheidung zwischen methodischen und philosophischen Einwänden gegen die experimentelle Philosophie lässt sich auch eine Aussage über deren Reichweite treffen. Zu Beginn dieses Abschnitts merkte ich an, dass eine bestimmte Klasse von Einwänden gegen $X\text{-}Phi_1$ nicht wirksam ist. Bei diesen Einwänden handelt es sich um die philosophischen Einwände. Diese richten sich gegen die Brückenprämisse des experimentell-philosophischen Argumentationsschemas. Mit anderen Worten: Sie richtet sich gegen die These, man könne aus einer empirischen Prämisse Schlussfolgerungen ableiten, die für klassische, philosophische Fragen relevant sind. Vertreter der $X\text{-}Phi_1$ behaupten nichts dergleichen. Gegen sie greifen allenfalls methodische Einwände, d.h. kritische Hinweise auf Fehler bei der Anwendung empirischer Forschungsmethoden. Vertreter der $X\text{-}Phi_2$ und $X\text{-}Phi_3$ behaupten jedoch die eine oder andere Variante von P2, wie wir in Abs. 2.4 und Kap. 3 gesehen haben. Gegen sie greifen also auch philosophische Einwände. Wir können daher festhalten:

- Mit methodischen Einwänden lässt sich jede Variante der experimentellen Philosophie angreifen, mit philosophischen Einwänden dagegen nur $X\text{-}Phi_2$ und $X\text{-}Phi_3$.
- Und *ipso facto*: Jeder Einwand, der gegen $X\text{-}Phi_1$ wirksam ist, greift auch gegen $X\text{-}Phi_2$ und $X\text{-}Phi_3$. Umgekehrt gilt das jedoch nicht.

Tabelle 5 fasst diese beiden Punkte zusammen.

In Abs. 4.2 werden wir zuerst eine kleine Auswahl methodischer Einwände betrachten, die alle Varianten der experimentellen Philosophie betreffen. In Abs. 4.3 werden wir dann auf einige philosophische Einwände eingehen, die sich nur gegen $X\text{-}Phi_2$ und $X\text{-}Phi_3$ wenden.

	$X\text{-}Phi_1$	$X\text{-}Phi_2$	$X\text{-}Phi_3$
Empfänglich für methodische Einwände?	ja	ja	ja
Empfänglich für philosophische Einwände?	nein	ja	ja

Tabelle 5: Einwände gegen die experimentelle Philosophie und ihre Reichweite

4.2 Methodische Einwände

Wir können methodische Einwände zunächst in zwei Klassen von Kritik unterteilen. Die erste ist sehr allgemein. Wer sie vorbringt, vertritt die These, dass die experimentelle Methode ungeeignet ist, um einen Beitrag zur philosophischen Forschung zu leisten. Einige Bemerkungen des X-Phi-Kritikers Herman Cappelen könnte man als Variante dieser Kritik verstehen. Er bestreitet, dass sich mithilfe von Experimenten Rückschlüsse über die philosophische Praxis ziehen lassen, da sich die Arbeitsweise von Philosophen nicht in dieser Weise überprüfen lässt:

> Doing philosophy is thinking about and then giving reasons for a judgment about a case and the judgment is evaluated based on the quality of the reasons given. No part of philosophy is like responding to survey questions about vignettes. (Cappelen 2014, 283)

Dieser Einwand ist wichtig und sollte im Rahmen einer umfassenden Bewertung der experimentellen Philosophie besprochen werden. Allerdings möchte ich ihn im folgenden ausklammern, da er den Rahmen dieses Buch sprengen würde. Wir werden uns also auf eine zweite, speziellere Form der Kritik an der experimentellen Philosophie beschränken, die nicht auf einer grundlegenden Skepsis an der experimentellen Methodik beruht. Sie besteht lediglich in dem Hinweis, dass die experimentelle Philosophie grundlegende empirisch-wissenschaftliche Forschungsgrundsätze verletzt.

Einwände dieser Art lassen sich mithilfe einer wichtigen Differenzierung weiter kategorisieren. Dabei handelt es sich um die Unterscheidung zwischen *Fragen der externen Validität* und *Fragen der internen Validität*.[96] Was jeweils damit gemeint ist und welche Argumente sich daraus ergeben, betrachten wir in den folgenden beiden Abs. 4.2.1 und 4.2.2.

4.2.1 Externe Validität

Empirische Studien haben einen empirischen Untersuchungsgegenstand. Über diesen Gegenstand versuchen sie eine Aussage zu treffen. Allerdings können sie ihn in der Regel nicht vollständig erfassen. Das ist in der experimentellen Philosophie genauso. Experimentelle Philosophen – etwa Weinberg et al. (2001) oder Machery et al. (2004) – interessieren sich z.B. dafür, welche Intuitionen Menschen in einem bestimmten Kulturkreis haben, wenn sie mit einem philosophischen Problem konfrontiert werden. Andere interessieren sich dafür, ob es geschlechterspezifische Unterschiede gibt (z.B. Buckwalter & Stich 2014, Seyedsayamdost 2014). Wieder andere interessieren sich dafür, welche intuitiven Urteile Menschen mit bestimmten neuropsychologischen Eigenschaften fällen (z.B. Cova et al. 2012). Allerdings lassen sich im Rahmen einer experimentell-philosophischen Studie nie die Intuitionen der gesamten Gruppe überprüfen, um die es in der Untersuchung geht. Man kann lediglich eine *Stichprobe* ziehen – d.h. einen kleinen Teil der Gruppe befragen – und daraus Schlussfolgerungen für die gesamte Gruppe ableiten. Damit diese Schlussfolgerungen gerechtfertigt sind, muss die Stichprobe allerdings *repräsentativ* sein. Nur dann besitzt die entsprechende Studie *externe Validität.*

Um den Gesichtspunkt der externen Validität zufriedenstellend zu besprechen, müssten wir dem Problem der Datenerhebung in der experimentellen Forschung detailliert auf den Grund gehen. Das würde viel zu weit führen. Deswegen werden wir lediglich ein anschauliches und sehr einfaches Beispiel betrachten, das die Problematik verdeutlicht. Es sollte uns helfen zu illustrieren, was alles bei der Datengewinnung schief gehen kann.[97]

---

96 Indem wir uns auf diesen beiden Aspekte beschränken, lassen wir formalere Aspekte außen vor (z.B. die Auswahl statistischer Analyseverfahren).

97 Die Eigenschaften unseres Beispiels stellen sicher, dass wir bestimmte Probleme ausgliedern können. Das gilt insbesondere für die Rechtfertigung von Kausalschlüssen, die besonders in sogenannten „Quasi-Experimenten" besteht, wo die erklärende Variable bereits vor dem Experiment festgelegt ist und nicht randomisiert werden kann (z.B. Geschlecht). Eine umfassendere Bewertung experimentell-

Nehmen wir an, wir würden gerne im Rahmen einer experimentellen Studie herausfinden, wie Menschen in Deutschland über ein bestimmtes Gedankenexperiment G urteilen. Dazu entwickeln wir einen Fragebogen, den wir auf der Website der philosophischen Fakultät der LMU München online stellen. Um für rege Teilnahme zu sorgen, hängen wir an der gesamten Universität Plakate auf, mit denen wir auf unsere Studie hinweisen. Jeder, der uns unterstützen möchte, darf und soll teilnehmen!

Bei der Auswertung unserer Ergebnisse stellen wir fest, dass 90% der Teilnehmer Antwortoption A wählten und 10% Antwortoption B. Wir schließen daraus, dass fast alle Menschen in Deutschland Antwortoption A in Gedankenexperiment G favorisieren. Ist dieser verallgemeinernde Schluss gerechtfertigt? Ist unsere Studie extern valide?

Hier sind Zweifel berechtigt. Denn unsere Stichprobe scheint nicht repräsentativ zu sein. Es gibt mindestens zwei Probleme bei der Datenerhebung.

Wir können *erstens* davon ausgehen, dass fast nur bildungsaffine Probanden an unserer Studie teilgenommen haben. Schließlich wurde der Fragebogen auf der Website einer Universität veröffentlicht, wo ihn wahrscheinlich nur bildungsaffine Menschen gefunden haben. Und es ist nicht gesagt, dass deren Intuitionen repräsentativ für die Gesamtbevölkerung in Deutschland sind.

Aber wahrscheinlich ist unser Ergebnis nicht einmal repräsentativ für Studierende deutscher Universitäten. Schließlich war die Teilnahme an unserer Studie freiwillig. Und das könnte *zweitens* zu einer gewissen *Selbstselektion* geführt haben. Das bedeutet, dass wahrscheinlich eher diejenigen teilgenommen haben, die sich für Philosophie interessieren. Und es ist nicht garantiert, dass diese Teilnehmer die gleichen philosophischen Intuitionen haben wie der Rest der Studierenden. Wir haben also zwei Gründe, an der externen Validität unserer Studie zu zweifeln.

Wie könnte man es besser machen? Hierfür gibt es zwei Möglichkeiten.

Die erste besteht darin, unser Forschungsresultat entsprechend einzuschränken. Offensichtlich haben wir nur etwas darüber herausgefunden, wie bildungsaffine, philosophieinteressierte Menschen über Gedankenexperiment G denken. Wenn wir unser Ergebnis so dar-

---

philosophischer Studien müsste solche Aspekte ebenfalls berücksichtigen. Zum Problem von Kausalschlüssen siehe auch Mukerji (2017, 243-249).

stellen und nicht vorschnell verallgemeinern, dann ist daran nichts auszusetzen.

Wenn wir allerdings eine weitergehende Schlussfolgerung ziehen wollen, dann steht uns eine zweite Möglichkeit offen. In diesem Fall müssen wir unser Experiment wiederholen und anders bei der Datenauswahl vorgehen. Wir könnten unsere Befragung an einem „neutraleren" Ort durchführen, um die Wahrscheinlichkeit, vor allem bildungsaffine Menschen auszuwählen, zu verringern. Joshua Knobe führte seine ersten X-Phi$_1$-Studien z.B. in einem öffentlichen Park durch (Knobe 2003 und Knobe 2004). In diesem Zusammenhang wäre es außerdem wichtig, mögliche Teilnehmer wahllos anzusprechen – also eine *Zufalls*stichprobe zu ziehen. Außerdem müssten wir eine ausreichend große Anzahl von Teilnehmern für unser Experiment gewinnen.

Dieses Prozedere würde das erste Problem zumindest abmildern. Allerdings bliebe das zweite Problem bestehen. Auch wenn wir unsere Befragung an einem neutralen Ort durchführen, können wir nicht ausschließen, dass vermehrt Personen teilnehmen, die sich für das Thema der Befragung interessieren. Und die haben vielleicht andere Intuitionen als andere. Eine Möglichkeit, um das zu vermeiden, besteht darin, unsere Probanden erst zur Teilnahme zu verpflichten – etwa durch die Zahlung eines kleinen Geldbetrags – und dann mit der Befragung zu beginnen. Auf diese Weise wäre sicher gestellt, dass auch Personen teilnehmen, die ohne den extrinsischen Anreiz kein Interesse hätten, bei einer philosophischen Studie mitzumachen.

Der Faktor der externen Validität spielt in der Debatte um die experimentelle Philosophie eine große Rolle. Allerdings spricht er auf den ersten Blick für sie, nicht gegen sie. Experimentelle Philosophen motivieren ihre Forschungen häufig, indem sie darauf hinweisen, dass analytische Lehnstuhl-Philosophen ungerechtfertigt von ihren eigenen Intuitionen auf die Intuitionen aller schließen. Thomas Nadelhoffer und Eddy Nahmias sagen etwa:

> Philosophers are a rarefied and self-selected group, with a highly distinctive, largely shared educational history. It is not at all obvious that the intuitions they report will offer an accurate representation of the intuitions of non-philosophers. (Nadelhoffer & Nahmias 2007, 125)

Das Argument lautet also in Kurzfassung: Lehnstuhl-Philosophen haben bisher angenommen, dass ihre eigenen Intuitionen repräsentativ für eine größere Gruppe sind und dementsprechend darauf geschlossen, dass ihre eigenen Intuitionen von anderen Menschen geteilt werden. Diese Annahme erscheint aber ungerechtfertigt. Denn die meisten Philosophen sind WEIRD – d.h. „Western“, „Educated“, „Industrialized“, „Rich“, „Democratic“ (vgl. Stich 2010). Wir sollten also nicht annehmen, dass ihre Intuitionen auch von Menschen geteilt werden, die nicht WEIRD sind. Mit diesem Schluss würden wir vorschnell verallgemeinern. Wir würden einen Schluss ziehen, der nicht extern valide ist. Das Anliegen von X-Phi$_2$-Vertretern wie Nadelhoffer und Nahmias besteht nun genau darin, die Datenbasis der Philosophie zu erweitern und extern valide Schlüsse zu ermöglichen. Sie wollen z.B. herausfinden, über welche Intuitionen Konsens und Dissens besteht, um auf diese Weise festzustellen, welche Intuitionen verlässlich erscheinen. Was den Gesichtspunkt der externen Validität angeht, scheinen ihre Studien also eher einen Fortschritt als einen Rückschritt darzustellen.

Allerdings wurden einige Beiträge experimenteller Philosophen auch für ihren Mangel an externer Validität gerügt – und zwar sowohl von Vertretern der empirischen Psychologie als auch von Vertretern der analytischen Lehnstuhl-Philosophie.

Betrachten wir zunächst eine Kritik der ersten Art, die vom empirischen Psychologen Robert Woolfolk stammt. Wie er anmerkt, kritisieren experimentelle Philosophen die Lehnstuhl-Philosophie dafür, dass ihre Vertreter faktische Aussagen nicht mithilfe erprobter, empirischer Testverfahren belegen. Ironischerweise fielen aber auch Studien experimenteller Philosophen hinter etablierte Forschungsstandards zurück:

> But rather ironically, the experiments conducted by experimental philosophers frequently fail to meet the methodological standards that are articulated by the experts on research design in those fields they would emulate. (Woolfolk 2013, 80)

Konkret weist Woolfork darauf hin, dass experimentelle Philosophen häufig sogenannte „opportunity samples“ verwenden – d.h. Stichproben, die sich z.B. in Lehrveranstaltungen ohne größeren Aufwand erheben lassen. Diese seien allerdings nicht unbedingt repräsentativ.[98]

---

[98] Die Versuchsgruppen, die experimentelle Philosophen standardmäßig bei der Datenerhebung verwenden, entsprechen allerdings weitgehend den Verfahren die auch etablierte experimentelle Disziplinen verwenden: „Western, and more specifically American, undergraduates [..] form the bulk of the database in the experimental branches of psychology, cognitive science, and economics, as well as allied fields.“ (Henrich et al. 2010, 61)

Hinzu kommt, dass die Versuchsgruppen experimentell-philosophischer Studien häufig klein sind. Das trifft vor allem auf die frühen Studien zu. Kleinere Stichproben sind problematisch, weil die Wahrscheinlichkeit, zufallsbedingt eine nicht repräsentative Gruppenzusammensetzung zu erhalten, vergleichsweise hoch ist. Dies könnte erklären, warum sich z.B. die Ergebnisse von Weinberg et al. (2001), die wir in den Abs. 3.1.2 und 3.1.4 besprachen, nicht replizieren ließen.[99]

Wie sollten experimentelle Philosophen auf diesen Einwand reagieren? Oben haben wir bereits zwei Möglichkeiten festgehalten.

Sie könnten ihre Forschungsresultate erstens einschränken. Das bedeutet, sie könnten zugestehen, dass die Resultate nur für einen bestimmten Personenkreis gelten – z.B. amerikanische und asiatischstämmige Studierende an amerikanischen Universitäten. Manche der erzielten Ergebnisse wären auch dann noch interessant und philosophisch fruchtbar. Denken wir etwa an das Resultat, dass amerikanische und asiatischstämmige Studierende signifikant unterschiedliche Intuitionen über die Bedeutung von Eigennamen in bestimmten Gedankenexperimenten haben. Dieser Befund erlaubt zwar keine allgemeinen Schlüsse über die sprachphilosophischen Intuitionen von Amerikanern und Asiaten. Dennoch scheint der beobachtete Dissens Bedeutungstheorien in Zweifel zu ziehen, die implizit davon ausgehen, dass Einigkeit über die fraglichen Fallbeispiele besteht. Außerdem sollten experimentelle Philosophen nicht den Fehler machen, ihre Schlussfolgerungen auf vergleichsweise kleine Stichprobengrößen zu stützen. Wenn sie aber mit kleinen Gruppen arbeiten müssen, weil nur wenige Teilnehmer zur Verfügung stehen, sollten sie ihre Resultate entsprechend als Vermutungen qualifizieren.[100]

Experimentelle Philosophen könnten zweitens versuchen, ihre Studienergebnisse mit verbesserten Methoden der Datenerhebung zu bestätigen. Wenn dies gelänge, hätten ihre Schlussfolgerungen Bestand; wenn nicht, dann müssten sie ihre philosophischen Thesen

---

99 Diese Einschätzung teilt auch Stephen Stich, wie er mir persönlich mitteilte. Er war als Co-Autor an dem Aufsatz von Weinberg et al. (2001) beteiligt.

100 Kleine Versuchsgruppen sind bisweilen unvermeidlich, wenn experimentelle Philosophen mit sehr atypischen Probanden arbeiten. Wie wir in Abs. 3.4.3 besprachen, untersuchten Cova et al. (2012) z.B., wie Patienten mit frontotemporaler Demenz (Pick-Krankheit) Fälle beurteilen, die in der Debatte um die Willensfreiheit eine Rolle spielen. An dieser speziellen Form von Demenz leiden nur wenige Menschen. Dementsprechend klein war der Kreis der Studienteilnehmer, der Cova et al. (2012) zur Verfügung stand.

zwar revidieren, hätten aber in jedem Fall ein interessantes Ergebnis erzielt.[101]

Eine zweite Form der Kritik kommt von *Vertretern der analytischen Lehnstuhl-Philosophie* und richtet sich insbesondere gegen negative experimentelle Philosophen, d.h. gegen diejenigen, die X-Phi3 vertreten. Letztere haben in verschiedenen Beiträgen versucht nachzuweisen, dass bestimmte Intuitionen, die eine zentrale Rolle in der Argumentation analytischer Lehnstuhl-Philosophen spielen, auf kognitiven Fehlleistungen basieren. In Abs. 3.1.3 betrachteten wir z.B. den Beitrag von Swain et al. (2008). Sie argumentieren, epistemische Intuitionen seien anfällig für Ordnungseffekte. Bereits in Abs. 3.1.4 wiesen wir darauf hin, dass die Schlussfolgerungen, die Swain et al. (2008) aus ihren Daten ziehen, recht weitreichend sind. Sie testeten nur bestimmte Intuitionen und nur bestimmte Gedankenexperimente, ziehen jedoch skeptische Schlussfolgerungen, die sich auf epistemische Intuitionen generell richten. Hierin könnte man eine vorschnelle Verallgemeinerung sehen.

Analytische Lehnstuhl-Philosophen bringen häufig ein weiteres Gegenargument vor, das in die gleiche Kerbe schlägt: das sogenannte *Expertenargument* (engl.: „expertise reply" bzw. „expertise defense").[102] Bei diesem Argument handelt es sich wohl um den einflussreichsten Einwand gegen die experimentelle Philosophie. Es kritisiert die Annahme, dass sich aus Daten über die Urteilspraxis philosophischer Laien Schlüsse über das Denken professioneller Philosophen ableiten lassen. Philosophen seien schließlich Experten bei der Beurteilung von Gedankenexperimenten. Nur weil philosophische Laien anfällig für Denkfehler seien, könne man nicht darauf schließen, dass dies auch für professionelle Philosophen gelte.[103]

---

[101] Würden experimentelle Befunde ergeben, dass Intuitionen in einem bestimmten Bereich verlässlich sind, dann würde dies allerdings die analytische Lehnstuhlphilosophie rehabilitieren. Allerdings ließe sich auch in diesem Fall argumentieren, dass die experimentell-philosophische Debatte einen gewissen Nutzen gehabt hat. Wie wir in Abs. 3.1.4 festhielten, hätte sie damit zu einem interessanten grundlagentheoretischen Resultat in der philosophischen Methodologie geführt.

[102] Das Expertenargument und artverwandte Einwände wurden in der Debatte um die experimentelle Philosophie sehr rege besprochen. Vgl. hierzu etwa Cappelen (2014), Deutsch (2015), Goldman (2007), Hales (2006, 2012), Kauppinen (2007), Ludwig (2007), Tobia et al. (2012), Weinberg et al. (2010) und Williamson (2011). Einen hilfreichen aktuellen Überblick über die Debatte zur philosophischen Expertise gibt Alexander (2016).

[103] Es gibt einen ähnlichen Einwand, der auch den Gesichtspunkt der Expertise in den Mittelpunkt rückt. Er besagt, dass Daten über die Urteilspraxis philosophi-

Was können experimentelle Philosophen auf diesen Einwand erwidern? Zunächst ist anzumerken, dass sie das Problem der voreiligen Schlussfolgerungen ernst nehmen sollten. Wer die Debatte um die experimentelle Philosophie von Anfang an verfolgt hat, wird sich des Eindrucks nicht erwehren können, dass zumindest manche experimentellen Philosophen die Neigung hatten, recht allgemeine Schlüsse zu ziehen. Jennifer Nado kommentiert dies wie folgt:

> There is, then, a take-home message for experimental philosophers here: don't draw conclusions about 'intuition' as a whole on the basis of studies of e.g. moral judgment. (Nado 2016, 786)

Aus Resultaten, die bestimmte Intuitionen betreffen, sollte man also keine übereilten Schlussfolgerungen für *alle* Intuitionen ableiten. Experimentelle Philosophen, so scheint es, wären gut beraten, sich an einer Lehre Bertrand Russells zu orientieren, die sich zum methodischen Eckpfeiler der analytischen Philosophie entwickelt hat. Russell wies darauf hin, dass man philosophische Probleme am besten in möglichst kleine Teile zerlegen und dann Stück für Stück lösen sollte:

> "Divide and conquer" is the maxim of success here as elsewhere. (Russell 1918/2004, 87)

Dieser Grundsatz kann helfen, vorschnelle Verallgemeinerungen zu vermeiden. Und er gilt natürlich auch für Schlussfolgerungen über die Urteilspraxis unterschiedlicher Personenkreise. Die Tatsache, dass die Intuitionen von Laien anfällig für kognitive Fehlleistungen sind, lässt für sich genommen nicht darauf schließen, dass die Urteilspraxis professioneller Philosophen ähnlich fehleranfällig ist. Wer das ohne weitere Belege annimmt, der verallgemeinert vorschnell. Insoweit handelt es sich auch beim Expertenargument um einen *prima facie* plausiblen Einwand.

Allerdings lässt sich das Expertenargument in Zweifel ziehen, wenn man eine simple Beobachtungen anstellt: die intuitiven Urteile professioneller Philosophen unterscheiden sich voneinander. Bisweilen sind sie einander diametral entgegengesetzt. Das bedeutet, sie können nicht alle verlässlich sein.[104] Resultate zu den Denkgewohn-

---

scher Laien für die Beantwortung philosophischer Fragen belanglos sind, weil ihnen die entsprechende Expertise fehlt (vgl. etwa Ludwig 2007).

104 Dieser Schluss ließe sich m.E. nur auf zwei Arten umgehen. Wir könnten erstens eine Variante des *Wahrheitsrelativismus* vertreten. Das bedeutet, wir könnten annehmen, dass es mit Blick auf viele philosophische Fragen mehr als *eine* Wahrheit gibt. Wir könnten zweitens einen *Dialetheismus* vertreten, d.h. behaupten, manche

heiten philosophischer Laien legen einen Schluss nahe, der dieses Phänomen erklären könnte. Sie lautet: Auch professionelle Philosophen machen bei der intuitiven Beurteilung von Gedankenexperimenten Fehler. Sie lassen sich in ihren Intuitionen von ihrer favorisierten Theorie leiten (vgl. Prinz 2010).[105]

Natürlich ist das nur eine mögliche Erklärung. Allerdings erscheint sie plausibel, und es gibt bereits erste empirische Belege, die sie stützen. Ein Forscherteam um den amerikanischen Philosophen Eric Schwitzgebel hat interessante Studien vorlegt, aus denen hervorgeht, dass professionelle Philosophen sogar noch anfälliger für bestimmte kognitive Fehlleistungen sind als Laien.[106] Wenn das stimmt, dann verliert das Expertenargument gegen die experimentelle Philosophie erheblich an Glaubwürdigkeit.

Halten wir fest: der Gesichtspunkt der externen Validität ist ein wichtiger Aspekt in der Debatte um die experimentelle Philosophie. Die Qualität experimenteller Studien steht und fällt mit der Qualität der Datenerhebung. Experimentelle Philosophen sind außerdem gut beraten, sorgfältig zu prüfen, welche Schlussfolgerungen sich plausiblerweise aus ihren Befunden ziehen lassen. Sie sollten vorschnelle Verallgemeinerungen vermeiden. Das gilt insbesondere für diejenigen experimentellen Philosophen, die versuchen nachzuweisen, dass bestimmte philosophisch relevante Intuitionen anfällig für kognitive Fehlleistungen sind. Die Tatsache, dass Laien Fehler machen, lässt für sich genommen nicht den Schluss zu, dass Philosophen diese Fehler auch begehen. Allerdings gibt es mittlerweile Befunde, die darauf hindeuten, dass das tatsächlich der Fall sein könnte. Weitere Forschungen in diesem Bereich wären sicherlich wünschenswert.

Widersprüche seien wahr (vgl. Priest 1995/2002). Für den Hinweis auf die zweite Option danke ich Georgios Karageorgoudis.

105 Viele Philosophen sind sich übrigens darüber im Klaren. So schreibt etwa der konsequentialistische Moralphilosoph Alastair Norcross: "I am all too aware that non-consequentialists' intuitions diverge radically from my own." (Norcross 2008, 66)

106 Vgl. etwa Schwitzgebel & Cushman (2012, 2015). Hier untersuchen die Autoren, wie anfällig Philosophen für Framing-Effekte und Ordnungseffekte bei der Beurteilung moralischer Sachverhalte sind.

4.2.2 Interne Validität

Experimentell-philosophische Studien sollten nicht nur extern valide sein. Sie sollten nicht nur auf die Repräsentativität der Studienteilnehmer achten und auf diese Weise vorschnelle Verallgemeinerungen vermeiden. Sie müssen zudem *intern valide* sein. Das bedeutet, sie müssen darauf achten, dass ihre Resultate nicht durch *verzerrende Faktoren* beeinflusst werden. Auch an dieser Stelle gilt: Wir können diese sogenannten „confounders" nicht ausführlich besprechen. Wir werden lediglich einige Gesichtspunkte betrachten, die es uns erlauben, die Problematik in ihren Grundzügen zu verstehen. Zu diesem Zweck betrachten wir wieder unser Beispiel aus dem vorherigen Abschnitt.

Wir wollen herausfinden, wie Menschen in Deutschland unser Gedankenexperiment G beurteilen. Dazu haben wir eine ausreichend große Gruppe von Teilnehmern zufällig ausgewählt. Wir können also gerechtfertigt annehmen, dass unsere Gruppe repräsentativ für die deutsche Bevölkerung ist. Wir legen unseren Teilnehmern G vor und erzielen das Ergebnis, dass 90% Antwortoption A wählen und 10% Antwortoption B. Dürfen wir nun darauf schließen, dass die meisten Menschen in Deutschland Antwortoption A vorziehen?

Nicht unbedingt. Wie Robert Woolfork anmerkt, „[o]nce participants are recruited, how they are handled is crucial to our ability to draw sound inferences from our data analyses." (Woolfolk 2013, 83) Wir sollten eine Reihe kritischer Fragen stellen. Im Folgenden wollen wir nur drei der wichtigsten besprechen.

Frage 1
Ist es möglich, dass unsere eigene Einschätzung des Gedankenexperiments die Antworten unserer Versuchsteilnehmer beeinflusst hat?

Diese Frage stellt auf den sogenannten Experimentleiter-Effekt (engl.: „experimenter bias" bzw. „experimenter demand") ab (vgl. Rosenthal 1976). Was hat es damit auf sich?

Aus der sozialpsychologischen Forschung wissen wir, dass die Einschätzung der Person, die ein Experiment durchführt, dessen Ergebnis beeinflussen kann. Rosenthal & Fode (1963) veranschaulichten dies in einem klassischen Experiment. Sie rekrutierten Teilnehmer für ihren Versuch. Diese erhielten die Aufgabe, Ratten durch ein Labyrinth zu schicken und zu notieren, wie geschickt sich die

Tiere dabei anstellten. Die Ratten wurden dabei willkürlich in zwei Gruppen eingeteilt, die als „schlau" bzw. „doof" deklariert wurden. Diejenigen Experimentleiter, die den Versuch mit vermeintlich „schlauen" Ratten durchführten, meldeten signifikant bessere Werte zurück als Experimentleiter, die davon ausgingen, es mit doofen Ratten zu tun zu haben. Ihre Erwartungshaltung über das Verhalten der Tiere hatte offenbar einen Einfluss auf den Ausgang des Experiments.

Rosenthal und Fode zogen aus ihrem Experiment den methodologischen Schluss, dass die Leiter von Experimenten die Forschungshypothesen, die zu überprüfen sind, nicht kennen sollten. In der medizinischen Forschung ist das seit langem Usus. Hier stellt das doppelblinde, placebokontrollierte Experiment einen essentiellen Teil des Methodeninventars dar. Im Rahmen eines solchen Experiments dürfen weder die Teilnehmer noch der Experimentleiter wissen, ob eine bestimmte Versuchsperson ein möglicherweise wirksames Medikament erhält oder ein wirkstofffreies Placebo. Auch bei der Begutachtung wissenschaftlicher Texte gehört die doppelte Verblindung zum guten Ton. Das bedeutet, dass weder der Verfasser noch der Gutachter eines wissenschaftlichen Beitrags die Identität des jeweils anderen kennt. Auf diese Weise sollen Voreingenommenheiten bei der Begutachtung und Bewertung eines wissenschaftlichen Beitrags ausgeschlossen werden.

Frage 2
Ist es möglich, dass die Teilnehmer unser Gedankenexperiment nicht oder nicht richtig verstanden haben?

Diese Frage erscheint berechtigt – aus mindestens zwei Gründen. Der erste Grund liegt im *philosophischen Jargon*. In der Philosophie werden viele Ausdrücke verwendet, die Laien nicht kennen können. Und sogar solche Ausdrücke, die allgemein gebräuchlich sind, haben in philosophischen Kontexten bisweilen spezielle Interpretationen. Deswegen sollte man nicht ohne weiteres annehmen, dass die Teilnehmer eines philosophischen Experiments wirklich ihre Intuitionen zum fraglichen Fallbeispiel rückmelden.[107]

Das gilt noch aus einem zweiten Grund: Philosophische Gedankenexperimente erfordern ein hohes Maß an logischer Präzision. Jedes Detail zählt. Und man sollte nicht mehr in eine Fallbeschreibung

[107] Einen Einwand dieser Art bringt z.B. Kauppinen (2007) vor.

interpretieren als wirklich drin steckt. Das ist philosophischen Laien nicht unbedingt bewusst. Sie ziehen häufig pragmatische Schlussfolgerungen, die logisch nicht gedeckt sind. Darüber haben wir bereits in den Abs. 3.2.3 und 3.3.3 gesprochen.

Frage 3
Ist es möglich, dass die Teilnehmer bei der Beurteilung unseres Gedankenexperiments einen kognitiven Fehler gemacht haben?

In diesem Fall wäre es plausibel anzunehmen, dass das intuitive Urteil, das sie uns rückgemeldet haben, kein genuiner Ausdruck ihrer Urteilskompetenz ist, sondern Ausdruck eines Fehlers bei der Anwendung dieser Urteilskompetenz.[108] In Abs. 3.4.3 haben wir bereits eine mögliche Ursache für kognitive Fehlleistungen betrachtet, die in der experimentell-philosophischen Debatte um die Willensfreiheit eine Rolle spielen können: Emotionen. Wir besprachen die Studie von Nahmias et al. (2005, 2006), die nahelegt, dass die meisten Menschen intuitive Kompatibilisten sind. Nichols & Knobe (2007) wandten gegen diesen Befund u.a. ein, dass die von Nahmias et al. (2005, 2006) verwendeten Szenarien emotionale Reaktionen bei den Studienteilnehmern ausgelöst haben könnten, die deren Urteile verzerrten.

Bevor wir zumindest die gerade genannten kritischen Fragen zufriedenstellend beantwortet haben, können wir nicht gerechtfertigt davon ausgehen, dass unser Experiment interne Validität besitzt. Zwar liefert uns das Experiment einen Anhaltspunkt dafür, dass die meisten Menschen in Deutschland Antwortoption A bevorzugen würden. Aber daran lässt sich immer noch vernünftig zweifeln.

Wir sehen also, dass es alles andere als einfach ist, experimentelle Daten zu erzielen, die wirklich verlässlich sind. An dieser Stelle können wir fragen, wie gründlich experimentelle Philosophen darauf achten, interne Validität zu gewährleisten. Natürlich können wir diese Frage nicht umfassend beantworten, sondern lediglich Anhaltspunkte sammeln, die sich auf die drei genannten Gesichtspunkte beschränken.

---

108 Noam Chomskys Arbeiten in der Linguistik haben vermutlichen einen großen Anteil daran, dass Philosophen, diese Hypothese ernst nehmen. Chomsky unterscheidet zwischen linguistischer Performanz und linguistischer Kompetenz (eng.: „linguistic performance“ bzw. „linguistic competence“). Er stellt klar: „To study actual linguistic performance, we must consider the interaction of a variety of factors, of which the underlying competence of the speaker-hearer is only one.“ (Chomsky 1965, 4)

Wie gründlich sind experimentelle Philosophen bei der Beantwortung von Frage 1? Treffen sie hinreichende Vorkehrungen, um sicherzustellen, dass sie ihre Versuchsteilnehmer nicht durch ihre eigenen Einschätzungen beeinflussen? In diesem Zusammenhang sollten wir anmerken, dass dieser Gesichtspunkt in der experimentell-philosophischen Debatte tatsächlich eine Rolle spielt. Justin Sytsma und Jonathan Livengood diskutieren ihn in ihrem neuen Buch *The Theory and Practice of Experimental Philosophy* (2016, 177-178) und geben praktische Hinweise, was man tun kann, um den Experimentleiter-Effekt zu vermeiden. Allerdings geben sie ihren Lesern nicht den Hinweis, bei der Durchführung von Experimenten auf doppelte Verblindung zu achten. Wie Robert Woolfork anmerkt, ist das ein Defizit, das die experimentelle Philosophie im Allgemeinen kennzeichnet:

> I have yet to read an experimental philosophy study explicitly stating that administrators or scorers of questionnaires were blind to the participants' assignment to conditions or to the experimental hypotheses.[109] (Woolfolk 2013, 83)

Man könnte allerdings argumentieren, dass diesem Einwand gegen die experimentelle Philosophie nur geringes Gewicht zukommt. Bei psychologischen Experimenten, so das Gegenargument, spiele der Experimenterleiter-Effekt eine große Rolle, weil der Experimentleiter direkt mit den teilnehmenden Personen interagiert. Philosophische Experimente würden dagegen hauptsächlich mithilfe von Fragebögen durchgeführt. Hier sei die Interaktion zwischen Experimentleiter und Teilnehmern sehr begrenzt und bei Online-Befragungen praktisch null.

Auf den ersten Blick erscheint dieses Gegenargument sehr vernünftig. Bei genauerem Hinsehen zeigt es jedoch nur, dass bei philosophischen Experimenten ein bestimmter Wirkmechanismus für den Experimentleiter-Effekt entfällt. Es gibt andere.

Strickland & Suben (2012) zeigten z.B., dass die Forschungshypothese experimenteller Philosophen einen Einfluss auf die Formulierung von Fragebögen haben kann, was sich unter Umständen auf das Testergebnis auswirkt. Sie rekrutierten 19 Studierende der Yale University, die die Aufgabe erhielten, ein Experiment zu entwerfen. Im Rahmen dieses Experiments sollte eine Frage von Knobe & Prinz

---

109 Mit dieser Diagnose könnte Robert Woolfolk recht haben. Hochrangige Veröffentlichungen wie etwa die Sammelbände von Knobe & Nichols (2008, 2014) erwähnen z.B. die Wörter „blind" oder „double-blind" kein einziges Mal.

(2008) beantwortet werden: Unter welchen Umständen akzeptieren es philosophische Laien, wenn man Kollektiven von Personen mentale Zustände zuschreibt? Knobe und Prinz vermuteten, dass sich hier eine Asymmetrie ergeben würde. Philosophische Laien, so die Hypothese, würden es eher akzeptieren, wenn man Kollektiven *intentionale* Zustände unterstellt (z.B. Überzeugungen und Absichten) als wenn man ihnen *phänomenale* Zustände zuschreibt (z.B. Leid oder Liebe). Mithilfe experimenteller Daten konnten Knobe und Prinz diese Einschätzung stützen. Strickland und Suben gaben ihren Studierenden die Aufgabe, diese Hypothese zu überprüfen, indem sie das Forschungsdesign von Knobe & Prinz (2008) verwendeten. Dazu sollten sie acht Sätze formulieren. Diese mussten das Hauptwort „Acme Corporation" beinhalten, das sich auf eine Firma bezieht. Außerdem sollte eines von acht Verben enthalten sein, mit denen ein mentaler Zustand beschrieben wird. Die ersten vier Verben („believe", „intend", „want", „know") brachten dabei intentionale Zustände zum Ausdruck, die übrigen („experience", „suffer", „love", „feel") phänomenale Zustände. Der springende Punkt war nun, dass Strickland & Suben (2012) die 19 Studierenden in zwei Gruppen einteilten. Die Teilnehmer der beiden Gruppen erhielten dabei unterschiedliche Informationen zur Forschungshypothese. Den neun Studierenden in der ersten Gruppe („feeling condition") teilte man mit, die Hypothese laute wie folgt:

> **Hypothese 1 („feeling condition")**
> Die Studienteilnehmer werden die Zuschreibung *phänomenaler* Zuständen als akzeptabler einstufen.

Diese Hypothese 1 war logisch konträr zu der Vermutung von Knobe & Prinz (2008). Den zehn Studierenden der zweiten Gruppe („non-feeling condition") wurde dagegen Hypothese 2 zugeordnet, die mit der von Knobe und Prinz identisch war.

> **Hypothese 2 („non-feeling condition")**
> Die Studienteilnehmer werden die Zuschreibung von *intentionalen* Zuständen als akzeptabler einstufen.

Strickland & Suben (2012) verwendeten die Formulierungen aller 19 Studierenden und legten sie Versuchspersonen im Rahmen einer Online-Befragung vor. Diese sollten auf einer Skala von 1 (=sehr unnatürlich) bis 7 (=sehr natürlich) einstufen, wie natürlich sich die Sätze anhörten. Das Resultat: Mithilfe der Formulierungen der Gruppe, die von Hypothese 2 ausgingen („non-feeling condition"), konnte das Ergebnis von Knobe & Prinz (2008) repliziert werden. In jedem der zehn Fälle ergab sich im Mittel eine höhere Zustimmung zu Sätzen, die intentionale Verben enthielten. In der anderen Gruppe („feeling condition") war das Ergebnis unschlüssig. Hier ergab sich nur in fünf von neun Fällen ein solches Ergebnis.

Strickland & Suben (2012) konnten also zeigen, dass es auch bei philosophischen Experimenten zu Expertimentleiter-Effekten kommen kann. Genau wie Robert Woolfolk mahnen sie eine Verblindung an. Wir können daraus schließen, dass es wünschenswert wäre, wenn experimentelle Philosophen sich noch enger an der Methodik der Verhaltenswissenschaften orientieren würden und bei ihren Versuchen auf adäquate Verblindung achten würden.

Wie genau nehmen es experimentelle Philosophen mit Frage 2? Wie genau prüfen sie, ob die Teilnehmer ihrer philosophischen Experimente die Gedankenexperimente, die sie beurteilen sollen, verstehen? Eine allgemeine Antwort auf diese Frage fällt schwer. Wir sollten jedoch festhalten, dass sich experimentelle Philosophen der Problematik durchaus bewusst sind. Im Zusammenhang mit der Debatte über die Willensfreiheit merken Nahmias et al. (2006) etwa an:

> [...] the descriptions of determinism cannot require untrained participants to understand the more technical aspects (e.g., modal operators) of the philosophical definitions of determinism. Nor can they describe determinism in ways that may mask any effects of determinism itself. (Nahmias et al. 2006, 40)

Nichols & Knobe (2007) äußern sich ähnlich:

> Of course, any attempt to translate complex philosophical issues into simpler terms will raise difficult questions. It is certainly possible that the specific description of determinism used in our study biased people's intuitions in one direction or another. Perhaps the overall rate of incompatibilist responses would have been somewhat higher or lower if we had used a subtly different formulation. (Nichols & Knobe 2007, 668)

Auch pragmatische Einflussfaktoren spielen in experimentell-philosophischen Debatten eine große Rolle. Bereits Weinberg et al. (2001) weisen darauf hin. Wie wir in Abs. 3.1.2 besprachen, interessierten sie sich dafür, ob sich die epistemischen Intuitionen unterschiedlicher demographischer Gruppen signifikant unterscheiden. Um dies herauszufinden, baten sie ihre Studienteilnehmer, erkenntnistheoretische Gedankenexperimente zu beurteilen. Insbesondere ging es darum einzuschätzen, ob eine Person eine bestimmte Proposition tatsächlich weiß oder nur glaubt. Die Antwortoptionen, die den Studienteilnehmern zur Auswahl gestellt wurden, waren „Really Know" und „Only Believes". In diesem Zusammenhang merken Weinberg et al. (2001) folgendes an:

> It is certainly possible that some of our subjects were interpreting the "Really Know" option as a question about subjective certainty.

Allerdings rechtfertigen sie direkt im Anschluss, warum man annehmen sollte, dass dies die Ergebnisse nicht nennenswert beeinflusst hat.

> But there is reason to think that this did not have a major impact on our findings. For all of our subject groups (W, EA, and SC in the ethnic studies and high and low SES in the SES study) we included a question designed to uncover any systematic differences in our subjects' inclination to treat mere subjective certainty as knowledge. (Weinberg et al. 2001, 450)

An dieser Stelle können wir außer Acht lassen, ob die konkrete Antwort, die Weinberg et al. (2001) an dieser Stelle geben, tatsächlich zufriedenstellend ist. Wir wollen lediglich festhalten, dass sie das Problem pragmatischer Einflussfaktoren anerkennen und offen diskutieren.

Das gleiche gilt für Machery et al. (2004). Sie testeten die semantischen Intuitionen von asiatischen und amerikanischen Teilnehmern und stellten dabei fest, dass sich diese signifikant unterschieden. In ihrer Studie halten sie jedoch fest:

> [..] our experiment does not rule out various pragmatic explanations of the findings. Although we found the effect on multiple different versions of the Gödel case, the test question was very similar in all the cases. Perhaps the test question we used triggered different interpretations of the question in the two different groups. (Machery et al. 2004, 7)

Wie wir bereits in Abs. 3.2.3 erwähnten, wurde dieser Punkt später von Deutsch (2009) aufgegriffen. Er stellte die Hypothese auf, dass sich die vermeintlich unterschiedlichen Intuitionen durch unterschiedliche Interpretationen der Fragestellung erklären lassen. In einer gemeinsamen Studie von Machery et al. (2015b), an der auch

Deutsch beteiligt war, wurde diese Hypothese überprüft und als unwahrscheinlich ablehnt.[110]

Wir können also festhalten, dass das Problem, das Frage 2 anspricht, in der experimentell-philosophischen Diskussion eine große Rolle spielt. Experimentelle Philosophen versuchen sicher zu stellen, dass ihre Probanden die Gedankenexperimente, die ihnen vorgelegt werden, tatsächlich verstehen und dass sie nicht von pragmatischen Implikaturen in die Irre geführt werden. Das heißt nicht, dass dies in jeder einzelnen experimentell-philosophischen Studie sichergestellt wurde. Aber es ist anzunehmen, dass in der experimentell-philosophischen Debatte als ganzer eine gewissenhafte Überprüfung stattfindet.

Frage 3 richtet sich auf kognitive Fehlleistungen. Wie genau nehmen es experimentelle Philosophen mit Blick auf diese Frage? Wie genau prüfen sie, ob die Intuitionen, die ihre Studienteilnehmer rückmelden, tatsächlich Ausdruck ihrer Urteilskompetenz sind und nicht auf Fehlern bei der Anwendung dieser Kompetenz beruhen?

Wiederum fällt eine allgemeine Antwort schwer. Wir können jedoch festhalten, dass sich experimentelle Philosophen dieses Problems weitgehend bewusst sind. Dafür spricht, dass sie sich in einem Teil ihrer Beträge explizit mit der Frage befassen, ob und inwieweit sich verbreitete Intuitionen durch Fehlertheorien „wegerklären" lassen. Wie wir in Abs. 2.3 diskutierten, haben Joshua Greene (2008) und Peter Singer (2005) z.B. in der normativ-ethischen Debatte argumentiert, dass typisch deontologische Intuitionen auf affektiven Prozessen beruhen und insoweit weniger verlässlich erscheinen als konsequentialistische Intuitionen.[111] In der Debatte um die Willensfreiheit, die wir in Abs. 3.4 besprachen, argumentieren Nahmias & Murray (2011) für eine Fehlertheorie, die erklärt, warum Menschen die Intuition rückmelden, dass Willensfreiheit und naturgesetzlicher Determinismus miteinander unvereinbar sind. Es gibt also Vertreter der experimentellen Philosophie, die darauf achten, ob es glaubhaft ist, dass Studienteilnehmer ihre genuinen Intuitionen rückmelden. Das stellt zwar nicht sicher, dass jede einzelne Studie in dieser Hinsicht fehlerfrei ist. Aber es erhöht die Wahrscheinlichkeit dafür, dass

[110] Ein weiteres Beispiel, welches verdeutlicht, dass pragmatische Einflussfaktoren in der experimentell-philosophischen Debatte sehr ernst genommen werden, findet sich in der Diskussion zwischen Knobe (2003, 2004) und Adams & Steadman (2004b, 2004a), die wir in Abs. 3.3.3 besprochen haben.

[111] Ich bespreche diese Beiträge in Mukerji (2016, Abs. 2.2.1 und 2.2.2.).

vermeintliche Intuitionen, die lediglich Ausdruck eines Urteilsfehlers sind, als solche entdeckt werden.

4.2.3 Schlussfolgerungen

In den beiden vorangegangenen Abschnitten besprachen wir methodische Einwände gegen die experimentelle Philosophie. Dabei unterschieden wir zwei Aspekte, nämlich die externe und die interne Validität experimentell-philosophischer Studien. Insgesamt können wir folgende Schlussfolgerungen ziehen.

Der Gesichtspunkt der externen Validität ist, wie wir feststellten, ein zweischneidiges Schwert. Er lässt sich einerseits bemühen, um L-Phi aus der Perspektive der experimentellen Philosophie zu kritisieren. Lehnstuhl-Philosophen, so ließe sich argumentieren, tragen kaum Sorge, um sicherzustellen, dass die Intuitionen, die als Datengrundlage in ihre Argumente eingehen, repräsentativ sind. Die experimentelle Philosophie, so könnte man dagegensetzen, bemühe sich wenigstens, dies sicherzustellen. Ein Mangel an externer Validität lässt sich allerdings auch als gerechtfertigte Kritik an der experimentelle Philosophie vorbringen, wenn ihre Vertreter zu allgemeine Schlüsse aus ihren Daten ziehen und vorschnell generalisieren.

Mit Blick auf die interne Validität experimentell-philosophischer Studien besprachen wir drei Gesichtspunkte. Wir stellten z.B. fest, dass im Rahmen solcher Studien sichergestellt werden muss, dass die experimentelle Hypothese keine Verzerrung der Daten herbeiführt, dass die Probanden die Fragestellungen richtig verstehen und dass die Antworten, die sie geben, nicht durch Fehler bei der Anwendung ihrer Urteilskompetenz erklärt werden können. Experimentelle Philosophen, die das nicht beachten, können gerechtfertigt kritisiert werden. Wie wir festhielten, scheinen innerhalb der experimentellen Philosophie vor allem hinsichtlich des ersten Aspekts Aufholpotenziale zu bestehen. In kaum einer Studie wird darauf geachtet, dass die Forschungshypothese die Datenerhebung nicht beeinflusst. Hinsichtlich des zweiten und dritten Punktes scheint die experimentelle Philosophie dagegen besser aufgestellt zu sein. Es ist eher unwahrscheinlich, dass sich die Ergebnisse, die ihre Vertreter bisher erzielt haben, weitgehend durch Missverständnisse und Urteilsfehler erklären lassen.

Nachdem wir uns mit einigen methodischen Einwänden gegen die experimentelle Philosophie auseinandergesetzt haben, sollten wir abschließend klären, welche Konsequenzen sich aus ihnen ergeben. Wir sollten klären, wie bedrohlich sie für das Forschungsprogramm der experimentellen Philosophie sind. Dazu lohnt es sich zunächst zu wiederholen, was wir in Abs. 4.1 festgestellt haben. Methodische Einwände richten sich gegen alle Varianten der experimentellen Philosophie, also gegen X-Phi$_1$, X-Phi$_2$ und X-Phi$_3$. Ihre Reichweite ist also groß. Allerdings scheinen sie für keines der drei Forschungsprogramme der experimentellen Philosophie ein ernstes Bedrohungspotenzial zu bergen. Zwar kann es sein, dass bestimmte experimentelle Studien aus methodischen Gründen inakzeptabel erscheinen, sodass wir ihre Resultate verwerfen müssen. Wenn diese Studien philosophisch gut motiviert waren, dann spräche dies jedoch lediglich dafür, dass wir die entsprechenden Experimente noch einmal durchführen sollten – mit verbesserten Methoden. Methodische Einwände gegen die experimentelle Philosophie scheinen also lediglich einen Schluss nahezulegen: dass wir mehr und bessere experimentelle Philosophie brauchen. Wer das unplausibel findet, der muss eine grundsätzliche, philosophische Kritik gegen die experimentelle Philosophie formulieren. Wie eine solche aussehen könnte, betrachten wir im folgenden Abschnitt.

4.3 Philosophische Einwände

Philosophische Einwände unterscheiden sich von methodischen Einwänden. Wer einen philosophischen Einwand gegen die experimentelle Philosophie vorbringt, der zweifelt nicht an den empirischen Prämissen, die experimentelle Philosophen in ihren Argumenten verwenden. Er zweifelt vielmehr daran, dass diese Prämissen eine Rolle bei der Beantwortung philosophischer Fragen spielen können. Im Folgenden werden wir einige Argumente dieser Art besprechen.

4.3.1 Philosophie ist keine Volksabstimmung

Ein erster Einwand besteht in einer simplen Feststellung: In der Philosophie wird darüber gestritten, wer die besseren Gründe für seine Position hat. Experimentelle Philosophen versuchen dagegen, philosophische Fragen mithilfe von Fragebögen zu beantworten. Sie sind also offenbar der Meinung, man sollte die Philosophie in eine Volksabstimmung verwandeln. Max Deutsch, ein ausgesprochener Kritiker der experimentellen Philosophie, stellt deswegen klar:

> Majority opinion does not determine the truth, or constitute the primary source of evidence in philosophy, and despite appeals to 'what we would say' about cases, majority opinion has never been thought to play these roles in philosophical argument. (Deutsch 2009, 465)

Was ist von dieser Einrede zu halten? Ich denke, nicht viel – und zwar aus zwei Gründen. *Erstens* haben experimentelle Philosophen regelmäßig klargestellt, dass sie die ihnen unterstellte Einschätzung nicht teilen. Nahmias et al. (2006) schreiben etwa:

> It is important to keep in mind that we are not suggesting that any philosophical theory would be demonstrably confirmed (or disconfirmed) just because it aligns with (or conflicts with) folk intuitions and practices. After all, such intuitions and practices may be mistaken or contradictory and hence in need of elimination or revision. (Nahmias et al. 2006, 34)

Und Knobe & Nichols (2008) sagen zum gleichen Thema:

> Philosophical inquiry has never been a popularity contest, and experimental philosophy is not about to turn it into one. (Knobe and Nichols 2008, 6)

Wer experimentellen Philosophen trotz solcher Klarstellungen unterstellt, sie wollten Argumente durch Meinungsumfragen ersetzen, verletzt m.E. das Prinzip der wohlwollenden Interpretation und konstruiert ein Strohmann-Argument.[112]

Zweitens haben wir bereits in Abs. 2.4 und 2.5 besprochen, welche Typen von Argumenten experimentelle Philosophen tatsächlich verwenden. In diesem Zusammenhang haben wir über Framing-Effekte, Ordnungseffekte und irrelevante Einflussfaktoren sowie über die Frage der lebensweltlichen Relevanz gesprochen. Die Argumente, die auf diesen Aspekten aufbauen, verwenden zwar Daten, die aus Fragebögen stammen. Aber diese Daten werden herangezogen, um philosophisch relevante Rückschlüsse zu ziehen. Diese betreffen entweder die Glaubwürdigkeit philosophischer Intuitionen oder die Interpretationen philosophischer Fragen.

---

[112] Den Zusammenhang zwischen dem Prinzip der wohlwollenden Interpretation und Strohmann-Argumenten erläutere ich ausführlich Mukerji (2017, 165-169).

Dagegen könnte man einwenden, dass es ein Argumentschema gab, in dem der Konsens über eine philosophische Aussage eine unmittelbare Rolle spielt. Dabei handelte es sich um das Konsens-Argument.

Das Konsens-Argument

(P1) Es besteht Einigkeit über die Intuition, dass *p*.

(P2) Wenn über eine Intuition Einigkeit besteht, dann ist sie *pro tanto* glaubwürdig.

(K) Die Intuition, dass *p*, ist *pro tanto* glaubwürdig.

Lässt sich mithilfe des Konsens-Arguments die These stützen, dass experimentelle Philosophen die Philosophie in eine Volksabstimmung verwandeln wollen? Wohl kaum. Denn an keiner Stelle behauptet das Konsens-Argument, dass der intuitive Konsens über eine philosophische Frage diese *konkludent* beantwortet. Es besagt lediglich, dass Einigkeit über eine Intuition ein Faktor ist, der für die Glaubwürdigkeit von *p* spricht. Das ist die Bedeutung des Ausdrucks *pro tanto*, mit dem sowohl P2 als auch K qualifiziert werden. Experimentelle Philosophen würden nicht ausschließen, dass es Umstände gibt, unter denen eine konsensfähige Intuition dennoch als unverlässlich eingestuft werden sollte. Es könnte sich z.B. herausstellen, dass diese Intuition einen internen Widerspruch enthält oder sie aus einem unverlässlichen kognitiven Prozess zu stammen scheint. Dies würde sie diskreditieren.

Wir können also festhalten, dass es sich bei dem ersten Einwand um ein Strohmann-Argument handelt. Es unterstellt experimentellen Philosophen eine Position, die niemand unter ihnen vertritt.

4.3.2 Philosophische Probleme sind keine empirischen Probleme

Der erste Einwand behauptet, dass experimentelle Philosophen philosophische Fragen mithilfe von Meinungsumfragen beantworten wollen. Gerade haben wir klargestellt, dass das falsch ist. In der Tat vertritt niemand die Einschätzung, dass ein schlichter empirischer Konsens über eine philosophische Frage diese abschließend beantworten kann.

Kritiker könnten auf diese Klarstellung reagieren, indem sie ihren Einwand abschwächen. Sie könnten zugestehen, dass experimentelle

Philosophen einen bloßen, empirischen Konsens nicht als Kriterium für die Adäquatheit einer philosophischen Aussage heranziehen. Stattdessen könnten sie bemängeln, dass sie die Natur philosophischer Fragen missverstehen. Schließlich, so könnten die Kritiker argumentieren, verträten experimentelle Philosophen die These, dass es empirische Kriterien für die Adäquatheit philosophischer Aussagen gebe. Diese wolle man experimentell überprüfen. Philosophische Fragen seien jedoch keine empirischen Fragen.

Wie der Journalist Christopher Shea berichtet, brachte diesen Einwand z.B. die angesehene amerikanische Philosophin Judith Jarvis Thomson vor:

> "A philosophical problem is not an empirical problem," writes Judith Jarvis Thomson, the noted MIT moral philosopher, in an e-mail message to The Chronicle, "so I don't see how their empirical investigations can be thought to have any bearing on any philosophical problem -- much less help anyone to solve a philosophical problem." (Shea 2008, o.S.)

Bereits in der Einleitung habe ich auf diesen Einwand hingewiesen. Dabei sagte ich auch, dass er auf einem grundlegenden Denkfehler basiert. Ich sagte, dass sich philosophische Fragen zwar ihrem Wesen nach von empirischen Fragen unterscheiden mögen.[113] Daraus folge aber nicht, dass letztere für erstere irrelevant sein müssen. Die Frage, ob eine Person vorsätzlich gehandelt hat, ist z.B. eine psychologische Frage. Aber sie ist juristisch relevant. Die Frage, welche Eigenschaften ein Baumaterial besitzt, ist eine physikalische Frage. Aber sie kann ökonomisch relevant sein. Genauso kann eine empirische Aussage philosophisch relevant sein.

Nun besitzen wir die Ressourcen, um sowohl den Einwand als auch meine Antwort darauf etwas besser zu verstehen. Zu diesem Zweck sollten wir das Argument zunächst auf das experimentell-philosophische Argumentationsschema beziehen, das wir in Abs. 4.1 eingeführt haben. Dazu ist die folgende Beobachtung hilfreich: Philosophen, die den o.g. Einwand vorbringen, würden offenbar zugestehen, dass es empirische Fragen und philosophische Fragen *gibt.* Demnach sollte es auch Antworten auf diese Fragen geben. Anders gesagt: Es

---

[113] Die Frage, wie groß die Wesensunterschiede zwischen Philosophie und empirischer Wissenschaft sind, müssen wir natürlich außen vor lassen. An dieser Stelle reicht der Hinweis, dass zumindest bedeutende naturalistische Philosophen (z.B. W. V. O. Quine) eher an einen graduellen Unterschied glauben denn an einen Unterschied dem Wesen nach.

sollte Thesen der Art E und P geben. Der Einwand wendet sich also allem Anschein nach nicht gegen die Prämisse P1, die E lediglich konstatiert. Vielmehr wendet er sich gegen die Brückenprämisse P2, die eine Verbindung zwischen E und P herstellt. Allerdings lassen sich zwei Deutungsmöglichkeiten der Kritik unterscheiden.

Nach der *ersten Interpretation* stellt sie lediglich eine Aufforderung dar. Experimentelle Philosophen mögen klar machen, wie sich überhaupt eine plausible argumentative Brücke zwischen der Antwort auf eine empirische Frage und der Antwort auf eine philosophische Frage bauen lässt. Auf diese Interpretation des Einwandes ließe sich all das entgegnen, was wir bereits in den Abs. 2.4 und 2.5 gesagt haben. Dort besprachen wir die verschiedenen Argumentschemata, die jeweils erklären, warum und inwiefern empirische Erkenntnisse bei der Beantwortung klassischer, philosophischer Fragen helfen können.

Es gibt allerdings noch eine *zweite Interpretation* des Einwands. Danach besagt er, dass es keine Brückenprämisse gibt, mit der sich eine plausible argumentative Verbindung zwischen einer empirischen Erkenntnis und einer Antwort auf eine klassische, philosophische Frage herstellen lässt. Alle Argumente, die wir in den Abs. 2.4 und 2.5 besprochen haben, wären demnach unschlüssig. Diese sehr viel striktere Deutung ließe sich – soweit ich sehen kann – auf zweite Arten belegen: durch prinzipielle Gesichtspunkte[114] oder durch die Betrachtung der einzelnen Argumente, die wir besprochen haben.

Der erste, prinzipielle Weg würde etwa zur Sichtweise Wittgensteins passen. Danach besteht die Rolle einer philosophischen Untersuchung lediglich darin, mithilfe apriorischer Analysemethoden sprachliche Verwirrungen aufzuklären, um philosophische Fragen auf diese Weise gewissermaßen „aufzulösen." Diese Auffassung mag historisch einflussreich gewesen sein. Soweit ich das einschätzen kann, spielt sie jedoch – *pace* Peter Hacker – in der zeitgenössischen Philosophie eine eher unterordnete Rolle. Wie plausibel sie für sich genommen ist, können wir an dieser Stelle natürlich nicht klären. Deswegen wollen wir uns mit dem Hinweis begnügen, dass sie sich in einer schlechten dialektischen Situation befindet. Ein solches Philo-

---

[114] In Mukerji (2015) diskutiere ich einen prinzipiellen Einwand dieser Art, der sich gegen eine spezielle Form der experimentelle Philosophie wendet, nämlich gegen die experimentelle Ethik. Er besteht in dem Vorwurf, dass die experimentelle Ethik erstens die Sein-Sollen-Schranke verletzt und zweitens einen naturalistischen Fehlschluss begeht.

sophieverständnis, so erscheint es, würde heute kaum jemanden überzeugen.

Die zweite Strategie, die über die Betrachtung der einzelnen Argumente führt, steht vor zwei Problemen. Wer sie wählt, müsste zeigen, dass die Brückenprämissen aller Argumentschemata zweifelhaft sind. Das dürfte sich schwer bewerkstelligen lassen, denn alle von ihnen schienen recht plausibel. Aber auch wenn das gelingen würde, bliebe ein zweites Problem: Es wäre damit nicht gezeigt, dass es keine argumentativen Brücken zwischen empirischen Erkenntnissen und philosophischen Thesen gibt. Deswegen stellen sogar ausgesprochene Kritiker der experimentellen Philosophie klar, dass sie diese These nicht vertreten. Timothy Williamson, der in seinem Buch *The Philosophy of Philosophy* (2007) eine Lanze für den philosophischen Lehnstuhl bricht, sagt z.B.:

> This book raises no objection to the idea that the results of scientific experiments are sometimes directly relevant to philosophical questions [...]. (Williamson 2007, 6)

Halten wir also fest: Die krude Anschuldigung, nach der empirische und experimentelle Resultate generell philosophisch irrelevant sind, weil es sich bei philosophischen Problemen nicht um empirische Probleme handelt, erscheint kaum haltbar.

4.3.3 Die experimentelle Philosophie hat keinen Forschungsgegenstand

Ein weiterer Einwand besagt, dass experimentelle Philosophen bei genauem Hinsehen überhaupt keinen klar abgrenzbaren Forschungsgegenstand haben, sodass völlig unklar ist, worauf sich ihre Schlussfolgerungen eigentlich beziehen. Ihr Ziel besteht darin, die Intuitionen ihrer Studienteilnehmer zu erforschen und daraus philosophisch interessante Schlussfolgerungen zu ziehen. Um das zu tun, müssen sie jedoch angeben, worauf sie sich eigentlich beziehen, wenn sie über „Intuitionen" sprechen. Das ist jedoch schwieriger als es auf den ersten Blick erscheint. Bereits in Abs. 2.2 merkte ich an, dass der Begriff der Intuition in der Philosophie sehr umstritten ist. In Fußnote 29 wies ich außerdem auf eine Bemerkung von Jennifer Nado hin. Sie stellt klar, dass es keine singuläre Eigenschaft mentaler Zustände gibt, die alle Philosophen als Charakteristikum einer Intuition akzeptieren würden (vgl. Nado 2016). Timothy Williamson, den wir zu

Ende des letzten Abschnitts bereits zu Rate gezogen haben, ist daher der Ansicht, dass Philosophen den Begriff der Intuition überhaupt nicht verwenden sollten: "Philosophers might be better off not using the word 'intuition' and its cognates." (Williamson 2007, 220)

An dieser Stelle können wir nicht erörtern, ob und wie sich der Begriff der Intuition zufriedenstellend klären lässt. Nehmen wir also an, die Diagnose träfe zu. Nehmen wir an, es sei ungeklärt, ob sich der Begriffsumfang des Ausdrucks „Intuition" zufriedenstellend angeben lässt. Ließe sich mithilfe dieser Annahme ein schlüssiger Einwand gegen die experimentelle Philosophie formulieren? An dieser Stelle ist es erforderlich, die Unterscheidung zwischen den verschiedenen Varianten der experimentellen Philosophie wieder aufzugreifen. Denn die Antwort scheint mir davon abzuhängen, ob wir über X-Phi$_1$, X-Phi$_2$ oder X-Phi$_3$ reden.

Betrachten wir zunächst X-Phi$_1$. Ihre Vertreter wollen herausfinden, welche Intuitionen philosophische Laien haben, wenn sie mit Gedankenexperimenten konfrontiert werden, mit denen sich sonst nur professionelle Philosophen befassen. Außerdem wollen sie erklären, warum sie diese Intuitionen haben, indem sie die kognitiven Mechanismen offenlegen, die für sie ursächlich verantwortlich sind. Zu diesem Zweck legen sie philosophischen Laien Fragebögen vor und werten die Antworten aus. Ist dieses Unterfangen gefährdet, wenn sich herausstellt, dass der Ausdruck „Intuition" keine zufriedenstellende Interpretation hat?

Das scheint nicht der Fall zu sein. Vertreter der X-Phi$_1$ können sich recht einfach aus der Affäre ziehen, indem sie ihr Anliegen umformulieren und den Ausdruck „Intuition" dabei vermeiden. Dazu können sie sagen, dass sie sich dafür interessieren, wie philosophische Laien über Gedankenexperimente urteilen und warum. Und danach können sie weitermachen wie vorher auch.

Vertreter von X-Phi$_2$ wollen einen positiven Beitrag zu inhaltlichen philosophischen Debatten leisten. Sie versuchen das insbesondere zu erreichen, indem sie Intuitionen über Gedankenexperimente auf ihre Verlässlichkeit hin überprüfen. Wie wir in Abs. 2.4 besprachen, gibt es hierfür eine Reihe von Ansatzpunkten. Sie können versuchen herauszufinden, ob Konsens bzw. Dissens über eine gegebene Intuition besteht. Sie können prüfen, ob sich eine Intuition über ein Gedankenexperiment ändert, wenn man seine Formulierung oder die Reihenfolge, in der es präsentiert wird, ändert. Und sie können versuchen Anhaltspunkte dafür zu finden, ob es sich bei einer gegebenen Intuition um eine kognitive Fehlleistung handelt. All das könnten Vertreter von X-Phi$_2$ auch dann tun, wenn sich herausstellt, dass das Gerede von „Intuitonen“, wenn man genau hinsieht, philosophisch problematisch ist. Genau wie Vertreter der X-Phi$_1$ können sie den Begriff der Intuition durch den allgemeineren Begriff des Urteils ersetzen. Mit anderen Worten: Sie können sagen, dass sie sich dafür interessieren, wie verlässlich ein bestimmtes Urteil über ein Gedankenexperiment ist. Daraus können sie wiederum ableiten, welche argumentative Last dieses Urteil tragen sollte. Auch das Projekt der X-Phi$_2$ bleibt also vom gegenwärtigen Einwand unangetastet.

Das scheint jedoch nicht für X-Phi$_3$ zu gelten. Warum? Gerade haben wir gesehen, dass Vertreter von X-Phi$_1$ und X-Phi$_2$ ihr Forschungsanliegen umformulieren können, ohne den problematischen Begriff der Intuition zu verwenden. Wieso sollte das für Vertreter von X-Phi$_3$ nicht möglich sein? Dazu lohnt es sich festzustellen, dass sich mit X-Phi$_3$ ein allgemeineres Anliegen verbindet als mit X-Phi$_1$ und X-Phi$_2$. Forscher, die X-Phi$_1$ und X-Phi$_2$ zuzurechnen sind, interessieren sich jeweils dafür, wie Menschen ein bestimmtes Gedankenexperiment beurteilen. Philosophen, die X-Phi$_1$ praktizieren, tun das als Selbstzweck. Vertreter der X-Phi$_2$ tun es, um einen Beitrag zur Debatte um eine klassische, philosophische Frage zu leisten. Experimentelle Philosophen, die X-Phi$_3$ zuzurechnen sind, testen zwar auch einzelne Gedankenexperimente. Allerdings verfolgen sie dabei das Anliegen, die Methode der analytischen Philosophie (MAP) zu untergraben. Diese Methode besagt, dass philosophische Thesen mithilfe von Intuitionen über Gedankenexperimente überprüft werden können. Wer sich explizit gegen die Anwendung dieser Methode wendet, muss in der Lage sein, anzugeben, *was* er da kritisiert. Er muss in der Lage sein anzugeben, was es bedeutet, die methodische Verwendung von Intuitionen über Gedankenexperimente im Allgemeinen abzulehnen. Um ihrer Position eine sinnvolle Interpretation zu geben, müssen Vertreter von X-Phi$_3$ also – anders als Vertreter der X-Phi$_1$ und Vertreter der X-Phi$_2$ – erklären können, was sie mit „Intuition“ meinen.[115]

---

115 Der gleiche Einwand träfe allerdings auch auf Philosophen zu, die die Anwendung der MAP in jedem Einzelfall unterstützen. Auch sie müssen erklären, wie sich die Klasse der Intuitionen von anderen mentalen Zuständen abgrenzen lässt.

4.3.4 Experimentelle Philosophie führt zu Skeptizismus

Eine Möglichkeit um der gerade beschriebenen Herausforderung zumindest annähernd gerecht zu werden, besteht darin, auf den paradigmatischen Fall einer Intuition hinzuweisen. Philosophen, die X-Phi3 vertreten, könnten etwa auf das Urteil hinweisen, das Edmund Gettier verwendete, um die Standardanalyse des Wissensbegriffs zu widerlegen.[116] Sie könnten dann sagen, dass es sich bei Intuitionen um Urteile handelt, die der „Gettier-Intuition" in relevanten Hinsichten ähnlich sind. Diese Strategie ist allerdings problematisch. Denn sie scheint einem unattraktiven, globalen Skeptizismus Tür und Tor zu öffnen. Sehen wir uns an, warum.[117]

Zunächst lohnt es sich, das Gedankenexperiment zu rekapitulieren, das wir in vorangegangenen Abschnitten verwendeten, um Gettiers Argumentationsstrategie zu illustrieren. Es dient dazu, die Standardanalyse des Wissensbegriffs zu attackieren. Sie besagt, dass Wissen als wahre, gerechtfertigte Meinung analysiert werden kann. Wenn das stimmt, dann sollte es unmöglich sein, einen Fall zu konstruieren, in dem eine Person eine wahre, gerechtfertigte Meinung hat, die aber kein Wissen darstellt. Unser Gedankenexperiment zeigte aber, dass solche Situationen offenbar vorkommen können. Wir nahmen an, dass Anna auf eine Uhr schaut, die 14:51 Uhr anzeigt. Deswegen glaubt Anna, dass es 14:51 Uhr ist. Es ist tatsächlich 14:51 Uhr. Allerdings ist die Uhr am Vortag um exakt die gleiche Zeit stehen geblieben, ohne dass Anna das bemerkt hat. Wer mit dieser hypothetischen Situation konfrontiert ist, würde urteilen, so unsere Annahme, dass Anna eine wahre, gerechtfertigte Meinung hat, dass es 14:51 Uhr ist, ohne zu wissen, dass es 14:51 Uhr ist. Daraus kann man wiederum ableiten, dass der Begriff des Wissens nicht als wahre, gerechtfertigte Meinung analysiert werden kann. Denn wäre Wissen tatsächlich als wahre, gerechtfertigte Meinung analysierbar, dann würde daraus folgen, dass kein Fall möglich ist, in dem eine Person eine wahre, gerechtfertigte Meinung hat, aber kein Wissen. Unser hypothetischer Fall zeigt jedoch, dass solche Situationen möglich sind und widerlegt damit die Standardanalyse des Wissensbegriffs.

---

116 In den Abs. 1.2, 2.2 und 3.1.1 sind wir darauf bereits eingegangen.

117 Wir beschränken uns hier auf die Variante der Kritik, die von Williamson (2007) geäußert wurde. Andere Autoren haben Vertretern von X-Phi3 ebenfalls vorgeworfen, ihre Position führe zu Skeptizismus – allerdings mit anderen Argumenten (vgl. etwa Hales 2012 und Sosa 2007).

Wie Williamson (2007) feststellt, gibt es noch eine andere Möglichkeit, um das zu zeigen. Wir könnten statt eines hypothetischen Falls auch einen *tatsächlichen* Fall verwenden.

> For example, I have begun a lecture by apologizing for not giving a power-point presentation; I explained that the only time I gave a power-point presentation it was a complete disaster. Since my listeners had no reason to distrust me on a claim so much to my discredit, they acquired through my testimony the justified belief that the only time I gave a power-point presentation it was a complete disaster. They competently deduced that I had never given a successful power-point presentation. Thus they acquired the justified belief that I had never given a successful power-point presentation. That belief was true, but the reason was that I had never given a power-point presentation at all (and still do not intend to). My assertion that the only time I had given a power-point presentation it was a complete disaster was a bare-faced lie. Thus they were basing their justified true belief that I had never given a successful power-point presentation on their justified false belief that the only time I had given a power-point presentation it was a complete disaster. Consequently, they did not know that I had never given a successful power-point presentation. (Williamson 2007, 192)

Williamsons Zuhörer bildeten die wahre, gerechtfertigte Meinung aus, dass ihr Referent noch nie eine erfolgreiche PowerPoint-Präsentation gehalten hatte. Denn Williamson erklärte ihnen, seine einzige bisherige PowerPoint-Präsentation sei ein komplettes Desaster gewesen. Und tatsächlich hatte Williamson noch nie eine erfolgreiche PowerPoint-Präsentation gehalten. Allerdings war letzteres dem Umstand geschuldet, dass er noch nie eine solche Präsentation gehalten hatte, nicht dem Umstand, dass seine einzige bisherige PowerPoint-Präsentation desaströs verlaufen war. Diese reale Fallstudie zeigt genauso wie das hypothetische Fallbeispiel von Anna, dass es Situationen geben kann, in denen eine Person eine wahre, gerechtfertigte Meinung hat, aber kein Wissen. Sie widerlegt ebenfalls die Standardanalyse des Wissensbegriffs.

Dieser Umstand scheint Vertreter von X-Phi3 mit einem Dilemma zu konfrontieren. Sie müssen sich entscheiden, ob sie das Urteil über den realen Fall als Intuition einstufen wollen oder nicht. Wenn sie das nicht tun, dann können sie Gettiers Vorgehensweise nicht mehr mithilfe ihrer experimentellen Befunde kritisieren. Denn seine Argumentationsstrategie lässt sich, wie Williamson zeigt, auch verfolgen, ohne auf Intuitionen zurückzugreifen. Wenn sie jedoch auch Urteile über reale Fälle als Intuitionen einstufen wollen, dann bezöge sich ihre experimentelle Kritik auch auf diese Fälle. Und damit würden sie, so Williamson, einer Variante des globalen Skeptizismus anheim fallen[118].

Williamson spricht in diesem Zusammenhang von *Urteilsskeptizismus* (engl.: „jugdment skepticism"), der sich von anderen Formen des Skeptizismus hinsichtlich des Objekts, an dem gezweifelt wird, unterscheidet. Wahrnehmungsskeptiker zweifeln an der Verlässlichkeit sinnlicher Wahrnehmung. Erinnerungsskeptiker zweifeln an der Verlässlichkeit unserer Erinnerungen. Im Unterschied dazu zweifeln Urteilsskeptiker daran, dass wir in der Lage sind, Begriffe wie den Wissensbegriff verlässlich anzuwenden.

Träfe der Vorwurf des Urteilsskeptizismus zu, dann handelte es sich dabei um eine schwerwiegende Kritik an X-Phi3. Das gilt aus mindestens zwei Gründen. Erstens handelt es sich beim Urteilsskeptizismus um eine recht weitreichende Form der Skepsis, die als philosophische Position unattraktiv wirkt. Sie würde unsere gesamte wissenschaftliche Praxis einschließen. Denn auch in der Wissenschaft gewinnen wir Erkenntnisse, indem wir unsere Beobachtungen mithilfe von Begriffen systematisieren und auf diese Weise verständlich machen. Diese Praxis würde von einem allgemeinen Urteilsskeptizismus ebenfalls bedroht. Zweitens würde ein Urteilsskeptizismus, der die wissenschaftliche Praxis angreift, X-Phi3 selbst unterminieren und so zu einer inkohärenten Position machen. Schließlich basieren Argumente, die X-Phi3 stützen, selbst auf empirisch-wissenschaftlichen Forschungsmethoden, deren Zuverlässigkeit vorausgesetzt werden muss.[119]

Wie könnten sich Vertreter von X-Phi3 gegen die Kritik von Williamson verteidigen? Es scheint nur eine Möglichkeit zu geben: Sie müssen zeigen, dass ihr Einwand gegen die methodische Verwendung von Intuitionen über philosophische Gedankenexperimente nicht zu einem allgemeinen Urteilsskeptizismus führt. Weinberg (2007) versucht dies plausibel zu machen. Dazu schlägt er ein neues Kriterium vor, mit dem wir einschätzen können, ob die Verwendung einer Erkenntnisquelle epistemisch legitim ist. Dieses Kriterium nennt er „Hoffnungslosigkeit" (engl.: „hopelessness").

Hoffnunglosigkeit impliziert Unzuverlässigkeit, aber nicht umgekehrt. Das bedeutet, eine hoffnungslose Erkenntnisquelle ist unzu-

---

118 Eine knappe Fassung dieses Einwands findet sich in Williamson (2016).

119 Auf diese beiden Punkte weist bereits Bealer (1992) hin.

verlässig. Aber eine unzuverlässige Erkenntnisquelle kann dennoch hoffnungsvoll sein, insoweit es möglich ist, ihre Fehler zu erkennen und zu korrigieren. Das wäre z.B. durch einen Abgleich mit anderen Erkenntnisquellen möglich.[120] Visuelle Wahrnehmung ist ein Beispiel für eine Erkenntnisquelle, die bisweilen unzuverlässig ist, aber dennoch hoffnungsvoll. Denn wir können sie mithilfe unserer anderen Sinne überprüfen. Auch Intuitionen können nach Weinberg hoffnungsvoll sein. Die Intuitionen, auf denen unsere wissenschaftliche Praxis beruht, hält er für hoffnungsvoll und begründet das folgendermaßen.

> We have had a long and fairly well-documented history of trying out different norms to guide our inquiries, and we can learn from our historians which norms have been active when and what results they seem to have yielded. And we can use our best information about the structure of investigative communities both past and present, as well as what we know about the human agents who operate within them, to speculate counterfactually about what results various sorts of norms might or might not generate for us today. I am willing to place some confidence in our intuitions about the norms that govern justification, for example, because I expect that where we need to we can appeal to something outside of those intuitions themselves. (Weinberg 2007, 339)

Weil Intuitionen, die für unsere wissenschaftliche Praxis grundlegend sind, unabhängig überprüft werden können, sind sie nach Weinbergs Ansicht also hoffnungsvoll. Wie sieht es jedoch mit den Intuitionen aus, auf die sich Philosophen regelmäßig berufen? Die, argumentiert Weinberg, sind weitgehend hoffnungslos. Denn sie sind nicht Teil einer Forschungspraxis, in der eine unabhängige Überprüfung mithilfe anderer Erkenntnisquellen stattfindet. Anders als in den empirischen Wissenschaften können intuitive Fehler in der Philosophie nicht erkannt und korrigiert werden. Dies ist zumindest Weinbergs Gedankengang.

Wenn sich die Argumentation, die Weinberg vorschlägt, als tragfähig erweist, dann wäre damit gezeigt, dass X-Phi3 nicht unbedingt zu einem globalen Skeptizismus führt und nicht notwendigerweise inkohärent ist. Ob das tatsächlich der Fall ist, muss hier allerdings offen

---

120 Weinberg gibt drei weitere Kriterien an, mit denen sich beurteilen lässt, wie hoffnungsvoll eine Erkenntnisquelle ist (vgl. Weinberg 2007, 330-331).

bleiben. An dieser Stelle sei lediglich angemerkt, dass es noch unklar erscheint, ob Weinbergs Gedankengang überzeugt.[121]

4.3.5 Intuitionen spielen in der Philosophie keine Rolle

Williamsons Kritik, die wir im vorangegangenen Abschnitt besprochen haben, hat das Anliegen, die Methode der analytischen Philosophie (MAP) gegen experimentelle Einwände in Schutz zu nehmen und X-Phi3 zu widerlegen. Sie soll klarstellen, dass die Intuitionen, die Philosophen verwenden, auf ganz normalen kognitiven Funktionen beruhen, die im Alltag und in den Wissenschaften ständig zum Einsatz kommen. Ein allgemeiner Zweifel an diesen Intuitionen, wie Vertreter von X-Phi3 ihn hegen, würde deshalb zu einem globalen Urteilsskeptizismus führen. Und ein solcher, so Williamson, sei philosophisch nicht tragbar. Bevor wir uns mit einer letzten Form der Kritik an der experimentellen Philosophie befassen, lohnt es sich, die logische Struktur von Williamsons Einwand etwas genauer zu untersuchen.

In Abs. 4.1 hielten wir fest, dass sich Einwände gegen die experimentelle Philosophie anhand des experimentell-philosophischen Argumentationsschemas kategorisieren lassen. Dieses Schema ist formallogisch gültig. Eine Kritik an Instanzen des Arguments kann sich daher nicht gegen den Übergang von den Prämissen zur Konklusion richten. Es ist allerdings möglich, eine der beiden Prämissen anzugreifen. Wie ich anmerkte, ist das aber nicht die einzige Option. Der Einwand Williamsons, den wir gerade kennengelernt haben, funktioniert anders. Er greift weder die empirischen Prämissen noch die Brückenprämissen an, die Vertreter von X-Phi3 ins Feld führen. Seine Kritik richtet sich vielmehr auf ihre Schlussfolgerung. Williamson weist darauf hin, dass derjenige, der diese Schlussfolgerung akzeptiert, sich damit auf eine Form des Urteilsskeptizimus verpflichtet. Dieser sei jedoch absurd. Und deshalb müsse man die Schlussfolgerung, die Vertreter der X-Phi3 ziehen, ablehnen.

---

121 An dieser Stelle sei allerdings auf andere Autoren verwiesen, die an Weinbergs Argument anschließen. Grundmann (2010) und Ichikawa (2012) kritisieren es. Nado (2015) schlägt eine neue Variante des Arguments vor, um einige Kritikpunkte zu vermeiden. Weinberg (2009) und Williamson (2009) liefern sich ebenfalls einen interessanten Schlagabtausch.

Es gibt ein weiteres Argument, das sich direkt gegen die Schlussfolgerungen experimenteller Philosophen richtet. Anders als beim Argument von Williamson besteht das Anliegen dieses Arguments allerdings nicht darin nachzuweisen, dass diese falsch sind. Wer es vorbringt, möchte vielmehr zeigen, dass die fraglichen Schlussfolgerungen belanglos sind. Dieses Argument, das sich vor allem mit den Beiträgen von Herman Cappelen (2012, 2014) und Max Deutsch (2009, 2010, 2015, 2016) verbindet, soll zeigen, dass experimentelle Philosophen die Rolle von Intuitionen in der Philosophie falsch verstehen. Tatsächlich, so argumentieren Cappelen und Deutsch, spielten Intuitionen in der Philosophie überhaupt keine Rolle. Daher seien empirische Befunde, mit denen experimentelle Philosophen Intuitionen angreifen oder stützen, zwar für sich genommen interessant, aber irrelevant für die philosophische Praxis.

Bevor wir uns diesen Einwand näher ansehen, sollten wir klären, gegen welche Varianten der experimentellen Philosophie er sich richtet. Die zwei vorangegangenen Argumente wandten sich nur gegen X-Phi3. Auch der Einwand Cappelens und Deutschs hat diese Variante als argumentatives Ziel. Vertreter von X-Phi3 wollen die Methode der analytischen Philosophie (MAP) widerlegen. Aber die, so das Argument, wende in Wirklichkeit niemand an. Deswegen laufe die Kritik, die Vertreter der X-Phi3 gegen die analytische Philosophie vorbringen, ins Leere. Wir können also festhalten, dass sich auch dieser Einwand gegen X-Phi3 richtet.

Allerdings könnte er auch Philosophen in Bedrängnis bringen, die der X-Phi2 zuzurechnen sind. Sie versuchen einen konstruktiven Beitrag zu einer inhaltlichen philosophischen Frage zu leisten, indem sie überprüfen, wie verlässlich die Intuitionen sind, die in philosophische Argumente eingehen. Erinnern wir uns etwa an den Beitrag von Nahmias et al. (2005, 2006), den wir in Abs. 3.4.2 besprachen. Die Autoren starten mit der Beobachtung, dass die meisten Philosophen in der Debatte um die Willensfreiheit eine bestimmte Annahme treffen. Sie setzen voraus, dass die inkompatibilistische Sichtweise, nach der Determinismus und Willensfreiheit unvereinbar sind, für die meisten Menschen intuitiv stimmig wirkt. Deshalb verorten sie die Beweislast auf der Seite derjenigen, die eine kompatibilistische Position vertreten. Nahmias et al. (2005, 2006) überprüfen diese zentrale, empirische Behauptung, auf der dieser Gedankengang aufbaut. Mithilfe experimenteller Daten versuchen sie zu zeigen, dass der Inkompatibilismus nicht intuitiv ist. Sie werten das als Beleg dafür, dass die Beweislast in der Debatte neu verteilt werden sollte. Wenn man allerdings Cappelen und Deutsch glaubt, dann spielt die Frage, wie intuitiv oder kontraintuitiv die eine oder andere Position ist, keine Rolle für die Debatte um die Willensfreiheit. Mit anderen Worten: auch die Ergebnisse von Vertretern der X-Phi$_2$ sind offenbar philosophisch belanglos. Die Kritik von Cappelen und Deutsch scheint also sowohl X-Phi$_2$ als auch X-Phi$_3$ zu berühren.

Nun können wir klären, wie die Kritik genau aussieht und wie sie begründet wird. Zu diesem Zweck werden wir uns auf die Variante der Kritik beschränken, die Deutsch vorbringt.[122] Er ist der Ansicht, dass Philosophen in ihren Argumenten Intuitionen praktisch nie als Prämissen verwenden.

> In fact, I do not know of a single philosophical argument in which it is clear that there is an explicit or implicit appeal to the intuitiveness of *p* as evidence for *p* itself. (Deutsch 2015, 38)

Dagegen könnte man einwenden, dass viele analytische Philosophen – etwa Joel Pust, Alvin Goldman, George Bealer, Laurence Bonjour oder Frank Jackson – in ihren Texten explizit anmerken, dass die Intuitivität einer philosophischen Proposition genau die Rolle spielt, die Deutsch ihnen absprechen will. Dies erklärt Deutsch mit einer verbreiteten methodologischen Verwirrung.

> Sometimes they are confused to the point that, even when explicitly addressing the question of how philosophy is done, they mischaracterize their own methods. I think Pust, Goldman, Bealer, Bonjour, and Jackson are all guilty of this confusion. (Deutsch 2015, 39)

Mit einem weiteren, naheliegenden Einwand könnte man zu bedenken geben, dass typische Gedankenexperimente der analytischen Philosophie – wie die von Edmund Gettier oder Saul Kripke – sehr intuitiv sind. Deutet das nicht darauf hin, dass Intuitionen eine argumentative Rolle in der Philosophie spielen? Deutsch ist auch in diesem Punkt anderer Ansicht.

---

[122] Cappelens Position findet sich in Cappelen (2012, 2014). Interessante Debattenbeiträge zu seiner Sichtweise wurden im Rahmen von zwei Symposien zum Buch *Philosophy without Intuitions* (2012) diskutiert, deren „Proceedings" in den Journalen *Analytic Philosophy* (Jg. 2014, Bd. 55, Ausg. 4) und *Philosophical Studies* (Jg. 2014, Bd. 171, Ausg. 3) veröffentlicht wurden. Die Diskussion von Nado (2016) unterscheidet die verschiedenen Argumente, die von Cappelen und Deutsch vorgebracht werden und schlägt Antwortmöglichkeiten aus Sicht der experimentellen Philosophie vor.

> Gettier's and Kripke's arguments do not, and do not need to, appeal to the intuitiveness of the counterexamples they involve; the arguments would (or could) be successful refutations, even if the counterexamples were highly counterintuitive, or if intuition were agnostic with respect to them. (Deutsch 2015, 40)

Deutsch denkt also, dass Urteile über Gedankenexperimente eine Argumentation auch dann stützen können, wenn sie völlig kontraintuitiv sind. Auf Intuitivität komme es nicht an. Entscheidend sei vielmehr, ob ein Gedankenexperiment eine philosophische These *genuin* stützt. Nach Deutsch stützen z.B. Gettiers Gedankenexperimente genuin die These, dass die Standardanalyse des Wissensbegriffs falsch ist. Und Kripkes Gödel-Fall stützt genuin die These, dass Russells Kennzeichnungstheorie der Eigennamen falsch ist.

So weit, so gut. Aber woran – wenn nicht an unseren Intuitionen – sollen wir festmachen, ob ein Gedankenexperiment eine These genuin stützt? Deutschs Antwort: wir müssen die Argumente prüfen, die die entsprechenden Urteile stützen. In seinen eigenen Worten:

> „[...] when it comes to providing evidence for judgments about thought experiments and cases, philosophy trades in arguments, not intuitions.[123] (Deutsch 2015, 57)

Diese Antwort wirkt naiv. Denn sie scheint das Problem nur zu verschieben.[124] Auch wenn das Urteil über ein Gedankenexperiment durch ein weiteres Argument begründet wird, muss die Begründung doch irgendwo aufhören. Und dort, wo sie aufhört, sollten wir ein intuitives Urteil vermuten. Was sonst?

Deutsch ist sich dieses Problems, das er das „relocation problem" nennt, durchaus bewusst. Und er beantwortet es (vgl. Deutsch 2015, 122-127). Wir können seine Antwort an dieser Stelle nicht besprechen. Ich möchte jedoch zwei kritische Anmerkungen zu Deutschs Position machen, die sie nicht voraussetzen.

Meine erste Anmerkung schließt an eine simple Beobachtung an. Für Deutsch wäre es ein gutes Zeichen, wenn das „relocation problem" überhaupt zum Problem werden würde. Denn dies würde bedeuten, dass er zumindest ein Etappenziel erreicht hat. Dieses Etappenziel besteht darin zu zeigen, dass analytische Philosophen ihre Urteile über Gedankenexperimente nicht mithilfe von Intuitionen

---

[123] Deutsch bespricht diese These anhand einer Analyse des Fallbeispiels von Edmund Gettier. Vgl. hierzu Deutsch (2015, Kap. 4) sowie Deutsch (2016).

[124] Auf diesen Punkt weisen auch Nado (2016) hin. Chalmers (2014) und Weinberg (2014) problematisieren diesen Aspekt mit Blick auf die Position von Cappelen.

stützen, sondern mithilfe von Argumenten. Deutsch versucht, diese Behauptung zunächst anhand eines Fallbeispiels zu plausibilisieren, das er Harry Frankfurts einflussreichem Aufsatz „Alternate possibilities and moral responsibility" (1969) entnimmt. Dort untersucht Frankfurt, ob es auch dann gerechtfertigt sein kann, einer handelnden Person moralische Verantwortung zuzuschreiben, wenn für sie keine Wahlmöglichkeiten zur Auswahl standen. Frankfurt verneint dies und gibt dafür folgendes Beispiel, das Deutsch zitiert (vgl. Deutsch 2015, ix).

> Suppose someone — Black, let us say — wants Jones to perform a certain action. Black is prepared to go to considerable lengths to get his way, but he prefers to avoid showing his hand unnecessarily. So he waits until Jones is about to make up his mind what to do, and he does nothing unless it is clear to him (Black is an excellent judge of such things) that Jones is going to decide to do something other than what he wants him to do. If it does become clear that Jones is going to decide to do something else, Black takes effective steps to ensure that Jones decides to do, and that he does do, what he wants him to do. Whatever Jones's initial preferences and inclinations, then, Black will have his way. … Now suppose that Black never has to show his hand because Jones, for reasons of his own, decides to perform and does perform the very action Black wants him to perform. In that case, it seems clear, Jones will bear precisely the same moral responsibility for what he does as he would have borne if Black had not been ready to take steps to ensure that he do it. (Frankfurt 1969, 835–36)

In diesem Gedankenexperiment hat Jones keine Wahl. Er muss das tun, was Black möchte. Dennoch, so Frankfurt, sollte man ihm moralische Verantwortung für sein Handeln zuschreiben. Deutsch zitiert folgende Stelle, in der Frankfurt dieses Urteil begründet (vgl. Deutsch 2015, xv).

> It would be quite unreasonable to excuse Jones for his action or withhold the praise to which it would normally entitle him, on the basis of the fact that he could not do otherwise. This fact played no role at all in leading him to act as he did. He would have acted the same even if it had not been a fact. Indeed, everything happened just as it would have happened without Black's presence in the situation and without his readiness to intrude into it. (Frankfurt 1969, 836)

Deutsch ist der Ansicht, dass diese zweite Passage ein *Argument* enthält, das Frankfurts Urteil über Jones am Ende der ersten Textstelle stützt. Für andere Abschnitte, die er allerdings nicht explizit nennt, gelte das gleiche. Deutsch fragt: "What do these arguments have to do with who intuits what?" Und er antwortet darauf: "In a word: nothing." (Deutsch 2015, xv)

Es wirkt also, als habe Deutsch plausibel machen können, dass Frankfurt für sein Urteil argumentiert und es nicht mithilfe von Intuitionen rechtfertigt. Sein Etappenziel scheint erreicht. Wenn wir uns allerdings die gerade zitierte zweite Passage aus Frankfurts Text genauer ansehen, dann ist das nicht offensichtlich.

Die Passage besteht aus vier Sätzen. Frankfurt sagt im ersten Satz, dass es unvernünftig erscheint Jones für sein Handeln nicht verantwortlich zu machen, nur weil er nicht anders hätte handeln können. Hierbei handelt es sich schlicht um sein Urteil über das Gedankenexperiment. Es wird – wenn wir Deutsch glauben – mithilfe eines Argumentes begründet. Dieses muss sich im zweiten, dritten und vierten Satz finden. Dort sagt Frankfurt, dass die Tatsache, dass Jones nicht hätte anders handeln können, keine Rolle spielte, er ohnehin genauso gehandelt hätte und alles genauso passiert wäre, wie es tatsächlich passierte, wenn Black nicht eingegriffen hätte. Mir ist schleierhaft, wie Deutsch diese Bemerkungen als Argument für Frankfurts Urteil interpretieren kann. Denn ein Argument müsste neue Informationen enthalten, die nicht schon im zu beurteilenden Gedankenexperiment selbst vorhanden sind. Andernfalls wäre das Urteil ja trivial. Frankfurt weist aber im zweiten, dritten und vierten Satz der zweiten Textstelle lediglich auf Charakteristika seines Gedankenexperiments hin, die alle bereits in der ersten Textstelle enthalten sind. Seine Bemerkungen sind logisch redundant und sollten daher nicht als Argument gedeutet werden. Sie verfolgen offensichtlich nur den Zweck, die wichtigen Aspekte des Gedankenexperiments erneut vor unserem geistigen Auge zu versammeln, damit wir sie beurteilen können. Und das leistet unsere Intuition.[125]

Wenn ich mit dieser Interpretation von Frankfurts Gedankenexperiment recht habe, dann ist zumindest zweifelhaft, ob Deutsch überhaupt sein Etappenziel erreicht. In diesem Fall müssten wir auch über das weiterführende „relocation problem“ nicht mehr reden. Denn es würde sich gar nicht stellen, weil Deutschs Einwand gegen die expe-

[125] Ich möchte nicht bestreiten, dass es Gedankenexperimente gibt, bei denen Philosophen für ihre Urteile argumentieren. Allerdings scheint es auch den Fall zu geben, in dem sie das eben nicht tun. M.E. zeigt die Passage aus Frankfurt (1969), die Deutsch (2015) zitiert, dies sehr schlüssig.

rimentelle Philosophie bereits vorher ausgeräumt wäre. Nehmen wir jedoch an, Deutsch wäre in der Lage, seine Kritik zu erhärten. Was würde dann aus ihr folgen? An dieser Frage schließt sich meine zweite Anmerkung an.

Oben hielten wir fest, dass der Einwand der Belanglosigkeit, den Cappelen und Deutsch gegen die experimentelle Philosophie vorbringen, sowohl gegen X-Phi3 als auch gegen X-Phi2 zu wirken scheint. X-Phi3 weist MAP zurück. Wenn analytische Philosophen diese Methode jedoch gar nicht verwenden, wie es Cappelen und Deutsch behaupten, dann ist diese These für die philosophische Praxis belanglos. Mit Blick auf X-Phi2 lässt sich ein ähnliches Argument formulieren. Vertreter von X-Phi2 versuchen durch experimentelle Studien die Verlässlichkeit von Intuitionen einzuschätzen, die in philosophische Argumente eingehen. Wenn aber, wie Cappelen und Deutsch behaupten, Intuitionen in der philosophischen Argumentation keine Rolle spielen, dann wirkt auch diese Variante der experimentellen Philosophie für die philosophische Praxis belanglos. Allerdings könnte es dann sein, dass die experimentelle Phiosophie eine indirekte Rolle spielt.[126] Warum?

Um diese Frage zu beantworten, sollten wir mit einer Beobachtung starten. Cappelen und Deutsch sagen lediglich, dass Intuitionen für die *Begründung* einer philosophischen These belanglos sind. Sie bestreiten nicht, dass die Intuitionen von Philosophen im Rahmen einer *ursächlichen Erklärung* ihrer Standpunkte eine Rolle spielen könnten. Sie sagen nicht, dass sie ungeeignet sind, um ursächlich zu erklären, warum Philosophen die Standpunkte vertreten, die sie vertreten.[127] Die Unterscheidung, die hiermit angesprochen ist, ist die zwischen *Entdeckungszusammenhang* und *Rechtfertigungszusammenhang*. Sie geht auf die wissenschaftstheoretische Arbeit von Reichenbach (1938/1983) zurück. Die These lautet also: X-Phi2 kann im Rahmen des Entdeckungszusammenhangs eine indirekte Rolle für die Bewertung philosophischer Thesen spielen.

---

[126] Diesen Standpunkt vertritt auch Nado (2016).

[127] Tatsächlich räumen beide dies ein. Max Deutsch sagt: “Various arguments in philosophy […] may ‘rely’, or ‘depend,’ on intuition, but only causally, not inferentially or evidentially.” (Deutsch 2010, 453) Und Cappelen sagt: “I have said nothing about whether something that some philosophers would label ‘intuition’ could play a significant role in the context of discovery. It is not implausible that something reasonably labeled ‘intuitive’ can serve as a creative starting point for many cognitive activities, including philosophizing.” (Cappelen 2012, 230)

Auf den ersten Blick ist alles andere als klar, wie sich diese These rechtfertigen lässt. Denn Entdeckungs- und Rechtfertigungszusammenhang sind, so sagt man, strikt zu trennen. Die Ursachen, die erklären, warum eine Person einen bestimmten Standpunkt vertritt, gehören zum Entdeckungszusammenhang. Sie sagen für sich genommen nichts darüber aus, ob dieser Standpunkt gerechtfertigt ist. Denn dies hängt alleine davon ab, ob gute Gründe für ihn sprechen. Und die gehören zum Rechtfertigungszusammenhang. Nehmen wir beispielsweise an, Herr Schulze vertritt den Standpunkt, dass seine Kollegin Frau Schmidt ihre Bonuszahlung nicht verdient hat. Das könnte ursächlich damit zusammenhängen, dass er auf sie neidisch ist. Der Faktor „Neid" gehört zum Entdeckungszusammenhang. Ob der Standpunkt von Herrn Schulze aber gerechtfertigt ist oder nicht, hängt nur vom Rechtfertigungszusammenhang ab, d.h. von den Gründen, die für bzw. gegen ihn sprechen. Wenn wir wissen wollen, ob Herr Schulze recht hat, sollten wir uns auf die Gründe konzentrieren, die er für seinen Standpunkt anführt. Wenn wir diesen ablehnen, weil die Einschätzung von Herrn Schulze ursächlich durch seinen Neid auf Frau Schmidt zu erklären ist, dann verwenden wir – im Jargon der Argumentationstheorie – ein sogenanntes *Quellenargument*. Wir weisen die fragliche These zurück, weil sie aus einer bestimmten Quelle kommt. In diesem Fall handelt es sich bei der Quelle um eine Person, die neidisch ist. Solche Argumente gelten zurecht als problematisch.

Allerdings sollte man nicht den Fehler machen, alle Quellenargumente zurückzuweisen.[128] Unter bestimmten Umständen, können sie vernünftig sein. Stellen wir uns etwa vor, wir müssen uns schnell eine Einschätzung zu einer bestimmten Sachfrage verschaffen. Uns liegt die Einschätzung eines Experten vor, der eine bestimmte Antwort auf diese Frage gibt. Sollen wir ihm glauben? Die Tatsache, dass es sich bei der fraglichen Person um einen Experten handelt, spricht dafür. Wenn wir aber erfahren, dass dieser Experte ein ökonomisches Interesse daran hat, dass wir seinem Standpunkt glauben, dann sind zumindest Zweifel angebracht. Denn Interessenlagen können Standpunkte verzerren. Dafür muss nicht einmal böser Willen im Spiel sein. Aus diesem Grund verlangen z.B. wissenschaftliche Veröffentlichungsorgane häufig, dass ihre Autoren eventuelle Interessenkonflikte offenlegen. Mit anderen Worten: Die Quelle, aus der ein Argument

[128] Vgl. Mukerji (2017, 170-175).

kommt, kann unter bestimmten Umständen relevant für die Beurteilung seiner Glaubwürdigkeit sein.

Wir sollten nun fragen: Liegen solche Umstände im Rahmen einer philosophischen Debatte vor? Das könnte der Fall sein. Wer schon einmal eine Philosophie-Konferenz besucht hat, der könnte zumindest diesen Eindruck erhalten haben. Wenn professionelle Philosophen eine Meinungsverschiedenheit haben, verhalten sie sich nicht unbedingt wie Unparteiische. Sie verhalten sich nicht wie unvoreingenommene Richter, die neutral zwischen Pro und Contra abwägen. Sie haben in der Regel eine bestimmte philosophische Position, die ihr Selbstverständnis prägt. Und diese Position verteidigen sie wie Anwälte.[129] Das heißt, sie konzentrieren sich vor allem auf Argumente, die ihren Standpunkt stützen und auf Argumente, die konkurrierende Positionen in Zweifel ziehen.[130]

Das stellt nicht unbedingt ein Problem für die Profession als ganze dar. Denn unterschiedliche Philosophen vertreten in der Regel sehr unterschiedliche Positionen, sodass normalerweise sowohl Pro-Argumente als auch Contra-Argumente gehört werden sollten. Allerdings muss das nicht in jeder Situation gelten. Es könnte Debatten geben, in denen bestimmte Standpunkte nicht vertreten werden, sodass die Argumente für diese Standpunkte nicht beachtet werden. Dafür kommen verschiedene Gründe in Frage.

Ein wahrscheinlicher Kandidat, der im Rahmen des Entdeckungszusammenhangs eine Rolle spielen sollte, ist die *Intuitivität einer philosophischen Position*. Falls das stimmt, sollten kontraintuitive Standpunkte weniger häufig vertreten werden, und die Argumente für diese Standpunkte sollten weniger Gehör finden. Wenn aber, wie Cappelen und Deutsch behaupten, die Intuitivität einer philosophischen Position uns keinen Aufschluss darüber gibt, ob wir sie glauben sollten, dann kann sich in bestimmten Debatten durch die Intuitivität einer Position eine Schieflage ergeben. Dann kann es sein, dass Positionen, die wahr sind, nicht als solche erkannt werden, weil sie kontraintuitiv sind, sodass Argumente, die sie stützen, nicht entdeckt werden. Nach dieser Logik sollten wir besonders vorsichtig sein, wenn eine Position sehr intuitiv ist. Denn dann können wir davon ausgehen, dass weni-

---

129 Diesen Vergleich entnehme ich (Kramer and Messick 1996). Sie beschreiben damit allerdings nicht das Verhalten von Philosophen, sondern das Verhalten von Managern.

130 Der Autor dieses Textes stellt in dieser Hinsicht sicherlich keine Ausnahme dar.

ger Hirnschmalz aufgewandt wird, um sie zu widerlegen.[131] Das widerspräche zwar der Logik des Konsens- und Dissens-Arguments aus Abs. 2.4.1 diametral. Aber dennoch gäbe es eine Rolle für empirische und insbesondere experimentelle Forschung in der Philosophie.

Halten wir also fest: Auch wenn Intuitionen für die Rechtfertigung einer philosophischen These keine direkte Rolle spielen, lässt sich eine Rolle für X-Phi$_2$ finden.

4.3.6 Schlussfolgerungen

In den fünf vorangegangenen Abschnitten besprachen wir philosophische Einwände gegen die experimentelle Philosophie und untersuchten Antwortmöglichkeiten, die ihren Vertretern offen stehen. Dabei unterschieden wir jeweils zwischen X-Phi$_2$ und X-Phi$_3$. Denn wie sich herausstellte, scheinen manche der Einwände ausschließlich für X-Phi$_3$ eine Bedrohung darzustellen.

Während wir die ersten beiden Einwände mit Blick auf beide Varianten zurückwiesen, stellten wir fest, dass der dritte, vierte und fünfte Einwand für X-Phi$_3$ offenbar eine weit größere Schwierigkeit darstellt als für X-Phi$_2$. X-Phi$_2$ braucht keinen trennscharfen Begriff des Intuition, X-Phi$_3$ schon. X-Phi$_2$ führt nicht zu skeptizistischen Schlussfolgerungen. Bei X-Phi$_3$ bestehen zumindest ernsthafte Bedenken. Außerdem lässt sich X-Phi$_2$ auch dann motivieren, wenn sich herausstellen sollte, dass Intuitionen für die Rechtfertigung philosophischer Behauptungen keine Rolle spielen. X-Phi$_3$ scheint dagegen belanglos zu werden, wenn dies zutrifft. Dementsprechend können wir die Ergebnisse unserer Diskussion zu einer tentativen Schlussfolgerung verdichten. Diese lautet: X-Phi$_3$ erscheint deutlich problematischer als X-Phi$_2$.

Diese These ist nicht ganz überraschend. Denn X-Phi$_3$ stellt eine vergleichsweise anspruchsvolle Behauptung auf. Sie besagt, dass es keine Anwendung der Methode der analytischen Philosophie (MAP)

---

131 In der Statistik ist es üblich, Korrekturverfahren zu verwenden, wenn sich die Wahrscheinlichkeit, ein statistisch signifikantes Resultat zu erhalten, durch die Anzahl der statistischen Vergleiche erhöht (z.B. Bonferroni-Korrektur). Es könnte sein, dass wir analoge (wenn auch weniger präzise) Verfahren in der Philosophie entwickeln müssen, mit deren Hilfe wir das Gewicht von Argumenten für intuitive Standpunkte reduzieren. Denn wir sollten annehmen, dass die Wahrscheinlichkeit, mit der wir gute Argumente für einen Standpunkt finden, mit zunehmender Intuitivität größer wird.

gibt, die unproblematisch ist. Als negative Existenzaussage ist diese These sehr schwer zu belegen, aber sehr leicht zu diskreditieren. Um sie plausibel zu machen, müssten wir über eine sehr große Menge von Daten verfügen, die alle in dieselbe Richtung weisen. Um sie in Zweifel zu ziehen, brauchen wir nur einige Beispiele zu finden, in denen die Verwendung von MAP offensichtlich unproblematisch ist.

Mit X-Phi$_2$ verhält es sich genau umgekehrt. X-Phi$_2$ besagt lediglich, dass experimentelle Befunde für die Beantwortung einer philosophischen Frage eine Rolle spielen können. Wer das bestreitet, der stellt eine negative Existenzaussage auf. Er sagt, dass es keine Brückenprämisse gibt, die eine schlüssige logische Verbindung zwischen einem experimentellen Resultat und einer philosophischen Schlussfolgerung herstellt. Es ist weitaus einfacher, diese Position zu diskreditieren als sie zu belegen. Unsere tentative Schlussfolgerung lässt sich also auch durch einen apriorischen Gedankengang plausibilisieren.

4.4 Zusammenfassung

In diesem Kapitel diskutierten wir wichtige Einwände gegen die experimentelle Philosophie. Dazu kategorisierten wir diese zunächst und bestimmten die potentielle Reichweite verschiedener Kritikformen.

Wir führten zunächst ein allgemeines experimentell-philosophisches Argumentationsschema ein, unter das sich alle bisher betrachteten Argumente subsumieren lassen. Dieses Schema hat zwei Prämissen und eine (meta-)philosophische Schlussfolgerung. Die erste Prämisse konstatiert ein empirisches Faktum. Die zweite schlägt eine Brücke zwischen der empirischen und der philosophischen Sphäre. Da das Argument formallogisch gültig ist, hielten wir fest, dass eine Kritik an experimentell-philosophischen Argumenten zwei Formen annehmen kann. Sie kann die erste oder zweite Prämisse angreifen, also die empirische Prämisse oder die Brückenprämisse. Einwände der erste Art nannten wir methodische Einwände und Einwände der zweiten Art philosophische Einwände.

Wir hielten fest, dass methodische Einwände die größte Reichweite haben. Sie wirken potentiell gegen X-Phi$_1$, X-Phi$_2$ und X-Phi$_3$. Allerdings sind sie vergleichsweise unproblematisch. Sie lassen sich aus der Welt schaffen, indem experimentelle Philosophen die methodischen Grundsätze empirisch-wissenschaftlicher Forschung lückenlos beachten.

Philosophische Einwände haben dagegen eine begrenzte Reichweite. Sie richten sich nur gegen die Formen der experimentellen Philosophie, die tatsächlich versuchen einen Beitrag zur Beantwortung einer philosophischen bzw. metaphilosophischen Frage zu leisten – d.h. nur gegen X-Phi2 und X-Phi3. Allerdings sind sie potentiell problematischer, da sie die Legitimität dieser Varianten der experimentellen Philosophie grundsätzlich in Frage stellen.

Nach der Kategorisierung der zwei Varianten von Kritik wandten wir uns zunächst den methodischen Einwänden zu. Auch hier führten wir als erstes eine Differenzierung ein. Wir unterschieden Argumente, die einen Mangel externer Validität anmahnen, von Argumenten, die die interne Validität experimenteller Studien problematisieren.

Einwände der ersten Art lassen sich anbringen, wenn experimentelle Philosophen zu allgemeine Schlüsse ziehen. Wenn wir z.B. nur bildungsaffine, philosophieinteressierte Probanden in Deutschland zu ihren Intuitionen in einem bestimmten Gedankenexperiment befragen, dann sollten wir keine Rückschlüsse über alle Menschen, über alle Länder oder über alle Gedankenexperimente ziehen.

Ein Argument gegen die experimentelle Philosophie, das sich auf den Gesichtspunkt der externen Validität beruft, wird häufig von Lehnstuhl-Philosophen vorgebracht. Es ist das Experten-Argument. Wer es einsetzt, kritisiert die Tatsache, dass experimentell-philosophische Studien vor allem mit philosophischen Laien durchgeführt werden und Rückschlüsse über die Glaubwürdigkeit der Intuitionen professioneller Philosophen schwierig sind.

Alles in allem hielten wir fest, dass der Gesichtspunkt der externen Validität ein zweischneidiges Schwert für die experimentelle Philosophie darstellt. Einerseits scheint sie besser aufgestellt zu sein als L-Phi und A-Phi, weil Lehnstuhl-Philosophen kaum Sorge tragen, dass zentrale Intuitionen repräsentativ sind. Andererseits lässt sich auch gerechtfertigte Kritik an der experimentelle Philosophie vorbringen, wenn ihre Vertreter zu allgemeine Schlüsse aus ihren Daten ziehen und vorschnellen generalisieren.

Ein Mangel interner Validität liegt vor, wenn die Möglichkeit besteht, dass experimentelle Resultate durch verzerrende Faktoren beeinflusst wurden. Wir betrachteten drei Aspekte, die in diesem Zusammenhang eine Rolle spielen könnten.

Wir diskutierten erstens den Experimentleiter-Effekt, bei dem die Einstellung des Experimentleiters das Ergebnis des Expertiments beeinflusst. Dieser Gesichtspunkt, so hielten wir fest, scheint in der experimentellen Philosophie eine geringere Rolle zu spielen als beispielsweise in der Experimentalpsychologie. Dennoch kann er einen wichtigen Faktor darstellen. Experimentell-philosophische Studien sollten also entsprechende Vorkehrungen treffen. Wenn sie das nicht tun – und das scheint häufig der Fall zu sein – liegt ein legitimer Kritikpunkt vor.

Wir sprachen zweitens über das Problem, dass philosophische Fragen von Laien missverstanden werden könnten. Dieser Kritikpunkt ist legitim und wichtig. Allerdings sind sich experimentelle Philosophen dessen sehr bewusst und treffen in der Regel entsprechende Maßnahmen.

Drittens sprachen wir über die Möglichkeit, dass die Antworten, die Probanden in experimentellen Studien rückmelden, nicht Ausdruck ihrer intuitiven Urteilskompetenz sind, sondern kognitive Fehlleistungen. Hierbei handelt es sich um ein ernstzunehmendes Problem, das im Rahmen der experimentell-philosophischen Debatte allerdings bekannt ist und ernst genommen wird. Es gibt experimentelle Studien, die sich diesem Problem explizit widmen. Das erhöht die Wahrscheinlichkeit, dass sich früher oder später zeigt, ob eine bestimmte Intuition genuin ist oder auf einem kognitiven Fehler beruht.

Zu Ende des Abs. 4.2.3 zogen wir den Schluss, dass methodische Einwände für keines der drei experimentell-philosophischen Forschungsprogramme eine ernste Bedrohung darstellen, weil sie prinzipiell mithilfe verbesserter Methoden aus der Welt geschafft werden können. Philosophische Einwände bergen dagegen ein ernsteres Bedrohungspotenzial. Sie lassen sich allerdings nur auf X-Phi$_2$ und X-Phi$_3$ anwenden.

Wir betrachteten insgesamt fünf philosophische Einwände, von denen nur die letzten drei legitim erschienen. Der erste davon behauptet, dass die experimentelle Philosophie kein Ziel hat, weil der Begriff der Intuition unklar ist. Der zweite Vorwurf besagt, dass die experimentelle Philosophie zu einem globalen Skeptizismus führt. Und der dritte Kritikpunkt erklärte die experimentelle Philosophie als irrelevant. Intuitionen, so das Argumente, spielten in der philosophischen Praxis keine Rolle. Experimentelle Resultate über Intuitionen seien daher philosophisch belanglos. Durch unsere Differenzierung zwischen X-Phi$_2$ und X-Phi$_3$ erkannten wir, dass alle diese Einwände offenbar nur X-Phi$_3$ betreffen. Diese Variante der experimentellen Philosophie wirkt also weitaus kontroverser als X-Phi$_2$. Apriorische Erwägungen legen diesen Schluss ebenfalls nahe. Unsere Diskussion war allerdings zu unvollständig, um an dieser Stelle ein abschließendes Urteil zu fällen.

Schluss

In dieser Einführung sprachen wir über drei Varianten der experimentellen Philosophie – X-Phi$_1$, X-Phi$_2$ und X-Phi$_3$. Wir diskutierten, wie sie sich von der traditionellen Lehnstuhl-Philosophie (L-Phi) – und insbesondere der analytischen Variante (A-Phi) – unterscheiden, und wir besprachen, wie sich logische Brücken zwischen empirischen Prämissen und philosophischen Schlussfolgerungen bauen lassen. Außerdem sahen wir uns anhand ausgewählter Studien an, wie die Argumente experimenteller Philosophen konkret aussehen können. Schließlich sprachen wir über eine Reihe von Kritikpunkten und über Antwortmöglichkeiten, die sich aus der Sicht von X-Phi$_1$, X-Phi$_2$ und X-Phi$_3$ anbieten. Ich hoffe, unsere Diskussion konnte Sie überzeugen, dass es sich bei der experimentellen Philosophie um eine spannende, neue Strömung innerhalb der Philosophie handelt, die in der Lage ist, interessante Resultate zu liefern und neue, fruchtbare Debatten anzustoßen.

Nach meiner Erfahrung tun sich traditionell gesinnte Philosophen häufig schwer, diese Schlussfolgerung zu teilen. Viele von ihnen reagieren immer noch sehr kritisch. Timothy Williamson, den wir in dieser Einführung vor allem als X-Phi-Kritiker kennengelernt haben, ist ein gutes Beispiel dafür. Er sagt schlicht, bei experimentellen Philosophen handele es sich um „philosophy-hating philosophers" (Williamson 2010).[132] Warum reagieren Traditionalisten wie er so negativ auf die experimentelle Philosophie?

Ich könnte mir vorstellen, dass Verlustängste eine Rolle spielen. Vielleicht befürchten die Traditionalisten, die experimentelle Philosophie versuche sie von ihrem Platz zu vertreiben und obsolet zu machen? Vielleicht denken sie, die experimentelle Philosophie mache

[132] Die heutige experimentelle Philosophie hatte übrigens einen historischen Vorläufer in der „experimentellen Philosophie" der frühen Neuzeit, aus der sich unter anderem die moderne Physik entwickelte (vgl. Anstey & Vanzo 2016). Ihr erging es ganz ähnlich. Heute erscheint der Einsatz experimenteller Methoden dort als eine Selbstverständlichkeit. Allerdings mussten diese Verfahren gegen die rationalistische Orthodoxie erst mühsam erkämpft werden, da „das Experimentieren nicht mit dem Theorieideal der ‚akademischen' Philosophie zu vereinbaren war und gegen diese erst durchgesetzt und hoffähig gemacht werden mußte." (Tetens 1987, 133)

das Philosophieren im Lehnstuhl, das sie als Wesenskern ihrer Disziplin begreifen, überflüssig? Ich denke, dass es sich dabei aus zwei Gründen um ein Missverständnis handelt.

Erstens bedroht die experimentelle Philosophie traditionelle philosophische Methoden kaum. Philosophen, die X-Phi_1 und X-Phi_2 betreiben, verfolgen überhaupt nicht die Absicht, klassische Techniken durch Experimente zu ersetzen. Sie verstehen diese lediglich als eine Ergänzung. Vertreter der X-Phi_3 greifen zwar die Methode der analytischen Philosophie an. Aber sie haben, wie ich bereits in Abs. 1.2 anmerkte, einen idiosynkratischen Begriff von dieser Methode. Darunter scheint nur ein kleiner Teil der Instrumente zu fallen, die analytische Philosophen typischerweise zu ihrem Methodenarsenal zählen würden.[133] Außerdem setzt sich nicht jede Variante der experimentellen Philosophie von der L-Phi und A-Phi ab. Wie wir in Abs. 1.7 erkannten, besteht die Möglichkeit einer lehnstuhlfreundlichen experimentellen Metametaphilosophie. Das bedeutet, es ist prinzipiell denkbar, dass die Methoden der L-Phi und A-Phi mithilfe experimenteller Daten argumentativ untermauert werden.

Zweitens vermindert die experimentelle Philosophie die Bedeutung der klassischen Lehnstuhl-Reflexion keineswegs. Ich würde sogar behaupten: Sie erhöht sie! Denn die experimentelle Philosophie schafft neue Aufgaben, die Philosophen im Lehnstuhl bearbeiten können. Das hat einen einfachen Grund: Philosophische Experimente fallen nicht vom Himmel. Bevor sie durchgeführt werden können, muss ein Forschungsbedarf identifiziert werden. Jemand muss philosophische Theorien studieren, diese interpretieren und Schlussfolgerungen daraus ableiten. Nur so lassen sich philosophisch relevante, empirische Hypothesen formulieren, die wir dann experimentell überprüfen können. Außerdem müssen Testinstrumente entwickelt werden, die sicherstellen, dass die Experimente auch prüfen, was sie prüfen sollen. Und schließlich müssen experimentelle Daten ausgewertet und gedeutet werden, um philosophisch interessante Schlussfolgerungen zu ziehen. All das sind Aufgaben, die Philosophen übernehmen können. All das sind neue Aufgaben. Und all das sind Aufgaben, die im Lehnstuhl bearbeitet werden sollten. Die Furcht davor, dass die experimentelle Philosophie die philosophische Lehnstuhl-Reflexion vertreibt, erscheint mir also völlig unbegründet.

---

[133] Hanjo Glock spricht das, was Vertreter von X-Phi_3 als „Methode der analytischen Philosophie" bezeichnen, in seinem einflussreichen Buch *What is Analytic Philosophy?* (2008) nicht einmal an.

Ich würde es begrüßen, wenn auch traditionell gesinnte Philosophen experimentelle Forschungsmethoden als Techniken der Lehnstuhl-Reflexion für sich entdecken. Aber ich bin auch realistisch. In der klassischen, philosophischen Ausbildung spielen sie bisher keine Rolle. Deswegen wird es sicherlich dauern, bis der Ansatz der experimentellen Philosophie in der philosophischen Arbeit einen ähnlichen Stellenwert erhält wie z.B. die logische Analyse. Der Einfluss der experimentellen Philosophie müsste noch deutlich größer werden, bis wir die Losung, die die Eingänge philosophischer Akademien ziert, ändern – bis dort steht: „Niemand trete ein, der nicht der experimentellen Methode kundig ist." Wenn das aber eines Tages zur Debatte stünde, wäre es vielleicht ein Experiment wert!

Literaturverzeichnis

Adams, Fred; Steadman, Annie. 2004a. „Intentional action and moral considerations: still pragmatic.“ *Analysis* 64(3): 268–76.

———. 2004b. „Intentional action in ordinary language: core concept or pragmatic understanding?“ *Analysis* 64(2): 173–81.

Alexander, Joshua. 2016. „Philosophical Expertise.“ In: Sytsma, Justin; Buckwalter, Wesley (Hrsg.), *A Companion to Experimental Philosophy*, Oxford: Wiley-Blackwell, 557–67.

Alexander, Joshua; Mailon, Ron; Weinberg, Jonathan M. 2014. „Accentuate the Negative.“ In: Knobe, Joshua; Nichols, Shaun, *Experimental Philosophy* (Band 2), Oxford: Oxford University Press, 31–50.

Alexander, Joshua, Weinberg, Jonathan M. 2007. „Analytic Epistemology and Experimental Philosophy.“ *Philosophy Compass* 2 (1): 56–80.

Andow, James. 2015. „How ‚Intuition' Exploded.“ *Metaphilosophy* 46 (2): 189–212.

Andow, James; Cova, Florian. 2015. „Why compatibilist intuitions are not mistaken: A reply to Feltz and Millan.“ *Philosophical Psychology*, 1–17.

Anscombe, Gertrude E. M. 1957/2000. *Intention.* Cambridge, Massachusetts: Harvard University Press.

Anstey, Peter R., Vanzo, Alberto. 2016. „Early Modern Experimental Philosophy.“ In: Sytsma, Justin; Buckwalter, Wesley (Hrsg.), *A Companion to Experimental Philosophy*, Oxford: Wiley-Blackwell, 87–102.

Appiah, Kwame A. 2008. *Experiments in Ethics.* Cambridge: Harvard University Press.

Audi, Robert. 1986. „Acting for Reasons.“ *The Philosophical Review* 95(4): 511-546.

Bardon, Adrian. 2005. „Performative Transcendental Arguments.“ *Philosophia* 33(1), 69-95.

Bealer, George. 1992. „The Incoherence of Empiricism.“ *Proceedings of the Aristotelian Society, Supplementary Volumes* 66: 99–138.

———. 1996. „‚A Priori' Knowledge and the Scope of Philosophy.“ *Philosophical Studies* 81(2/3): 121–42.

———. 1999. „A Theory of the a Priori.“ *Philosophical Perspectives* 13: 29–55.

Bear, Adam; Knobe, Joshua. 2015. „What Do People Find Incompatible With Causal Determinism?“ *Cognitive Science*, 1–25.

Beckermann, Ansgar. 2012. *Erkenntnistheorie, Philosophie und Wissenschaft, Willensfreiheit (Aufsätze 2).* Bielefeld: Universitätsbibliothek Bielefeld.

———. 2015. „Willensfreiheit.“ In: Nida-Rümelin, Julian; Spiegel, Irina; Tiedemann, Markus (Hrsg.), *Handbuch Philosophie und Ethik (Band 2): Disziplinen und Themen*, 131–40.

Björnsson, Gunnar; Pereboom, Derek. 2016. „Traditional and Experimental Approaches to Free Will and Moral Responsibility.“ In: Sytsma, Justin;

Buckwalter, Wesley (Hrsg.), *A Companion to Experimental Philosophy*, Oxford: Wiley-Blackwell, 142-157.

Boh, Ivan. 1985. „Belief, Justification, and Knowledge - Some Late-Medieval Epistemic Concerns." *Journal of the Rocky Mountain Medieval and Renaissance Association* 6: 87–104.

Bratman, Michael. 1984. „Two Faces of Intention." *The Philosophical Review* 93(3): 375–405.

de Brigard, Felipe, Eric Mandelbaum, and David Ripley. 2009. „Responsibility and the Brain Sciences." *Ethic Theory Moral Practice* 12(5): 511–24.

Buckwalter, Wesley, Stich, Stephen. 2014. „Gender and Philosophical Intuition." In: Knobe, Joshua; Nichols, Shaun (Hrsg.), *Experimental Philosophy* (Band 2), Oxford: Oxford University Press, 307–46.

Cappelen, Herman. 2012. *Philosophy Without Intuitions*. Oxford: Oxford University Press.

———. 2014. „X-Phi without Intuitions?" In: Booth, Anthony R.; Rowbottom, Darrell P. (Hrsg.), *Intuitions,* Oxford: Oxford University Press, 269–86.

Chalmers, David J. 2014. „Intuitions in philosophy: A minimal defense." *Philosophical Studies* 171(3): 535–44.

Chomsky, Noam. 1965. *Aspects of the Theory of Syntax*. Cambridge, Massachusetts: MIT Press.

Colaço, David; Buckwalter, Wesley; Stich, Stephen; Machery, Edouard. 2014. „Epistemic intuitions in fake-barn thought experiments." *Episteme* 11(2): 199–212.

Cova, Florian. 2016. „The Folk Concept of Intentional Action: Empirical approaches." In: Sytsma, Justin; Buckwalter, Wesley (Hrsg.), *A Companion to Experimental Philosophy*, Oxford: Wiley-Blackwell, 121–41.

Cova, Florian; Bertoux, Maxime; Bourgeois-Gironde, Sacha; Dubois, Bruno. 2012. „Judgments about moral responsibility and determinism in patients with behavioural variant of frontotemporal dementia: Still compatibilists." *Consciousness and cognition* 21(2): 851–64.

Cova, Florian; Naar, Hichem. 2012. „Side-Effect effect without side effects: The pervasive impact of moral considerations on judgments of intentionality." *Philosophical Psychology* 25(6): 837–54.

Cullen, Simon. 2010. „Survey-Driven Romanticism." *Review of Philosophy and Psychology* 1(2): 275–96.

Cummins, Robert. 1998. „Reflection on Reflective Equilibrium." In: DePaul, Michael R.; Ramsey, William M. (Hrsg.), *Rethinking Intuition: The Psychology of Intuition and Its Role in Philosophical Inquiry*, Lanham: Rowman & Littlefield, 113–28.

Cushman, Fiery; Mele, Alfred R. 2008. „Intentional Action: Two-and-a-Half Folk Concepts?" In: Knobe, Joshua; Nichols, Shaun (Hrsg.), *Experimental Philosophy* (Band 1), Oxford: Oxford University Press, 170–84.

Dalbauer, Nikolaus; Hergovich, Andreas. 2013. „Is What is Worse More Likely? The Probabilistic Explanation of the Epistemic Side-Effect Effect." *Review of Philosophy and Psychology* 4(4): 639–57.

Dennett, Daniel. 1984. *Elbow Room: The Varieties Of Free Will Worth Wanting.* Oxford: Clarendon Press.

Descartes, René. 1642/2004. *Meditationes de Prima Philosophia.* Stuttgart: Reclam.

Descartes, René. 1964–1974. *Oeuvres de Descartes.* Herausgegeben von Charles Adam und Paul Tannery. Paris: Vrin/CNRS.

Deutsch, Max. 2009. „Experimental Philosophy and the Theory of Reference." *Mind and Language* 24(4): 445–66.

———. 2010. „Intuitions, Counter-Examples, and Experimental Philosophy." *Review of Philosophy and Psychology* 1(3): 447-460.

———. 2015. *The myth of the intuitive: experimental philosophy and philosophical method.* Cambridge, Massachusetts: MIT Press.

———. 2016. „Gettiers Method." In: Nado, Jennifer (Hrsg.), *Advances in experimental philosophy and philosophical methodology*, New York: Bloomsbury Academic, 69–98.

Donnellan, Keith S. 1966. „Reference and Definite Descriptions." *The Philosophical Review* 75 (3): 281–304.

Dretske, Fred I. 1970. „Epistemic Operators." *The Journal of Philosophy* 67(24): 1007–23.

Ekstrom, Laura. 2002. „Libertarianism and Frankfurt-Style Cases." In: Kane, Robert (Hrsg.), *The Oxford Handbook of Free Will*, Oxford: Oxford University Press, 309–22.

Evans, Gareth. 1973. „The Causal Theory of Names." *Proceedings of the Aristotelian Society, Supplementary Volumes* 47: 187–208.

Feltz, Adam; Cokely, Edward T. 2009. „Do Judgments About Freedom and Responsibility Depend on Who You Are? Personality Differences in Intuitions About Compatibilism and Incompatibilism." *Consciousness and Cognition* 18(1): 342–50.

Feltz, Adam; Cokely, Edward T.; Nadelhoffer, Thomas. 2009. „Natural Compatibilism versus Natural Incompatibilism: Back to the Drawing Board." *Mind and Language* 24(1): 1–23.

Feltz, Adam; Cova, Florian. 2014. „Moral responsibility and free will: A meta-analysis." *Consciousness and Cognition* 30:234–46.

Feltz, Adam; Millan, Melissa. 2013. „An error theory for compatibilist intuitions." *Philosophical Psychology* 28(4): 529–55.

Frankfurt, Harry G. 1969. „Alternate Possibilities and Moral Responsibility." *The Journal of Philosophy* 66(23): 829–39.

Frege, Gottlob. 1892. „Über Sinn und Bedeutung." *Zeitschrift für Philosophie und Philosophische Kritik* 100(1): 25–50.

Gettier, Edmund L. 1963. „Is Justified True Belief Knowledge?" *Analysis* 23(6): 121–23.

Glock, Hans–Johann. 2008. *What is analytic philosophy?* Cambridge: Cambridge University Press.

Goldman, Alvin I. 2007. „Philosophical Intuitions: Their Target, Their Source, and Their Epistemic Status." *Grazer Philosophische Studien* 74: 1–26.

Graham, George; Horgan, Terry. 1994. „Southern Fundamentalism and the End of Philosophy,“ *Philosophical Issues* 5: 219 – 247.

Greene, Joshua D. 2008. „The Secret Joke of Kant's Soul.“ In: Sinnott-Armstrong, Walter (Hrsg.), *Moral Psychology (Band 3): The Neuroscience of Morality – Emotion, Brain Disorders, and Development*, Cambridge, Massachusetts: MIT Press, 35–80.

Grice, Paul. 1989. *Studies in the Way of Words*. Cambridge, Massachusetts: Harvard University Press.

Grundmann, Thomas. 2010. „Some hope for intuitions: A reply to Weinberg.“ *Philosophical Psychology* 23(4): 481–509.

Haidt, Jonathan; Koller, Silvia H.; Dias, Maria G. 1993. „Affect, Culture, and Morality, or Is It Wrong to Eat Your Dog?“ *Journal of Personality and Social Psychology* 65(4): 613–28.

Hales, Steven D. 2006. *Relativism and the Foundations of Philosophy*. Cambridge, Massachusetts: MIT Press.

———. 2012. „The Faculty of Intuition.“ *Analytic Philosophy* 53(2): 180–207.

Harman, Gilbert. 1976. „Practical Reasoning.“ *The Review of Metaphysics* 29(3): 431–63.

———. 1999. *Reasoning, Meaning, and Mind*. Oxford: Oxford University Press.

Henrich, Joseph; Heine, Steven J.; Norenzayan, Ara. 2010. „The weirdest people in the world?“ *Behavioral and Brain Sciences* 33(2-3): 61–83.

Hintikka, Jaakko. 1999. „The Emperor's New Intuitions.” *The Journal of Philosophy* 96(3): 127–47.

Hume, David. 1739-1740/1960. *A Treatise of Human Nature*. Oxford: Clarendon Press.

Ichikawa, Jonathan J. 2012. „Experimentalist pressure against traditional methodology.“ *Philosophical Psychology* 25(5): 743–65.

Ichikawa, Jonathan J.; Maitra, Ishani; Weatherson, Brian. 2012. „In Defense of a Kripkean Dogma.“ *Philosophy and Phenomenological Research* 85(1): 56–68.

Jackson, Frank. 1998. *From Metaphysics to Ethics*. Oxford: Oxford University Press.

James, William. 1907/1921. *Pragmatism*. New York: Longmans, Green and Co.

Kahneman, Daniel. 2003. „Maps of Bounded Rationality: Psychology for Behavioral Economics.“ *American Economic Review* 93(5): 1449–75.

Kane, Robert (Hrsg.). 2002. *The Oxford Handbook of Free Will*. Oxford: Oxford University Press.

———. 2005. *A Contemporary Introduction to Free Will*. Oxford: Oxford University Press.

Kass, Leon R. 1997. „The Wisdom of Repugnance.“ *The New Republic* (02. Juni 1997), 17-26.

Kauppinen, Antti. 2007. „The Rise and Fall of Experimental Philosophy.“ *Philosophical Explorations* 10(2): 95–118.

Keil, Geert. 2013. *Willensfreiheit*. Berlin: De Gruyter.

Kim, Minsun; Yuan, Yuan. 2015. „No Cross-Cultural Differences in the Gettier Car Case Intuition: A Replication Study of Weinberg et al. 2001." *Episteme* 12(3): 355–61.

Knobe, Joshua. 2003. „Intentional action and side effects in ordinary language." *Analysis* 63(3): 190–94.

———. 2004. „Intention, intentional action and moral considerations." *Analysis* 64(2): 181–87.

———. 2007a. „Experimental Philosophy." *Philosophy Compass* 2(1): 81–92.

———. 2007b. „Reason Explanation in Folk Psychology." *Midwest Studies in Philosophy* 31(1): 90–106.

———. 2008. „The Concept of Intentional Action." Knobe, Joshua; Nichols, Shaun (Hrsg.), *Experimental Philosophy* (Band 1), Oxford: Oxford University Press, 129-148.

———. 2010. „A Return to Tradition." *The New York Times*. Online verfügbar unter: http://nyti.ms/1ZhiAkY (abgerufen am 30.06.2016).

———. 2014. „Free Will and the Scientific Vision." In: Machery, Edouard; O'Neill, Elizabeth (Hrsg.), *Current Controversies in Experimental Philosophy*, New York: Routledge, 69–85.

———. 2015a. „New Study: No Difference in Gettier Intuition Across Cultures" (Blog-Post). Online verfügbar unter: http://bit.ly/1tycVws (abgerufen am 30.06.2016).

———. 2015b. „What Has Experimental Philosophy Discovered about Demographic Effects?" (Blog-Post). Online verfügbar unter: http://bit.ly/1W1clCd (abgerufen am 30.06.2016).

Knobe, Joshua; Burra, Arudra. 2006. „The Folk Concepts of Intention and Intentional Action: A Cross-Cultural Study." *Journal of Cognition and Culture* 6(1-2): 113–32.

Knobe, Joshua; Mendlow, Gabriel S. 2004. „The Good, the Bad and the Blameworthy: Understanding the Role of Evaluative Reasoning in Folk Psychology." 24(2): 252–58.

Knobe, Joshua; Nichols, Shaun. 2008. „An Experimental Philosophy Manifesto." Knobe, Joshua; Nichols, Shaun (Hrsg.), *Experimental Philosophy* (Band 2), Oxford: Oxford University Press, 3–14.

Knobe, Joshua; Prinz, Jesse. 2008. „Intuitions about consciousness: Experimental studies." *Phenomenology and the Cognitive Sciences* 7(1): 67–83.

Kornblith, Hilary. 2007. „Naturalism and Intuitions." *Grazer Philosophische Studien* 74: 27–49.

Kramer, Roderick M.; Messick, David M. 1996. „Ethical Cognition and the Framing of Organisational Dilemmas: Decision Makers as Intuitive Lawyers." In: Messick, David M.; Tenbrunsel, Ann E. (Hrsg.), *Codes of Conduct: Behavioral Research into Business Eethic*, New York: Russell Sage Foundation, 59–85.

Kripke, Saul A. 1977. „Speaker's reference and semantic reference." *Midwest Studies in Philosophy* 2(1): 255–76.

Lam, Barry. 2010. „Are Cantonese-speakers really descriptivists? Revisiting cross-cultural semantics." *Cognition* 115(2): 320–29.

Lehrer, Keith. 1990. *Theory of Knowledge.* Boulder: Westview Press.

Leslie, Alan M.; Knobe, Joshua; Cohen, Adam. 2006. „Acting Intentionally and the Side-Effect Effect." *Psychological Science* 17(5): 421–27.

Levin, Janet. 2005. „The evidential status of philosophical intuitions." *Philosophical Studies* 121(3): 193–224.

Lewis, David. 1973/2001. *Counterfactuals.* Oxford: Basil Blackwell.

———. 1983. *Philosophical Papers* (Band 1). New York: Oxford University Press.

Libet, Benjamin. 2002. „Do we have free will?" In: Kane, Robert (Hrsg.), *The Oxford Handbook of Free Will.* Oxford: Oxford University Press, 551–64.

Ludwig, Kirk. 2007. „The Epistemology of Thought Experiments: First Person versus Third Person Approaches." *Midwest Studies in Philosophy* 31(1): 128–59.

Machery, Edouard. 2014. „What is the significance of the demographic variation in semantic intuitions?" In: Machery, Edouard; O'Neill, Elizabeth (Hrsg.), *Current Controversies in Experimental Philosophy*, New York: Routledge, 3–16.

Machery, Edouard; Deutsch, Max; Mallon, Ron; Nichols, Shaun; Sytsma, Justin; Stich, Stephen. 2010. „Semantic intuitions: Reply to Lam." *Cognition* 117(3): 361–66.

Machery, Edouard; Mallon, Ron; Nichols, Shaun; Stich, Stephen. 2004. „Semantics, cross-cultural style." *Cognition* 92(3): B1–B12.

Machery, Edouard; Stich, Stephen; Rose, David; Chatterjee, Amita; Karasawa, Kaori; Struchiner, Noel; Sirker, Smita; Usui, Naoki; Hashimoto, Takaaki. 2015a. „Gettier Across Cultures." *Noûs* (Early View).

Machery, Edouard; Sytsma, Justin; Deutsch, Max. 2015b. „Speaker's Reference and Cross-Cultural Semantics." In: Bianchi, Andrea (Hrsg.), *On reference*, Oxford: Oxford University Press, 62–76.

Makel, Matthew C.; Plucker, Jonathan A.; Hegarty, Boyd. 2012. „Replications in Psychology Research: How Often Do They Really Occur?" *Perspectives on psychological science : a journal of the Association for Psychological Science* 7(6): 537–42.

Malle, Bertram F.; Nelson, Sarah E. 2003. „Judging mens rea: The tension between folk concepts and legal concepts of intentionality." *Behavioral Sciences and the Law* 21(5): 563–80.

Mallon, Ron; Machery, Edouard; Nichols, Shaun; Stich, Stephen. 2009. „Against Arguments from Reference." *Philosophy and Phenomenological Research* 79(2): 332–56.

Mandelbaum, Eric; Ripley, David. 2012. „Explaining the Abstract/Concrete Paradoxes in Moral Psychology: The NBAR Hypothesis." *Review of Philosophical Psychology* 3(3): 351–68.

Mele, Alfred R.; Cushman, Fiery. 2007. „Intentional Action, Folk Judgments, and Stories: Sorting Things Out." *Midwest Studies in Philosophy* 31(1): 184–201.

Michelin, Corinna; Pellizzoni, Sandra; Tallandini, Maria A.; Siegal, Michael. 2010. „Evidence for the side-effect effect in young children: Influence of bilingualism and task presentation format." *European Journal of Developmental Psychology* 7(6): 641–52.

Mill, John Stuart. 1859. *On Liberty*. London: John W. Parker & Son.

Moser, Paul K. 1999. „Metaphilosophy." In: Audi, Robert (Hrsg.), *The Cambridge Dictionary of Philosophy*, Cambridge: Cambridge University Press, 561–62.

Mortensen, Kaija; Nagel, Jennifer. 2016. „Armchair-Friendly Experimental Philosophy." In: Sytsma, Justin; Buckwalter, Wesley (Hrsg.), *A Companion to Experimental Philosophy*. Oxford: Blackwell-Wiley, 53-70.

Mukerji, Nikil. 2014. „Intuitions, Experiments, and Armchairs." In: Lütge, Christoph; Rusch, Hannes; Uhl, Matthias (Hrsg.), *Experimental Ethics: Toward an Empirical Moral Philosophy*, London: Palgrave Macmillan, 227–43.

———. 2015. „Experimentelle Ethik." In: Nida-Rümelin, Julian; Spiegel, Irina; Tiedemann, Markus (Hrsg.), *Handbuch Philosophie und Ethik (Band 2): Disziplinen und Themen*„ 93–101.

———. 2016. *The Case Against Consequentialism Reconsidered*. Dordrecht: Springer.

———. 2017. *Die 10 Gebote des gesunden Menschenverstands*. Heidelberg: Springer.

Müller-Lyer, Franz C. 1889. „Optische Urtheilstäuschungen." *Archiv für Anatomie und Physiologie, Physiologische Abteilung 2 (Supplement)*: 263-270.

Murray, Dylan; Nahmias, Eddy. 2014. „Explaining Away Incompatibilist Intuitions." *Philosophy and Phenomenological Research* 88(2): 434–67.

Nadelhoffer, Thomas. 2004a. „Blame, Badness, and Intentional Action: A Reply to Knobe and Mendlow." *Journal of Theoretical and Philosophical Psychology* 24(2): 259–69.

———. 2004b. „On Praise, Side Effects, and Folk Ascriptions of Intentionality." *Journal of Theoretical and Philosophical Psychology* 24(2): 196–213.

Nadelhoffer, Thomas; Nahmias, Eddy. 2007. „The Past and Future of Experimental Philosophy." *Philosophical Explorations* 10(2): 123–49.

Nado, Jennifer. 2015. „Intuition, Philosophical Theorising, and the Threat of Scepticism." In: Fischer, Eugen; Collins, John (Hrsg.), *Experimental philosophy, rationalism, and naturalism: Rethinking philosophical method,* London: Routledge, 204–21.

———. 2016. „The intuition deniers." *Philosophical Studies* 173(3): 781–800.

Nagel, Jennifer; Juan, Valerie S.; Mar, Raymond A. 2013. „Lay denial of knowledge for justified true beliefs." *Cognition* 129(3): 652–61.

Nahmias, Eddy; Coates, Justin; Kvaran, Trevor. 2007. „Free Will, Moral Responsibility, and Mechanism: Experiments on Folk Intuitions." *Midwest Studies in Philosophy* 31: 214–42.

Nahmias, Eddy; Morris, Stephen G.; Nadelhoffer, Thomas; Turner, Jason. 2005. „Surveying Freedom: Folk Intuitions about free will and moral responsibility." *Philosophical Psychology* 18(5): 561–84.

———. 2006. „Is incompatibilism intuitive?" *Philosophy and Phenomenological Research* 73(1): 28–53.

Nahmias, Eddy; Murray, Dylan. 2011. „Experimental Philosophy on Free Will: An Error Theory for Incompatibilist Intuitions." In: Aguilar, Jesús H.; Buckareff, Andrei A.; Frankish, Keith (Hrsg.), *New Waves in Philosophy of Action*, Basingstoke: Palgrave Macmillan, 189–216.

Nahmias, Eddy; Thompson, Morgan. 2014. „A Naturalistic Vision of Free Will." In: Machery, Edouard; O'Neill, Elizabeth (Hrsg.), *Current Controversies in Experimental Philosophy*, New York: Routledge, 86–103.

Nichols, Shaun; Knobe, Joshua. 2007. „Moral Responsibility and Determinism: The Cognitive Science of Folk Intuitions." *Noûs* 41(4): 663–85.

Nichols, Shaun; Ulatowski, Joseph. 2007. „Intuitions and Individual Differences: The Knobe Effect Revisited." *Mind and Language* 22(4): 346–65.

Nida-Rümelin, Julian. 1993. *Kritik des Konsequentialismus.* München: Oldenbourg Verlag.

———. 1996/2005. „Theoretische und angewandte Ethik: Paradigmen, Begründungen, Bereiche." In: Nida-Rümelin, Julian (Hrsg.), *Angewandte Ethik: Die Bereichsethiken und ihre theoretische Fundierung*, Stuttgart: Kröner, 2–87.

———. 2005. *Über menschliche Freiheit.* Stuttgart: Reclam.

———. 2009. „Wissenschaft und Lebenswelt." In: Nida-Rümelin, Julian, *Philosophie und Lebensform*, Frankfurt am Main: Suhrkamp, 54–72.

Nisbett, Richard E.; Peng, Kaiping; Choi, Incheol; Norenzayan, Ara. 2001. „Culture and systems of thought: Holistic versus analytic cognition." *Psychological Review* 108(2): 291–310.

Norcross, Alastair. 2008. „Off Her Trolley? Frances Kamm and the Metaphysics of Morality." *Utilitas* 20(1): 65–80.

O'Shaughnessy, Brain. 1973. „Trying (As the Mental ‚Pineal Gland')." *The Journal of Philosophy* 70(13): 365.

Pellizzoni, Sandra; Siegal, Michael; Surian, Luca. 2009. „Foreknowledge, caring, and the side-effect effect in young children." *Developmental Psychology* 45(1): 289–95.

Perler, Dominik. 1998. *René Descartes.* München: C. H. Beck.

Pettit, Dean; Knobe, Joshua. 2009. „The Pervasive Impact of Moral Judgment." *Mind and Language* 24(5): 586–604.

Pink, Thomas. 2004. *Free Will: A Very Short Introduction.* Oxford: Oxford University Press.

Planck, Max. 1923. *Kausalgesetz und Willensfreiheit: Öffentlicher Vortrag gehalten an der Preussischen Akademie der Wissenschaften am 17. Februar 1923.* Berlin: Springer.

Priest, Graham. 1995/2002. *Beyond the Limits of Thought.* Cambridge: Cambridge University Press.

Prinz, Jesse. 2008. „Empirical Philosophy and Experimental Philosophy." Knobe, Joshua; Nichols, Shaun (Hrsg.), *Experimental Philosophy* (Band 1), Oxford: Oxford University Press, 189–208.

———. 2010. „Ethics and Psychology." In: Skorupski, John (Hrsg.), *The Routledge Companion to Ethics,* New York: Routledge, 384–96.

Pust, Joel. 2014. „Intuition." In: Zalta, Edward N. (Hrsg.), *The Stanford Encyclopedia of Philosophy* (Herbst 2014), Stanford: The Metaphysics Research Lab, Center for the Study of Language and Information (Stanford University). Online verfügbar unter: http://stanford.io/1XYnbLh (abgerufen 30.06.2016).

Rawls, John. 2003. *Justice As Fairness: A Restatement.* Cambridge: Harvard University Press.

Reichenbach, Hans. 1938/1983. *Erfahrung und Prognose: Eine Analyse der Grundlagen und der Struktur der Erkenntnis.* Braunschweig: Vieweg.

Ridge, Michael. 2015. „Naïve Practical Reasoning and the Second-Person Standpoint: Simple Reasons for Simple People?" *Journal of Value Inquiry* 49(1-2): 17–30.

Rosenthal, Robert. 1976. *Experimenter Effects in Behavioral Research.* New York: John Wiley.

Rosenthal, Robert; Fode, Kermit L. 1963. „The Effect of Experimenter Bias on the Performance of the Albino Rat." *Behavioral Science* 8(3): 183–89.

Rosenthal, Robert; Persinger, Gordon W.; Vikan-Kline, Linda; Mulry, Ray C. 1963. „The role of the research assistant in the mediation of experimenter bias." *Journal of Personality* 31(3): 313–35.

Rosenthal, Robert; Persinger, Gordon W.; Mulry, Ray C.; Vikan-Kline, Linda; Grothe; Mardell. 1964. „Changes in Experimental Hypotheses as Determinants of Experimental Results." *Journal of Projective Techniques and Personality Assessment* 28(4): 465–69.

Russell, Bertrand. 1905. „On Denoting." *Mind* 14(4): 479–93.

———. 1918/2004. *Mysticism and Logic.* Mineola: Dover Publications.

Ryle, Gilbert. 1949/2002. *The Concept of Mind.* Chicago: The University of Chicago Press.

Sarkissian, Hagop; Chatterjee, Amita; de Brigard, Felipe; Knobe, Joshua; Nichols, Shaun; Sirker, Smita. 2010. „Is Belief in Free Will a Cultural Universal?" *Mind and Language* 25(3): 346–58.

Sartwell, Crispin. 1991. „Knowledge is Merely True Belief." *American Philosophical Quarterly* 28(2): 157-165.

Schwitzgebel, Eric; Cushman, Fiery. 2015. „Philosophers' Biased Judgments Persist Despite Training, Expertise and Reflection." *Cognition* 141:127–37.

Schwitzgebel, Eric; Cushman, Fiery. 2012. „Expertise in Moral Reasoning? Order Effects on Moral Judgment in Professional Philosophers and Non-Philosophers." *Mind and Language* 27(2): 135–53.

Searle, John R. 1983. *Intentionality: An Essay in the Philosophy of Mind.* Cambridge: Cambridge University Press.

———. 2007. *Freedom and Neurobiology: Reflections on Free Will, Language, and Political Power.* New York: Columbia University Press.

Seyedsayamdost, Hamid. 2014. „On gender and philosophical intuition: Failure of replication and other negative results." *Philosophical Psychology* 28(5): 642–73.

———. 2015. „On Normativity and Epistemic Intuitions: Failure of Replication." *Episteme* 12(1): 95–116.

Shea, Christopher. 2008. „Against Intuition.“ *The Chronicle of Higher Education* (3 Oct 2008): B8-B12.

Sidgwick, Henry. 1907. *The Methods of Ethics*. London: Hackett Publishing.

Simons, Daniel J.; Chabris, Christopher F. 1999. „Gorillas in our midst: sustained inattentional blindness for dynamic events.“ *Perception* 28: 1059–74.

Singer, Peter. 2005. „Ethics and Intuitions.“ *The Journal of Ethics* 9(3-4): 331–52.

Sinnott-Armstrong, Walter. 2008. „Framing Moral Intuitions.“ In: Sinnott-Armstrong, Walter (Hrsg.), *Moral Psychology (Band 2): The Cognitive Science of Morality: Intuition and Diversity*, Cambridge, Massachusetts: MIT Press, 47–76.

Sosa, Ernest. 2007. „Experimental philosophy and philosophical intuition.“ *Philosophical Studies* 132(1): 99–107.

Stern, Robert. 2000. *Transcendental Arguments and Skepticism*. Oxford: Oxford University Press.

Stevenson, Charles L. S. 1937. „The Emotive Meaning of Ethical Terms.“ *Mind* 46(181): 14–31.

———. 1938. „Persuasive Definitions.“ *Mind* 47(187): 331–50.

Stich, Stephen. 1990. *The Fragmentation of Reason*. Cambridge, Massachusetts: MIT Press.

———. 2001. „Plato's method meets cognitive science.“ *Free Inquiry* 21(2): 36–38.

———. 2010. „Philosophy and WEIRD intuition.“ *Behavioral and Brain Sciences* 33(2-3): 110–11.

Strawson, Galen. 1986. *Freedom and Belief*. Oxford: Oxford University Press.

Strickland, Brent; Suben, Aysu. 2012. „Experimenter Philosophy: The Problem of Experimenter Bias in Experimental Philosophy.“ *Review of Philosophy and Psychology* 3(3): 457–67.

Swain, Stacey; Alexander, Joshua; Weinberg, Jonathan M. 2008. „The Instability of Philosophical Intuitions: Running Hot and Cold on Truetemp.“ *Philosophy and Phenomenological Research* 76(1): 138–55.

Sytsma, Justin; Livengood, Jonathan. 2011. „A New Perspective Concerning Experiments on Semantic Intuitions.“ *Australasian Journal of Philosophy* 89(2): 315–32.

———. 2016. *The Theory and Practice of Experimental Philosophy*. Peterborough: Broadview Press.

Tannenbaum, David; Ditto, Peter H.; Pizarro, David A. 2007. „Different moral values produce different judgements of intentional action“ (Working Draft). Online verfügbar unter: http://bit.ly/1ZTVpwB (abgerufen am 30.06.2016).

Tetens, Holm. 1987. *Experimentelle Erfahrung: Eine wissenschaftstheoretische Studie über die Rolle des Experiments in der Begriffs- und Theoriebildung der Physik*. Hamburg: Felix Meiner Verlag.

Tobia, Kevin; Buckwalter, Wesley; Stich, Stephen. 2012. „Moral Intuitions: Are Philosophers Experts?“ *Philosophical Psychology* 26(5): 629–38.

Turri, John. 2013. „A conspicuous art: putting Gettier to the test." *Philosophers' Imprint* 13(10): 1–16.

Tversky, Amos; Kahneman, Daniel. 1981. „The Framing of Decisions and the Psychology of Choice." *Science* 211(4481): 453–58.

Wallace, David F. 2003. *Everything and More: A Compact History of Infinity*. New York: W.W. Norton.

Weinberg, Jonathan M. 2007. „How to Challenge Intuitions Empirically Without Risking Skepticism." *Midwest Studies in Philosophy* 31(1): 318–43.

———. 2009. „On doing better, experimental-style." *Philosophical Studies* 145(3): 455–64.

———. 2014. „Cappelen between rock and a hard place." *Philosophical Studies* 171(3): 545–53.

Weinberg, Jonathan M.; Gonnerman, Chad; Buckner, Cameron; Alexander, Joshua. 2010. „Are philosophers expert intuiters?" *Philosophical Psychology* 23(3): 331–55.

Weinberg, Jonathan M.; Nichols, Shaun; Stich, Stephen. 2001. „Normativity and epistemic intuitions." *Philosophical Topics* 29(1&2): 429–60.

Williamson, Timothy. 2005. „Armchair Philosophy, Metaphysical Modality and Counterfactual Thinking." *Proceedings of the Aristotelian Society* 105: 1–23.

———. 2007. *The Philosophy of Philosophy*. Oxford: Blackwell Publishing.

———. 2009. „Replies to Ichikawa, Martin and Weinberg." *Philosophical Studies* 145(3): 465–76.

———. 2010. „Philosophy vs. Imitation Psychology." The New York Times. Online verfügbar unter: http://nyti.ms/1lYWJRh (abgerufen am 30.06.2016).

———. 2011. „Philosophical Expertise and the Burden of Proof." *Metaphilosophy* 42(3): 215–29.

———. 2016. „Philosophical Criticisms of Experimental Philosophy." In: Sytsma, Justin; Buckwalter, Wesley (Hrsg.), *A Companion to Experimental Philosophy*, Oxford: Wiley-Blackwell, 22–36.

Wittgenstein, Ludwig. 1953/1999. *Philosophical Investigations*. Oxford: Basil Blackwell.

Woolfolk, Robert L. 2013. „Experimental Philosophy: A Methodological Critique." *Metaphilosophy* 44(1-2): 79–87.

Wright, Jennifer Cole; Bengson, John. 2009. „Asymmetries in Judgments of Responsibility and Intentional Action." *Mind and Language* 24(1): 24–50.

Young, Liane; Cushman, Fiery; Adolphs, Ralph; Tranel, Daniel; Hauser, Marc. 2006. „Does emotion mediate the relationship between an action's moral status and its intentional status? Neuropsychological evidence." *Journal of Cognition and Culture* 6(1-2): 291–304.

Zalla, Tiziana; Leboyer. Marion. 2011. „Judgment of Intentionality and Moral Evaluation in Individuals with High Functioning Autism." *Review of Philosophy and Psychology* 2(4): 681–98.

Index